- 湖北省省级教研项目"民族院校'课程思政'的内涵与实践路径研究———以社会工作专业为例"（2020286）
- 2023年度教育部协同育人项目"《农村社会工作》中的课程思政教学改革研究"（30700874210320）
- 中南民族大学民族学与社会学院社会学学科建设经费

资助成果

专业课程思政的探索与实践

王振威 / 著

华中科技大学出版社
http://press.hust.edu.cn
中国·武汉

图书在版编目（CIP）数据

专业课程思政的探索与实践/王振威著. —武汉：华中科技大学出版社，2024.4
ISBN 978-7-5772-0789-6

Ⅰ.① 专⋯　Ⅱ.① 王⋯　Ⅲ.① 农村-思想政治教育-研究-中国　Ⅳ.① D422.62

中国国家版本馆 CIP 数据核字（2024）第 078181 号

专业课程思政的探索与实践

王振威　著

Zhuanye Kecheng Sizheng de Tansuo yu Shijian

策划编辑：张馨芳　钱　坤	
责任编辑：王晓东	
封面设计：廖亚萍	
责任校对：张汇娟	
责任监印：周治超	
出版发行：华中科技大学出版社（中国·武汉）	电话：(027) 81321913
武汉市东湖新技术开发区华工科技园	邮编：430223
录　　排：华中科技大学出版社美编室	
印　　刷：武汉科源印刷设计有限公司	
开　　本：710mm×1000mm　1/16	
印　　张：12.25　插页：2	
字　　数：227 千字	
版　　次：2024 年 4 月第 1 版第 1 次印刷	
定　　价：78.00 元	

本书若有印装质量问题，请向出版社营销中心调换
全国免费服务热线：400-6679-118　竭诚为您服务
版权所有　侵权必究

序 言

习近平总书记在全国高校思想政治工作会议上强调,高校思想政治教育要坚持把立德树人作为中心环节,把思想政治工作贯穿教育教学全过程,实现全程育人、全方位育人,努力开创我国高等教育事业发展新局面[①]。这是总书记第一次就一门课程召开专题会议,将思想政治教育的教育主阵营规划为高校,也对高校思想政治教育提出了新目标和新要求。为了能够更好地开展思想政治理论课程教育,需要思想政治课程与其他课程协同育人,在其他类课程中深入挖掘具有道德教育功能以及具有各个方面引领价值的内容,然后结合思想政治理论开展教学,努力推进"课程思政"建设,实现高校各类课程与思想政治理论课程的协同合力。

在新时代背景下,社会上的各种价值观、社会思潮等对学生的思想政治观念产生了各方面的影响,其中大部分是积极正面的,但是也存在一些消极负面的,导致学生的价值取向和价值判断能力出现偏差,再加之学生"三观"在飞速发展的通信技术、深入改革的社会经济、不断更新的思想观念等环境下受到严重的冲击,导致学生的思想政治观念也受到冲击。此外,社会上多样化的社会思潮交融日益增多,怎样将社会主义意识形态的正能量全面发挥,增强社会主义意识形态的凝聚力和引领力,增强主流意识形态对理论及现实问题的阐释力,是思想政治教育面临的新挑战。面对复杂的社会环境,应寻找科学合理的方法促进学生获得正确的价值判断能力和价值选择能力。

在教育的不断改革与发展的同时,我国不断推动和支持农村发展。只有农村实现全面发展与振兴,才能推动我国整体全面发展。习近平总书记对我国社会发展所处方位以及我国社会主要矛盾新判断所进行的详细说明,成为实施农村振兴战略、推进现代化宏伟事业的依据。当前,在美丽乡村建设过程中,思想政治教育发挥着重要作用。通过对农村居民开展思想政治教育,可以推动农

[①] 2016年12月7日至8日,全国高校思想政治工作会议在北京召开,习近平同志在会议上发表了重要讲话。

村基层的基础工作；健全自治、法治、德治的基础条件，良好的思想政治教育可以保障新时代中国特色社会主义伟大胜利。但是，随着全面建设社会主义现代化国家进程的不断推进，农村思想政治工作却没有与时俱进，远远不能适应新时代农村建设的现实需要。

这些问题的解决，在某种意义上需要从今后的农村工作者身上寻求突破口。如今的高校学生是未来乡村建设的主力军，对实现美丽乡村梦想具有举足轻重的作用。在高校学生培养和高校专业课开设过程中进行"课程思政"，对未来的乡村建设工作者提供理论和知识的武装，确保其具有坚定正确的政治信念，有着非常重要的意义。

基于上述背景与问题，对高校专业课程开展"课程思政"探索和实践非常必要。本书将重点围绕农村工作相关课程（主要是"农村社会工作"）的课程思政展开设计与讨论。主要关注点如下：

其一，课程思政概述。对课程思政的提出、内涵与特征、理论基础等进行阐述，进一步了解和掌握课程思政。

其二，课程思政建设的必要性及其育人功能。详细分析课程思政建设的必要性，提出引导学生立大志、明大德、担大任、成大才的四项基本功能，明确课程思政育人功能发挥的原则。

其三，农村社会工作的功能与发挥机制。从民生、经济、精神文化等方面分析农村社会工作的功能，构建完善的农村社会工作功能的发挥机制。

其四，课程思政实施存在的问题。主要从学校和农村两个层面分析课程思政实施中存在的问题。

其五，高校课程思政实施的路径探索。分别从加大学校课程思政工作推行力度、加强专业课程与农村工作的有效衔接、提升专业教师的素养和能力、增强学生学习积极性等方面有效拓展学校课程思政实施途径，提升课程思政实施效果。

其六，思政课程进入农村工作的有效路径。通过改革与更新思政教育内容和方法、创造良好思政教育条件、健全思政教育工作机制、培养骨干思想等方法，提升农村思想政治教育水平和质量，为农村振兴发展奠定基础。

目 录

第一章 课程思政概述 ……………………………………………… **001**
　第一节　课程思政的提出　　001
　第二节　课程思政的内涵与特征　　008
　第三节　课程思政的理论基础　　013

第二章 课程思政建设的必要性及其育人功能 ………………… **021**
　第一节　课程思政建设的必要性　　021
　第二节　课程思政育人功能　　023
　第三节　发挥课程思政育人功能的基本原则及实施路径　　034
　第四节　提高课程思政质量须把握的规律与路径方法　　036

第三章 "农村社会工作"课程及融合课程思政的重要性 …… **039**
　第一节　"农村社会工作"课程简介　　039
　第二节　课程思政融合"农村社会工作"课程教学的重要性　　040

第四章 课程思政实施存在的问题及保障 ……………………… **043**
　第一节　课程思政实施存在的问题　　043
　第二节　课程思政有效实施保障　　053

第五章 农村社会工作的功能与发挥机制 ……………………… **072**
　第一节　农村社会工作的内涵　　072
　第二节　农村社会工作的功能　　076
　第三节　农村社会工作的功能发挥机制　　080
　第四节　课程思政与农村社会工作的联系　　085

第六章　农村思想政治工作 … 089
第一节　农村思想政治工作的含义与特点 … 089
第二节　农村思想政治工作的重要意义 … 092
第三节　农村思想政治工作存在的问题 … 095
第四节　农村思想政治工作问题的解决对策 … 102

第七章　农村社会工作开展思想政治工作的措施 … 106
第一节　加大思想政治教育基础设施建设 … 106
第二节　丰富农村思想政治教育内容 … 107
第三节　创新农村思想政治教育方法 … 113
第四节　创造良好的农村思想政治教育条件 … 117
第五节　健全农村思想政治教育工作运行机制 … 122

第八章　未来课程思政实施的展望 … 128
第一节　课程思政实施的发展趋势 … 128
第二节　课程思政实施的未来展望 … 131

结语 … 134

参考文献 … 137

附录 … 140
附录A　法治思维下的宗族涉村 … 140
附录B　家人眼中的家乡社区变迁——重庆市秀山县孝溪乡纱帽村 … 143
附录C　那龙煤矿的变迁 … 150
附录D　枫木屯的社会变迁 … 154
附录E　重庆酉阳发展的前后对比 … 164
附录F　立志走出农村农民的一生 … 167
附录G　由历史到未来——文化哲学视角下农村社会工作发展之我见 … 172
附录H　从沅水到湘江——韩氏家族史调查研究 … 175

后记 … 188

第一章

课程思政概述

第一节 课程思政的提出

一、课程思政的历史演变

早在 2004 年,中央出台关于进一步加强和改进未成年人思想道德建设和大学生思想政治教育工作的文件,发布了《关于进一步加强和改进大学生思想政治教育的意见》,明确指出"高校各门课程都承担着育人功能,所有教师都具有育人职责"。

上海最先开始了学校思政课程改革的探索之路①。上海学校思政课程改革经历了三个阶段,改革重心由中小学德育课程建设转变为注重大中小学德育课程一体化建设。在此进程中,构建全员、全课程育人格局的理念也越来越清晰②。

第一阶段:2005 年起,启动实施"两纲教育",推进以"学科德育"为核心理念的课程改革。为贯彻落实中央文件精神,上海于 2005 年先后出台了《上海市学生民族精神教育指导纲要》《上海市中小学生生命教育指导纲要》,即"两纲教育",整体构建大中小学德育体系。"两纲教育"出台头十年有一个核心理念,即"学科德育"理念,就是把德育的核心内容有机地分解到每一门

---

① 陈洪捷,施晓光,蒋凯. 国外高等教育学基本文献讲读 [M]. 北京:北京大学出版社,2014.

② 高德毅,宗爱东. 课程思政:有效发挥课堂育人主渠道作用的必然选择 [J]. 思想理论教育导刊,2017(01):31-34.

课程，充分体现每一门课程的育人功能、每一位教师的育人责任。根据各门学科的知识特点及其所蕴涵的德育资源，上海编制了学科德育"实施意见"，逐步修订中小学各学科"课程标准"和"教材内容"，促进知识与技能、过程与方法、情感态度与价值观的三维统一，为小中高各个学段的所有课程实施学科德育提供了理论支持和操作建议。总结这一阶段上海德育课程改革经验，最重要的经验是，要提升德育实效性，必须将社会主义核心价值观作为核心内容整体、科学、有序地融合进各学段各学科。

第二阶段：2010 年起，承担国家教育体制改革试点项目"整体规划大中小学德育课程"，聚焦大中小学德育课程一体化建设。2010 年，上海承担国家教育体制改革试点项目"整体规划大中小学德育课程"。以此为契机，在"两纲教育"基础上，探索形成了以社会主义核心价值观为核心教育指向，以"政治认同、国家意识、文化自信、公民人格"为重点的顶层内容体系构架，并根据不同学段学生特点，开展德育课程一体化设计。"一体化"主要包括三层含义：一是着眼纵向衔接。紧密结合中小学课程改革和高校思想政治理论课建设，依托各学段德育工作基础，坚持把有效衔接、分层实施、循序渐进、整体推进作为根本要求，重点在学段的纵向衔接上下功夫。二是"横向贯通"。就是要把第一课堂、第二课堂和第三课堂（网络空间）打通。要充分发挥第一课堂的主渠道作用，不断加强第二课堂的文化育人、实践育人作用，着力提升第三课堂的网络教育内涵。三个课堂相互联系、相互影响、相互补充。三是"三位一体"。就是要使学校、家庭和社会形成育人合力，充分发挥学校教育的主导优势，加强家庭教育的基础作用，挖掘社会教育的育人功能，发挥育人的综合效应。这个阶段的探索，大中小德育课程衔接主要聚焦高校思想政治理论课与中学阶段政治课程的衔接，重点解决大中小学德育课程知识简单重复、层次递进不明、与学生身心发展匹配度不够等问题，切实提升大中小学德育实施的有机整体性。

第三阶段：2014 年起，将德育纳入教育综合改革重要项目，逐步探索从思政课程到课程思政的转变。2014 年，上海市委、市政府印发《上海市教育综合改革方案（2014—2020 年）》。上海教育综合改革的基本目标，就是构建三个制度体系：一是遵循教育规律，回归育人为本之重点，形成促进学生德智体美诸育全面发展和终身发展的育人制度；二是以加强顶层设计、转变政府职能为重点，形成科学分离而又有机统一的"管办评"制度体系；三是以加强资源共享、促进融合互补为重点，形成教育与经济社会发展合作共赢的协同联动制度体系。在三个目标体系中，从教育系统内部来说，核心就是坚持"育人为本、德育为先"，把"立德树人"作为教育的根本任务，也就是把培育和践行社会主义核心价值观有机融入整个教育体系，全面渗透到学校教育教学全过程，充分体现在学校日常管理之中，在落小、落细、落实上下功夫。在育人制度体系的制定和落实期间，整个教育体系有机融合了思政教育元素，使课程思政贯穿于学校教育全过程，最终形成了课程思政制度以及相关工作机制。

在2016年12月召开的全国高校思想政治工作会议上，习近平总书记一再强调让育人功能在所有课程中得以体现，由此课程思政的概念产生①。2017年9月，在中共中央办公厅、国务院办公厅《关于深化教育体制机制改革的意见》发布之后，课程思政由地方实践探索向国家战略部署方向转变，要求全国各高校都要根据相关要求建设课程思政；同年底教育部印发了《高校思想政治工作质量提升工程实施纲要》的通知，提出课程育人等"十大育人"体系②，要求高校以育人为导向，将价值引领的原则予以全面凸显。2019年10月，教育部召开"教育奋进看落实"系列会议，印发《全面推进高校课程思政建设》的相关材料，对课程思政落实的要求进行详细具体的规定，使课程思政的建设方向更加明确。2020年4月，教育部强调统筹课程思政与思政课程建设，要求强化各门类专业课程的育人作用③。

自2014年至今，课程思政工作一直在不断探索实践和研究之中，"课程思政"理念逐渐成形，高校"课程思政"建设也逐渐科学化、合理化，其建设过程始终坚持以育人为核心的理念，在探索中不断拓展和深化，努力将试点建设成功经验进一步发展落实，根据各校特点更好地建设课程思政④。

二、课程思政的提出背景

（一）新时代思想政治教育发展的需要

教育是育才与育人的有机统一，高等教育不仅要培养学生某一领域的知识、理论、能力和素养，更要引领学生形成正确的世界观、人生观和价值观

---

① 罗晓燕，钟华. 乡村振兴视域下涉农高职课程思政的探索——以试验设计与统计分析课程为例 [J]. 特种经济动植物，2023，26（03）：189-191.

② 即课程育人质量提升体系、科研育人质量提升体系、实践育人质量提升体系、文化育人质量提升体系、网络育人质量提升体系、心理育人质量提升体系、管理育人质量提升体系、服务育人质量提升体系、资助育人质量提升体系、组织育人质量提升体系。

③ 顾化杰. 增能发展人文关怀：乡村振兴背景下农村社会工作的功能定位 [J]. 智慧农业导刊，2023，3（05）：149-152.

④ 李秋丽. 课程思政的教育哲学审思 [N]. 中国社会科学报，2023-03-10（006）.

(即"三观")。无论是中世纪欧洲大学、近代欧洲大学、19世纪德国大学,还是现代大学,教育背后的"三观"问题在各国都是一个非常严肃的话题。[①] 法国思想家托克维尔曾指出:"在美国,对人们进行的一切教育,都以政治为目的"。中华人民共和国成立以后,教育背后的"三观"问题也曾经是一个非常严肃的政治话题,通过长期的"红"与"专"问题大讨论,最终形成了改革开放前我国"又红又专、品学兼优、德才兼备"的人才培养标准。改革开放以后,我国的工作重心开始转向经济建设,随着社会主义市场经济的确立和发展,以及西方人本主义、科学主义等教育思想的引进与传播,按照市场的需求来培养人才不仅逐步成为我国各个高校的现实选择,也逐渐成为每个学生及其家庭的自我学习自我定位诉求,高等教育的经济价值与功能、专业逻辑与方法得到了充分的彰显,在高等教育的育才功能被不断拔高和放大的同时,高等教育的育人功能却逐渐被削弱和淡化。[②] 慢慢地,各个专业的人才培养方案主要聚焦于学科专业的知识、理论和技能,淡化了思想政治和道德品质方面的引领、要求和培育,人才培养目标逐渐被定为培育特定领域的、能够胜任特定工作的高级专门人才或复合型专业人才。虽然学校思政教育在党中央高度关注下获得了良好的成效,但同时在思政教育过程中还存在诸多有待改进与完善的地方。

第一,学校思政教育工作一度处于单打独斗的局面,被认为只是思想政治课程教师应该承担的责任,没有认识到其他各类课程在其间的育人责任。在很多专业教师眼中,学生的"三观"培育和引领主要由思政政治理论课来完成,应该主要交给马克思主义学院的老师,而自己则主要负责培养学生的专业知识、专业理论和专业技能;与之相应,在很多学生和家长眼中,大学学习的重心就是学习特定领域的专业知识,以专业课为重,而其他课程则相对不重要。

第二,不同课程均呈现独立性,各类课程之间的融通性比较低,导致其他课程教师不重视思政教育元素的挖掘,未在教学期间突出思政内容。在这种情况下,大多数学生会产生思想政治教育主要通过思想政治课程来实现,上完思想政治必修课后,思政教育就与自己没有任何关系,导致学校思想政治课程无法发挥全面育人作用,造成思政课程出现孤岛化和边缘化的现象。

---

① 陈洪捷,施晓光,蒋凯. 国外高等教育学基本文献讲读 [M]. 北京:北京大学出版社,2014.

② 郝德永. "课程思政"的问题指向、逻辑机理及建设机制 [J]. 高等教育研究,2021,42 (7):85-91.

第三，在社会多元化发展下学校思想政治教育需要结合新形势新特点作出一定的改变，但是，大多数学校思想政治理论教学观念未能革新，导致教学内容没有有效结合实际生活，而且理论性和抽象性比较强，学生学习过程中不易理解，甚至觉得学习非常枯燥。同时教师教得疲累、无奈①。如何解决思政课程育人困境，提升高校思想政治教育的整体性是当前面临的巨大课题。

（二）新时代青年正确价值观的引领需求

青年学生作为社会发展和建设的后发力量，其正处于价值观塑造的关键时期，所以，学校应结合学生的价值认知特点，有针对性地开展课程思政建设。当前，青年学生的思想道德整体上呈现健康乐观的状态，但是不可否认还同时存在诸多问题，如价值取向盲目、政治信仰不够坚定、忽视应承担的社会责任等，部分学生对获取物质利益非常重视，对个人的前途与社会地位极为关注，然而不太关注自身应承担的社会责任。很多即将毕业的学生没有明确规划未来，对社会与自己今后发展的认知不清楚，国内外重大时事政治漠不关心。

在政治信仰方面，大学生的认知能力和判断能力正处于逐渐成熟与健全阶段，很容易受到网络以及社会中负面因素的影响，导致学生难以形成正确且坚定的政治信仰。部分高校思想政治教育存在局限性，导致一些学生在很多时候未能明确规划，表现出得过且过、好高骛远的态度，缺乏脚踏实地的精神与行动，对国家大政方针没有正确的认识和了解，这些都表明，大学生的培育与党和国家对青年的期待相差甚远。基于此，培养青年学生思想政治观念与意识，有利于推动党、国家和社会的长远发展，为此，学校教育主体必须构建协同育人的教育模式，发挥各个教育主体充分承担育人责任，形成良好的德育氛围②。

（三）试点学校课程思政的实践和经验

在我国课程思政理念提出来以后，为了更好地在学校进行推广，教育主管部门在上海选择了一些高校进行课程思政教学工作的试点，比如上海中医药大学将思想政治教育理念融入专业课程，在"人体解剖学"课教学过程中教师让

---

① 刘超，蔺兵兵，徐正芳，等. 课程思政视域下的课程教学改革研究与实践［J］. 继续教育研究，2023（04）：90-94.

② 李富臣，徐杰，周晓进. 高校加强"课程思政"建设进路研究［J］. 才智，2023（08）：24-28.

学生向"大体老师"① 鞠躬以表示对生命的尊敬。在"创新中国"课程教学中将科技创新当作主题,用学校最强学科作为亮点,结合文理工经管各学科,将思想政治教育内容在多学科中相互渗透,引导学生立足全球角度来审视和理解中国,掌握中国发展需求,让学生在了解国情的同时培育创新精神和创新能力②。又比如,上海师范大学人文与传播学院也积极开展专业课程融入思想政治教育的试点工作,在学院汉语言文学、新闻学、史学、法学等意识形态属性较强的学科中开展课程思政,不断探索专业课程融合思政教育的方法。这些高校从核心课程入手,表明了课程思政教育教学改革的决心和勇气,坚持思想和行动、实事求是和积极创新的统一,提高了课程思政的影响力和带动性。其作为课程思政建设的先发力量为之后高校课程改革提供了宝贵经验,进一步激发了课程思政的潜力。当前,课程思政仍处于探索和深化时期,大部分高校都一致引入课程思政理念,同时结合各自学校的特点,进行课程思政建设的探索和实践,促进高校思想政治教育的改革。

三、课程思政建设的意义

培养什么人、怎样培养人以及为谁培养人是人才培养的根本问题,国外的有益做法可以借鉴。但是,从根本上讲还必须扎根中国大地办教育,坚持社会主义办学方向。人才培养体系涉及教学体系、教材体系、学科体系、管理体系等,贯穿其中的是思想政治工作体系。课程思政正是要立足于构绘这样一个育人蓝图,通过深化课程目标、内容、结构、模式等方面的改革,把政治认同、国家意识、文化自信、人格养成等思想政治教育导向与各类课程固有的知识、技能传授有机融合,实现显性教育与隐性教育的有机结合,促进学生的自由全面发展,充分发挥学校教育教书育人的作用。课程思政的提出体现了两方面的意义,既有理论意义也有现实意义。课程思政建设的研究和探索,非常有益于促进学校思政教育理念的创新发展,保证立德树人教学任务的有效落实。

(一)推动学校形成全新的育人理念

在我国教育改革深入推进以及教育活动深入开展的背景下,传统思政教育理念与教学实践不再匹配,需要在一定程度上改变教育理念,提高学校思想政

---

① "大体老师",是人体解剖的医生对遗体捐献者的尊称,称为老师,意为捐献者用自己的身体为医学、科学作出了贡献。

② 刘克华,范妮妮."课程思政"的多重涵义及其价值:一个类型学分析[J].山西警察学院学报,2023,31(02):86-95.

治教育实践的有效性。过去,学校思想政治教育过度依赖思政课程,没有认识到其他课程的育人功能,导致学校育人过程的整体性优势难以体现。推进课程思政建设,就是要寓价值观引导于知识传授和能力培养之中,帮助学生塑造正确的"三观",顺应历史潮流,适应新时代要求。课程是人才培养的核心要素,尽管它面对的是教育微观问题,但解决的是教育最根本的问题。思政课程和课程思政是课程育人的一体两翼,课程思政的定位、目标和过程分别针对教育的三个根本问题,即为谁培养、培养什么人和怎样培养人。一方面,课程思政的显性功能是提升课程的内涵和提高课程的质量。不少教师认为课程思政是游离于传统教学之外的附加行为,这种认识是不正确的。课程思政不是对教学喧宾夺主,更不是特立独行,它首先是为提升教学质量服务的,是深层次的教学改革。这是因为,只有高水平的教学活动才能吸引学生,进而影响学生。另一方面,课程思政的隐性功能是给知识和能力赋予正确的价值观取向,使他们由"标量"变成"矢量"。知识和能力本身是中性的,它们可以用来造福人民,也可以危害社会。人们常引用的"知识就是力量"名人名言,其实后面应该加一句"价值决定方向"。课程思政的目标是既育才更育人,引导学生将实现个人价值与国家发展、民族复兴、人类福祉紧密相连。课程思政的提出,主要是通过构建协同育人的模式,打破单纯依靠思想政治理论课教学的现状,发挥课程思政的有益补充作用。高校育人理念的目的就在于让所有教师都明确自己的育人职责,并把其落实到日常教学中,把课程思政做实做细。

(二)全面发挥学生的主体作用

学校教育追求的目标始终是让学生主体作用得到全面有效的发挥。根据时代特点以及学生成长成才的实际情况,持续创新教学方法,如互动式、辩论式等方法,可以构建良好的教学氛围以及良好的师生关系,能够激发学生学习的兴趣和自主性。另外,教师应尊重学生,实现与学生的平等交流,促进学生创新思维和创造活力的提升。应注意到,课程思政意味着教师的角色发生了根本性的变化,教师从单纯的知识传播者,转变为健全人格的塑造者和正确价值观的引导者。学校教育追求的目标始终是让学生主体作用得到全面有效的发挥。根据时代特点以及学生成长成才的实际情况,持续创新教学方法,如互动式、辩论式等方法,可以构建良好的教学氛围以及良好的师生关系,能够激发学生学习的兴趣和自主性。另外,教师应尊重学生,一名优秀的教师不仅传授书本知识,还应该集"知、仁、勇"于一身,成为塑造学生品格、品行、品位的"大先生",实现与学生的平等交流,促进学生创新思维和创造活力的提升。同时各门专业课程要深入挖掘其中德育元素,让学生能够在潜移默化中既丰富了自己的学识，又在无形中形成了正确的道德认识，引导学生正确认识及普及德育教育，充分强化大学生的学习动力，激发上课的积极性，形成努力学习的内驱力，从而实现自身的全面发展[①]。

（三）进一步强化学校意识形态工作

在文化多元化和文化全球化发展背景下，社会中充斥着多种文化，使学生受到多种社会思潮、不同利益群体、复杂的思想观念等因素的影响，难以形成正确的思想道德品质和价值观，所以学校应强化意识形态教育工作，提高防范意识，有效规避风险的发生。积极探究可以改善以往教书与育人相分离状况的有效措施，找到有效发挥改革课程育人功能的途径，促进学校课程教学的改革，将思政教学的实效性予以增强。学生未来的发展前途在很大程度上取决于学校意识形态工作成效，为此，学校要积极应对新时代所面临的挑战，做好学校意识形态工作，要将学校管理与课程建设完美结合起来，课程思政的提出正是对加强高校意识形态建设内在要求的充分体现。

第二节　课程思政的内涵与特征

一、课程思政的内涵

在教育体制改革大背景下，我国在教育领域提出了全新的、综合性的教育理念，即课程思政理念。有不少学者将课程思政教育作为重点研究内容，但目前大家对"课程思政"概念界定的认识还存在一些差异。从文字的含义来看，课程思政顾名思义就是指课程和思想政治教育有机结合起来。为此，想要对"课程思政"概念进行比较明确的界定，首先要掌握课程和思想政治教育各自的含义，以及两者之间的关系。

早在我国唐宋期间就已经出现了"课程"一词，在当时，其含义主要涉及寝庙、礼乐大道，同当今"课程"一词的意思完全不同，直到南宋时期，朱熹才认为"课程"就是指学习的进度。"课程"一词在西方最早的含义是跑道，之后才延伸到学习进程上，这一含义与朱熹的表述相似。经过长时间的发展，课程的含义发生了很大的变化，但总体上都表示学生学习学科的总和与进程。

---

① 王东红，吴永祥. 以课程思政推动高质量人才培养的实践路径研究[J]. 对外经贸，2023（02）：136-138.

基于此，本书课程思政中"课程"一词的含义是指学校所有课程，各教育主体按照各类课程的教学内容积极主动开展教育教学活动的过程，主要分为理论课程、实践课程、显性课程、隐性课程。思想政治教育作为社会特有的实践活动，存在于历史的不同发展阶段。"是教育者按照一定的社会阶级的要求，有目的、有计划、有组织地对受教育者施加系统的影响，把一定的社会思想和道德转化为个体的思想意识和道德品质的教育。"① 归根到底，思想政治教育是为了满足国家、社会以及个人的发展需要而设置的。

课程思政绝对不是简单的课程教育与思想政治教育的拼凑，而是要在建设全课程育人模式下将立德树人教育目标落实到位，充分尊重各类课程学科特点及其教学规律，进而实现课程教育的改革，增强思想政治教育成效，使学生的综合素质得到极大提高，努力实现培养德智体美劳全面发展的大学生的根本目标。课程思政的含义主要是什么？针对此问题，众多研究者提出了多样化的答案，一些研究者认为课程思政的根本就是在课程教学与改革的所有环节中融入各类课程本身含有的思想政治元素；还有一些研究者表示思想政治教育渗透到教师知识教学过程中，指导学生将学到的知识转变为综合素养与能力②。

上述两种对"课程思政"的界定都有一定的道理，但是都有点倾向于宏观层面的理解，基于此，本书所研究的"课程思政"是指在高校中所有的课程，特别是专业课程和通识课程，都要以立德树人为宗旨，深入挖掘课程中的思想政治教育资源，通过融入、挖掘、提炼、拓展等多种途径，令所有课程都发挥思想政治教育作用，从而达到潜移默化的思想政治教育效果。

（一）课程思政的教育目标

课程思政的教育目标就是要站在为党育人，为国育才的高度，深刻把握两个大局，深入挖掘各类课程和教育教学方式中蕴含的思想政治教育资源，寓世界观、人生观和价值观教育于知识传授和能力培养之中，引领和培育学生形成正确的世界观、人生观和价值观，有效破解专业教育和思政教育"两张皮"的难题，努力将学生培养成德智体美劳全面发展的社会主义建设者和接班人，实现高校育人和育才的有机统一。

---

① 龚丹娅，权麟春. 乡村振兴战略视域下农村思想政治教育路径探析 [J]. 特区实践与理论，2023（01）：121-127.

② 张太宇，王燕红. 高职院校课程思政高质量发展的逻辑理路探析 [J]. 教育理论与实践，2023，43（06）：37-40.

（二）"课程思政"与"思政课程"的辩证关系

第一，从教育部新颁布的相关文件来看，"课程思政"与"思政课程"在角色定位上是不一样的。在高校课程体系中，"思政课程"是"立德树人"的核心课程、灵魂课程，是大学生思想政治教育的主渠道，是社会主义高校的优势所在；而"课程思政"是落实全员育人、全过程育人、全方位育人的需要，致力于挖掘各门课程蕴含的思想政治教育元素与功能，拓展思想政治教育的课程载体渠道，"促使知识传授与价值观教育同频共振"的教育实践活动。所以，"思政课程"是大学生思想政治教育的根基、主干与本体，而"课程思政"则是大学生思想政治教育的渠道、载体和呈现方式。

第二，"思政课程"与"课程思政"的实施方式不一样，前者主要是显性方式，而后者则以隐性为主，显隐结合。一方面，"思政课程"作为大学生思想政治教育的主渠道，是有计划、有目的、有组织地开设的，有统一的教学大纲、统一的教材、统一规定的学时学分，其教师队伍也有严格的要求，以"灌输"为基本理念，旗帜鲜明地表明应树的立场、观点和态度，尽管也有一定的技巧与艺术，但从本质上来说属于典型的显性思想政治教育。另一方面，"课程思政"则是从"大思政"理念出发，充分挖掘相关课程"所蕴含的思想政治教育元素和所承载的思想政治教育功能，融入课堂教学各环节，实现思想政治教育与知识体系教育的有机统一"，由于课程类型多样，要求不一，既有显性的类似于形势与政策教育之类的选修课，又有各种专业课和综合性的通识教育课；这两类课程中，前者显然属于显性方式，后者则属于隐性方式。

第三，"思政课程"与"课程思政"的职能不同。"思政课程"的中心项是"课程"，在高校课程体系中，存在着德智体美之别，而"德智体美，德育为先"，所以，"思政课程"在高校课程体系中处于"核心地位"，承担着向大学生进行系统的马克思主义理论教育，使其形成正确的世界观、人生观、价值观，是大学生思想政治教育的主渠道和重要阵地，是"第一课程""铸魂课程"。也就是说，"思政课程"的职能在于"铸魂育人"，是以课堂教学为主要形式的思想政治教育，重在主导价值观教育。"课程思政"的中心项是"思政"即思想政治教育，思想政治教育有其主渠道主阵地，其主渠道在于"思政课程"，主体是思想政治理论课教师，其主阵地在于经常性思想工作，主体是学校的政工人员。思想政治教育要取得实效，不能单打独斗，要形成合力，就必须拓展渠道和载体，做到全员育人、全程育人、全域育人。而"课程思政"之"课程"，则蕴含着丰富的思想政治教育资源，必须充分开发和利用，这就要将政治教育融入"思政课程"之外的所有课程，使所有课程与"思政课程"协同育人。但就参与"课程思政"的相关课程来说，其职能却各不相同：有的重在知识教育，有的重在技能教育，有的重在素质教育。换言之，"思政课程"与"课程思政"职能各有侧重，前者职能单一，在思想政治教育上，该职能是"应当＋必须"，是分内之事；而后者职能多样，其"课程"与思想政治教育相连，是"应当"而非其本职、本位，是其衍生的功效、能力。

（三）"课程思政"的前提是做好言传身教，让教育者先受教育

早在2013年，中组部、中宣部、教育部就提出了"学术研究无禁区，课堂讲授有纪律"作为高校教师的政治底线。2014年，习近平总书记提出了"有理想信念、有扎实学识、有仁爱之心"的"四有"好老师的标准。这其中排在第一位的便是对于理想信念的要求。"课程思政"建设，是高校教师对于"传道、授业、解惑"的追本溯源，是自古以来每名教育者的应循之本、应尽职责。既要精于"授业"和"解惑"，更要以"传道"为责任和使命，时时刻刻心系国家和民族，不忘所肩负的国家使命和社会责任

（四）"课程思政"的实施效果是将文化自信融入学生思想

习近平总书记在全国教育大会上强调，要在坚定理想信念上下功夫，教育引导学生树立共产主义远大理想和中国特色社会主义共同理想，增强学生的中国特色社会主义道路自信、理论自信、制度自信、文化自信，立志肩负起民族复兴的时代重任。"四个自信"中的文化自信，从广义上而言是对道路自信、理论自信和制度自信的提升，是深化学生对道路、理论、制度理解的重要一环。而"课程思政"的实质，就是在潜移默化之中，传播先进文化，让学生不断增强这种文化自信，并将这种自信融入自身的思想和行动，养成一种文化自觉。

（五）"课程思政"的实践方法是实现思想政治教育引领的潜移默化

"课程思政"的核心，应该是在授课的过程之中，积极落实立德树人的根本要求，潜移默化地开展思想引领。各门课程的授课教师，通过积极探索，深入挖掘所讲授课程之中蕴含的育人元素，形成"聚合"；寻找其与各知识点相结合的契合点，将这些元素有机地融入所讲授的知识点之中，形成"混合"；在对学生的教育教学中实现思想引领，促进学生思想认识不断深化，价值观念逐步提升，形成"化合"，引导学生先明是非曲直，后明道路方向，再明如何作为。

二、课程思政的基本特征

创新性、全员性、引领性作为课程思政建设的显著特征，能够帮助学生更好地了解课程思政的内涵和要求，推动学校课程思政的有效建设。

（一）创新性特征

新时代呈现出新特点，与之对应，课程教学过程也要进行与时俱进的改革和发展，"课程思政"即是这样一种探索。课程思政积极探索创新性发展，改变传统课堂以专业知识传授为主的教学模式，在专业知识教学的基础上开展对学生价值观的培养，深入挖掘各类课程中蕴含的思政元素并在教学过程中将其全面融入课堂教学活动，让思想政治教育贯穿于学生的整个学习过程，逐渐熏陶学生的思想品质。只有利用实践教学形成全新的教育理念，改变以往专业课忽视育人功能的不足之处，掌握不同学校不同专业的显著特点，才能探索出"课程思政"创新性发展的新模式，并积累出适合不同学校思政教育的经验，推动思政课程和其他课程教学的改革与创新，引导学生正确选择成长的方向，强化学生辨别是非的能力以及整体水平。目前，越来越多的学校根据自身特点与教学要求，制定适合学校发展的教学方式，并不断创新教材和教学，实施了具有各自学校特色的"课程思政"[1]。

（二）全员性特征

新时代对学校育人工作提出全员性的发展要求，经过"课程思政"试点学校与课程的大力推广，基本上所有学校与全部课程均逐渐地参与了思政课程建设。为了确保"课程思政"能够全面落实以及持续发展，需要学校各教育主体和学生形成共同努力，构建良好的"课程思政"建设氛围，最终将"课程思政"成果体现到全体学生身上。因此，学校应寻求各种方式激发各教育主体的积极性和主动性，使所有教育主体积极创建思想政治教育氛围和创新教学方式，有效推动"课程思政"成效的提升。

（三）引领性特征

教育作为育人活动并不只是教授学生知识，还要教会学生如何做人，所以在日常教学工作中，要在保障知识和能力教育的基础上，加强培养学生的正确

---

[1] 赵林林，邹瑄，董菁. 教师"课程思政"育人能力模式研究 [J]. 公关世界，2023（04）：144-146.

精神谱系和价值观，可以借助良好的互动教学模式达到引领学生价值观的作用。达成学生知识、能力、价值共同进步与发展是"课程思政"的教学目标，为此应该充分重视课程思政建设，这样才可以更好地体现教育的育人责任，将课程思政的价值引领性特点全面体现出来①。

第三节 课程思政的理论基础

实践是理论的源头，同时理论能够指导实践，所以想要实践顺利开展，并获得有效的成果，一定要有理论支撑。"课程思政"作为新时代教育领域的一次伟大实践，也需要理论的指导。从较为宏观的层面来看，马克思恩格斯关于人的全面发展理论、列宁关于课程教育的论述、中国共产党领导人关于"课程思政"的论述、中国优秀传统教育思想等四个方面对"课程思政"具有理论指导意义。

一、马克思恩格斯关于人的全面发展理论

经过不断深化与发展，马克思恩格斯形成了人的全面发展理论，其主要论述了人的发展的最终目标与方向，对人类社会生产力和经济发展水平的提升具有极大的推动力。一直以来，我国教育工作指导的基础理论就是马克思主义关于人的全面发展理论，在合理制定我国教育方针政策方面具有根本的指导性，并促进了我国教育的良好发展。

与人的全面发展相对的是人的片面畸形的发展，马克思主义经典作家们深刻揭示出导致人的片面畸形发展的原因在于社会分工，而私有制和阶级剥削又加剧了这种片面畸形。马克思恩格斯在《共产党宣言》中说："资产者唯恐失去的那种教育，对绝大多数人来说是把人训练成机器。"② 由此可看出，资产阶级的教育是要把人变成资本的附庸，变成没有思想的机器，变成可以任由资产阶级奴役的工具，为他们创造更大的利益。忽视人自身的发展，也就造成了资本主义时期人的畸形和片面的发展。因此，马克思恩格斯提出要构建一种社会，在这个社会中人们自由而全面地发展，使人摆脱资产阶级的压榨和剥削，

---

① 徐姗姗.乡村振兴战略背景下农村社会工作人才队伍建设的研究［J］.农业经济，2023（02）：118-120.

② 中共中央马克思恩格斯列宁斯大林著作编译局.马克思恩格斯选集：第1卷［M］.北京：人民出版社，2012：417.

实现自身全面而自由的发展。马克思恩格斯明确提出:"在未来社会,代替那存在着阶级和阶级对立的资产阶级旧社会的,将是这样一个联合体,在那里,每个人的自由发展是一切人的自由发展的条件。"① 马克思恩格斯始终将关注人的本质在生产劳动中的实现作为焦点。

二、列宁关于课程教育的论述②

列宁提出过很多有关课程教育的论述,具体体现在以下几个方面:第一,政治和教育之间存在着相互作用、不可分离的关系,学校教育学生的内容直接与统治阶级的政治有关联,所以政治与教育的联系是必然的,并不会跟随社会制度及意识形态的变化而发生改变,即任何时候教育与政治都是紧密联系在一起的。第二,授课人员要掌握课程教育的思想政治方向。在授课期间确定了正确的思想政治方向,也就有了明确和正确的教学目标,因此需要在课程教学中利用正确的思想政治方向进行引领,不然一旦出现方向错误,会导致学校培养的学生无法为国家和社会发展提供有效服务,甚至还会造成严重的损失。另外,列宁还认为哲学社会科学等课程必须结合学校的性质与办学方向,要求教学人员在教学过程中不能宣传自己的哲学观点,绝对不要立足哲学层面对马克思主义进行批评。因此在列宁看来,马克思主义是课程教育的基础指导理论,他强调了教育者在课堂教学中坚持正确思想政治方向的重要性,这对我们今天推进"课程思政"建设具有很强的指导意义,为全员育人奠定了深厚的理论基础。

三、中国共产党领导人关于"课程思政"的论述

中国共产党自成立以来,党在各个时期的主要领导人对事实上的"课程思政"也有相应的论述,从一开始对思政课程的初步认识,到对课程教学所坚持的方向的认知,再到对各类课程各教育主体的思政职能都有非常深刻的认识。

(一)毛泽东同志相关论述

毛泽东思政教育观是社会主义革命和建设实践的产物,其涵盖思政教育的地位、内容、方法、原则、队伍等各个方面。毛泽东认为,思政教育的主要任务就是要在全社会宣传共产主义的理想和进行共产主义思想教育,为社会主义

---

① 中共中央马克思恩格斯列宁斯大林著作编译局. 马克思恩格斯文集:第 2 卷 [M]. 北京:人民出版社,2009:53.
② 上海师范大学教育系. 列宁论教育 [M]. 北京:人民教育出版社,1979.

的建立和发展凝聚力量。在新民主主义革命时期,毛泽东一直重视深入群众进行思想政治宣传。另外,毛泽东还规定了党对思政教育的绝对领导,1929 年的《古田会议决议》中,毛泽东提出军队思政教育要在党的领导下开展。经过长期的实践斗争,毛泽东意识到思政教育实践的顺利进行要有正确的理论作指导,并于 1937 年先后发表《实践论》《矛盾论》,将马克思主义理论与中国当时的情况相结合,从哲学的角度为思想政治教育提供了理论支撑。在毛泽东看来,作为思想政治教育的内容之一,思想教育也有着很大的作用,思想教育的掌握,直接关系到党的政治斗争①。

1955 年,毛泽东提出"政治工作是一切经济工作的生命线"的著名论断,往后的几代领导集体都十分重视这个"生命线"的地位,在毛泽东的基础上继续发展思想政治教育。可见,新中国成立后,毛泽东对思政教育的重视有增无减。他认为,经济工作和技术工作需要思想政治工作作保证,"思想和政治又是统帅,是灵魂"②。除此之外,毛泽东对思想政治教育的贡献还包括:提出实地调查研究、批评与自我批评法;关于坚持一切从实际出发,实事求是,坚持依靠群众、齐抓共管原则;重视青年教育,培养德智体美全面发展的人才;等等。

(二)邓小平同志相关论述

邓小平明确指出:"学校应该把坚持正确的政治方向放在第一位。"在当时经济的中心地位刚刚回到正轨的条件下,邓小平重申思政教育的重要性,认为必须将政治工作摆在重要的地位,切实认真做好,不能放松③。思想政治教育,是保障社会的有序发展,有目的地向社会成员施加意识形态影响——由人的发展需求出发,采用思想教育的柔性手段,满足人的政治化需要,实现对人的精神引导与塑造——以形成全体社会成员共同的政治意识水平和政治觉悟程度。就思想政治教育的本义而言,政治观教育是其重要内容和任务。作为国家管理者,有义务引导国民树立正确的政治观,以统一全民意志,集全民之力来建设国家。高校作为引导和塑造国民形成共同的政治意识和政治觉悟的阵地,其重要性不言而喻。高校进行政治观教育,主要是坚持四项基本原则,这是改革开放顺利进行的政治保证。

早在 1989 年 3 月,邓小平就曾多次提出,我们最大的失误是在教育方面。

---

① 毛泽东.毛泽东选集(第 3 卷)[M].北京:人民出版社,1991:1094.
② 毛泽东.毛泽东文集(第 7 卷)[M].北京:人民出版社,1999:351.
③ 邓小平.邓小平文选(第 2 卷)[M].2 版.北京:人民出版社,1994:342.

在 1989 年 6 月 9 日的讲话中，他再次强调要改变"一手比较硬，一手比较软"的状况①，加强对包括青年学生在内的全体人民的教育。邓小平这里讲的教育主要是指思想政治教育。以人为本是思想政治教育最重要的原则，因此思想政治教育的目标在于培养社会主义"四有"新人，尤其是在改革开放条件下，面对西方思潮涌入和敌对势力西化分化我国的图谋，全社会都应该重视对青年的思想政治教育，邓小平强调必须教育好我们的下一代，培养他们树立远大的共产主义理想，一定不能让他们被资本主义腐朽思想俘获。

1992 年邓小平在南方谈话中又强调指出："十一届三中全会确立的这条中国的发展路线，是否能够坚持得住，要靠大家努力，特别是要教育后代。"在他看来，不坚持四项基本原则、加强思想政治教育，我们就不能形成共同的理想和信念，就不能保持安定团结的政治局面，就不能形成良好的社会秩序和社会风气，就不能保证改革开放沿着正确的方向健康前进。对高校师生进行政治观教育，意在使其保持正确的政治方向，为实现党和国家的建设目标奠定思想基础。

（三）江泽民同志相关论述

江泽民同志关于思想政治工作的一系列重要思想，是"三个代表"② 重要思想科学体系的重要组成部分，体现了江泽民同志对跨世纪思想政治工作的战略性思考，具有强烈的时代感和鲜明的针对性。首先，思想政治教育必须坚持以经济建设为中心。其次，思想政治教育要与中国先进文化的前进方向相统一。再次，思想政治教育要引导人们正确认识和深刻理解党的各项路线、方针与政策。要加强和改进思想政治教育的基础，丰富与发展思想政治教育的内容，继承与创新思想政治教育的目标。江泽民多次指出，要对青年学生加强思想政治教育，他强调在新的形势下加强党的思想政治教育工作，是中国特色社会主义理论和党的基本路线的要求，是改革开放和现代化建设的要求。1990—1991 年，党在广大人民群众中开展了社会主义思想教育，中共中央还印发了《关于加强和改进思想政治工作的若干意见》等文件。总之，江泽民的思想政治教育理论具有鲜明的时代性、务实性、创造性。

（四）胡锦涛同志相关论述

胡锦涛同志从新世纪新阶段新任务的高度，面对深刻变化的国际形势和多

---

① 邓小平. 邓小平文选（第 3 卷）[M]. 北京：人民出版社，1993：306.
② 江泽民. 江泽民文选（第 3 卷）[M]. 北京：人民出版社，2006：86.

样的国内环境,对思想政治教育的内容和方法等问题进行深入思考。2004年,中共中央、国务院联合下发《关于进一步加强和改进大学生思想政治教育的意见》,将大学生的思想政治教育工作摆在突出位置;2006年,胡锦涛同志在全国"两会"期间提出了以"八荣八耻"为主要内容的社会主义荣辱观,明确了教育的思想观念、政治观点和道德规范。"必须坚持以人为本。既要坚持教育人、引导人、鼓舞人、鞭策人,又要做到尊重人、理解人、关心人、帮助人。"① 胡锦涛同志在"全国加强和改进大学生思想政治教育工作会议"上发表重要讲话,强调要把"培养什么人,如何培养人"作为思想政治教育工作的主题。胡锦涛同志还指出,思想政治教育建设的新方向是社会主义荣辱观,思想政治教育中心的新定位是社会主义核心价值体系,思想政治教育方法的新论述是用马克思主义中国化的最新成果指导思想政治教育。他还强调,要特别注意发挥互联网等现代传媒在大学生思想政治教育中的重要作用,深入推进马克思主义中国化的最新成果进教材,进课堂,进头脑,让青年知识分子了解和相信党的理论,在广大青年中培养一大批坚定的马克思主义者。

(五)习近平同志相关论述

习近平同志思想政治教育观的体系完整,主要包括思想政治教育的目标、内容、方法和原则。思想政治教育的顺利开展要有目标的指导。思想政治教育的目标是一个不断调整的过程,习近平在对前人关于思想政治教育目标相关论述进行总结、概括、吸收、借鉴的基础上,根据党情、国情、世情的变化,以及当前的思想政治教育实际工作情况,提出实现中华民族伟大复兴中国梦的现实目标及为中国特色社会主义培养合格建设者和可靠接班人的根本目标,这两者构成一个目标体系。习近平思想政治教育的内容,既有凝魂聚气、强基固本的社会主义核心价值观教育,也有坚守中华精神追求、增强文化自信的优秀传统文化教育,还包括了解大政方针、鉴史明志的党史国史教育,培养法治思维、助推法治建设的法治观教育,以及贯彻"五位一体"整体布局的生态文明观教育。"对一个民族,一个国家来说,最持久、最深层的力量是全社会共同认可的核心价值观。"② 核心价值观体现着国家和民族的精神诉求,是社会评判是非的参考标准。2017年1月25日,中共中央办公厅、国务院办公厅印发《关于实施中华优秀传统文化传承发展工程的意见》,从国家政策的高度来推行优秀传统文化,要求将优秀传统文化教育贯穿国民教育始终。党史、

---

① 胡锦涛.在全国宣传思想工作会议上的讲话 [N]. 人民日报,2003-12-08.
② 习近平.习近平谈治国理政 [M]. 北京:外文出版社,2014:168.

国史教育是思想政治教育的一项重要内容，中共十八大前后，习近平发表了一系列关于党史、国史的重要论述，着力推进思想政治教育的党史国史教育。中共十八大以来，习近平立足于全面深化改革，提出全面依法治国的战略，要求在全社会培养法治观，高度重视法治教育，从法治上为中华民族伟大复兴中国梦的奋斗目标提供可靠保障。习近平思想政治教育的内容既立足于解决人的思想、价值观、道德观等根本问题，又不回避现实问题和矛盾。

关于思想政治教育的方式方法，习近平提出了三点[①]：一是，价值观教育"纽扣论"，即抓住思想政治教育中"价值观教育"这个重点。在习近平看来，青年关系到国家和民族的未来，其价值观取向非常重要，对青年而言，价值观这"第一粒扣子"扣好与否，直接影响到一生的发展，思想政治教育抓住价值观教育这第一颗"纽扣"并不意味着其他"纽扣"不重要，而是只有联合其他"扣子"如世界观、人生观、法治观、政治观、道德观等，才能全方位完整的展现思想政治教育的全貌。二是，思想政治教育"三因论"。为做好高校思政工作，在全国高校思想政治工作会议上，习近平对高校思政工作提出，"要因事而化、因时而进、因势而新"[②]。他的这一提法为新时期思政工作方法提出了明确要求。三是，"落细落小落实论"。思想政治教育作为指向人的思想、观念的活动，其主要通过人与人的社会生活相结合，与从事社会实践的人相联系，理论联系实际，落实细化要求来实现教育目标。习近平指出，一种价值观只有融入生活中，让人们感知和领悟它，才能真正发挥作用，所以这就要求在落细、落小、落实上下功夫，"落细落小落实"为思想政治教育提供了指导。

思想政治教育的原则，是思想政治教育工作者在思想政治教育过程中必须遵循的准则和要求，它是思想政治教育规律的反映，也是思想政治教育顺利开展的保障。习近平在继承前人思想和多年的工作实践基础上，在思想政治教育规律方面形成了自己清晰的认识，其具体的思想政治教育原则如下：

坚持社会主义方向。这条原则，是思想政治教育传播主流意识形态的要求，是思想政治教育意识形态属性的表现。因此明确政治方向，坚定政治立场，是思政工作的根本原则。

思想政治教育与物质利益相结合。思想问题也是现实社会存在的反映，物质利益的解决为思想政治教育提供保障，思想政治教育解决思想问题，帮助人

---

① 把思想政治工作贯穿教育教学全过程［EB/OL］．［2023-11-23］．http：//cpc.people.com.cn/n1/2016/1208/c64094-28935836.html．

② 把思想政治工作贯穿教育教学全过程［EB/OL］．［2023-11-23］．http：//cpc.people.com.cn/n1/2016/1208/64094-28935836.html．

们更恰当、更合理地获得经济利益，做到物质富足和精神富有。因此，思想政治教育坚持与物质利益相联系，是马克思主义物质与精神辩证统一的体现，是思想政治教育的原则之一。

正面宣传与隐性渗透相结合。意识在任何时候都只能是被意识到了的存在，而人们的存在就是他们的现实生活过程。因此，思想政治教育既要坚持正面宣传的原则，又要学会隐性渗透，做到正面宣传与隐性渗透相结合。

做到理念创新和手段创新及基层工作创新。创新是事物发展的动力，哪里有创新，哪里就有发展和活力。"宣传思想工作创新，重点要抓好理念创新、手段创新、基层工作创新。"① 习近平对宣传思想工作的要求，为新时代思想政治教育提供了原则遵循和努力的方向。

习近平思政教育观有着自己的特色。概括起来，主要表现为：以社会主义核心价值观为统领，注重思想政治教育的引导性；以理想信念教育为核心，明确思想政治教育的方向性；以创新话语方式为特色，提高思想政治教育的艺术性。习近平还提出了用优秀传统文化滋养青年，鼓励支持青年做优秀传统文化的继承者和传播者。在青年中传播中华优秀传统文化可以增强青年的民族自信、文化自信，激发他们的爱国、爱党、爱社会主义之情，从而为人生的发展增添动力。除此之外，中共中央、国务院于 2017 年 4 月印发了《中长期青年发展规划（2016—2025 年）》，为"维护青年发展权益，促进青年全面发展"②提供政策上的支持和保障。不仅为广大青年指明正确的成长道路，而且为他们提供了良好的成长环境。总之，习近平以青年为思想政治教育重点对象之一，重视青年思想政治教育，为青年的成长成才指明了方向。

● 四、中国优秀传统教育思想

国无德不兴，人无德不立。习近平一贯高度重视对学生的思想政治教育工作，指出：只有把立德树人放在教育的中心环节，解决好培养什么人、怎样培养人、为谁培养人这一根本问题，才能培养德才兼备的有用之人。

在我国的传统教育中，人们也一直重视青年人道德品质的培养，突出重视"才"与"德"的关系。北宋司马光在《资治通鉴》中就提出，"才者，德之资也；德者，才之帅也"。司马光在看待二者之间的关系时指出："才德全尽谓之圣人，才德兼亡谓之愚人，德胜才谓之君子，才胜德谓之小人。"可见，他认

---

① 习近平．习近平谈治国理政 [M]．北京：外文出版社，2014：155.
② 中共中央 国务院印发《中长期青年发展规划（2016—2025 年）》[N]．人民日报，2017-04-14.

为德才兼备对于人才培育的意义至关重大，如果培养出了有才无德的人，对社会安全的危害反而更大。这一观点与我们当前立德树人的教育理念高度一致，都是要实现育人与育才相结合，实现知识传授与价值引领相统一。韩愈在《师说》中也谈到"师者，所以传道授业解惑也"，指出教师既要传播为人处世的真理，又要教授学生通过学习、思考得到智慧，解决学生的困惑。韩愈把"传道"放在首位，突出了教师首先要做到的便是教会学生做人以及掌握真理的学问。这些传统道德教育思想，体现了先人对思想道德教育的重视。然而长期以来，专业课程教学主要围绕知识传授开展，容易走进工具理性压倒价值理性的困境，使思想政治理论课处于孤岛化，导致教学中没有把握好"德"与"才"之间的相互关系，出现了观念性错误，培养出有才无德甚至危害社会的学生。要解决德才不匹配的问题，就要求高校不仅向学生教授书本上的理论知识，还要提高实践层面的操作技能，更要树立正确的价值观，以中华优秀传统文化为根基，开展"课程思政"建设①。

---

① 李萍，古炳玮."课程思政"建设的现实困境及未来取向［J］.南宁职业技术学院报，2023，31（01）：12-19.

第二章 课程思政建设的必要性及其育人功能

第一节 课程思政建设的必要性

一、实现立德树人根本目标的支撑

高校学生的思想在逐渐成熟过程之中，同时还存在诸多的不稳定性。随着与社会接触越来越多，大学生们的社会实践经验越来越丰富，他们的价值观、人生观、世界观等也在逐渐形成。然而由于年龄的原因，学生的认知仍然是不够全面的，面对复杂且陌生的信息、事物时无法进行准确的分析与判断，没有正确观念的引导，学生的思想容易受到不良思潮的影响，进而影响其健康发展。根据相关报道，高校学生经常出现由于受到错误的消费观念的影响而过度消费，最后陷入高利息的校园网贷中，还有学生受金钱的诱惑陷入"高薪工作"骗局之中，甚至深陷传销组织等。出现这些现象的主要原因就是学生的价值观、人生观存在一定的问题。因此，需要解决此类问题，高校应重视课程思政建设，通过多种渠道引导学生形成正确的价值观和人生观，同时增强学生责任意识以及积极学习意识，做任何事情都要脚踏实地，逐渐从量变转化为质变。[①]

二、实现大学生全面发展的内在需求

随着时代的不断发展，社会与企业对人才需求的标准在逐渐改变，衡量人

---

① 孙文中. 创新"农村社会工作"课程思政建设的路径 [J]. 集美大学学报（教育科学版），2022，23（02）：1-7.

才的标准从以往看重考试成绩改变为专业知识和技能是否熟练掌握以及综合素质高低等,这就对高校的人才培养提出了更高的要求。高校是人才培养的主要阵地,要积极承担培养人才的职责,积极服务于青年学生全面健康发展。在"课程思政"教育深入改革背景下,各门科学应积极与"课程思政"相融合,实现协同育人的目标,促进学生个性化发展,发挥大学生的自身优势,提高大学生应对社会挑战的能力,双管齐下提升大学生的综合素质和能力,增强大学生的综合竞争力。教师们要指导学生不断积累基础知识和专业知识,引导学生形成良好的道德素养和健康的心理素质,以便更好地应对社会的考验,让学生可以更快地融入社会,实现自身价值。在"课程思政"的实施过程中,教师们能够更加深刻地认识到学生的主体地位,对学生的差异性、特殊性加以尊重。另外,教师通过思想教育工作实现对学生的关怀,积极与学生交流,构建和谐的师生关系,对教育事业的发展以及社会进步有良好的推动作用,这正好反映了新时代背景下实现大学生全面发展的内在需要[①]。

三、创建三全育人格局的基本要求

党中央、国务院在《关于加强和改进新形势下高校思想政治工作的意见》[②]中着重指出,政治工作应全面贯穿整个教育全过程。要求我们以育人为根本目标,在所有课程中渗透育人和价值塑造理念,并坚持知识传授和价值引领相结合的原则,建设完善的协同育人机制。"课程思政"要求各类课程和所有教学主体均承担育人责任,在传授学科基础知识的基础上,学生要受到思想政治教育的熏陶,达成智育和德育的协同育人,这与"三全育人"理念高度符合,并且统一于人才培养体系之中。故此,高校可以通过人才培养计划制订、课程标准设定、落实责任明确等,为"课程思政"实施提供支持,在引导学生熟练掌握专业知识和技能的同时,形成良好的道德行为习惯。另外,构建课程思政时要求教育主体承担人职责,确保所有课程都能够突显思想政治教育元素,改变以往单纯依靠思想政治理论课进行思想政治教育的局面,使高校学生在学习与生活的全过程中渗透育人目标,实现"三全育人"的格局[③]。

---

① 杨杰,王思雨,罗骏. 我国课程思政研究的现状、热点与发展趋势[J]. 课程思政教学研究,2022,3(02):53-69.

② 中共中央、国务院印发《关于加强和改进新形势下高校思想政治工作的意见》[EB/OL]. [2023-10-23]. https://www.gov.cn/zhengce/2017-02/27/content_5182502.htm.

③ 王阳春. 高职教师课程思政能力提升策略探究[J]. 黑龙江科学,2022,13(23):109-111.

第二节　课程思政育人功能

一、教育引导学生立大志的功能

教师在教学实践中要担负起引导与培养学生树立远大理想抱负的责任，这一过程需要全体教师在实际教学中践行"课程思政"这一理念。其他专业课老师也必须做到"守好一段渠，种好责任田"，并同思想政治理论课老师一起实现协同育人的教学目标。学校思政工作中心强调要利用各种专业课程和教学活动来指导、训练学生们培养自己的抱负，每一名授课教师都要基于中国特色的育人与话语体系来积极弘扬立德树人的教学主旋律，鼓励广大青年学生勇于承担振兴中华民族伟大复兴的重任①。

（一）热爱伟大祖国

爱国主义是我们民族精神的核心，是中华民族团结奋斗、自强不息的精神纽带。在全国庆祝"五四运动"一百周年纪念大会上，习近平总书记对全国广大青年发出了殷切期望，要求我国青少年要通过切身实践表示对伟大祖国的喜爱、对民族精神的敬意，让青春之花在报效祖国的行动中绚丽绽放。总书记的深情寄语，为广大青年培养爱国情感、砥砺满腔报国志提供了根本遵循，增加了前进动力。新时代中国年轻人应该立大志、明大德、成大才、担大任，应深植家国情怀"价值底色"，奋力拼搏，勇担社会重任。

爱好和平、勤劳勇敢、自强不息是以爱国主义为核心的民族精神的内容。《新时代爱国主义教育实施纲要》明确规定："要始终把实现中华民族伟大复兴的中国梦作为鲜明主题，坚持以爱党爱国爱社会主义的主体思想，坚持以巩固祖国统一和民族团结为重点，坚持以立为中心、重在发展，既坚持立足国内又面向世界。"② 案例研究和历史典故教育，也是高等学校政治思想理论教学工作中能够取得成效的手段，高等学校教育工作者要结合实际指导学生爱党爱国，

---

① 邹娣，黄佳豪. 乡土文化现代性变迁下农村思想政治教育环境探析 [J]. 农村·农业·农民（A版），2022（11）：45-48.
② 中共中央 国务院印发《新时代爱国主义教育实施纲要》[EB/OL]. [2023-10-23]. https://www.gov.cn/zhengce/2019-11/12/content_5451352.htm?ivk_sa=1024320u.

立鸿鹄志，服务人民，奉献祖国。综合素质班的德育内容设置应结合各学科的特点，对培养中小学生的爱国主义情怀给予更强的思想支撑，使爱国主义精神在他们的心里"生根发芽"。专业教育班的文化课程设计应以学科发展为基础，结合各国间学科专业和领域的发展对比，提升学员们参与学科探索的使命感，引导他们将爱国情感转变成为国奉献的实际行为①。

爱国主义不仅仅停留在"喊口号"上，更表现在具体行动上。这就要求学生将自己对祖国的热爱之情落实在具体实践中，主动为人民服务、为国家服务、为社会主义事业服务。"课程思政"建设内容与课程资源开发要大力宣传以爱国主义教育为内核的中华民族文化精神和以变革与发展为基础的时代精神，通过教育引导学生们了解中华优秀传统文化中的讲仁爱、重民本、守诚信、崇正气、尚和合、求大同的中国文化核心价值与社会追求，教育并引导学生弘扬中华文脉。要全面落实对广大青年的社会主义理想信念教育，加强实施社会主义现代化教育，认真做好爱国主义、集体主义、社会主义思想宣传，正确引导学生培养良好的民族观、文化观，从而培养和带动广大青少年学生认真领会中华优秀传统文化的价值内涵，进一步加强和提高广大青少年学生的思想政治素质以及意志品质。

（二）树立远大志向

在当前复杂的国际社会发展背景下，有形的战争虽然结束了，但无形的战争还在继续，"中国威胁论""中国崩溃论"等言论充斥网络，企图颠覆中国政权的思潮此起彼伏，且更具隐蔽性和针对性，以高校青年学生为代表的中国青年一代尤其容易被利用。美国一直以来都喜欢拿所谓的"民主""人权"来做文章，这事实上是其价值观侵略。而反观美国的"民主"，托克维尔就指出，"为什么美国人怀有奋勇向前的人很多，而怀有宏伟志向的人却很少。因为他们随心所欲地向各个方向发展"，其根源就在于他们基于个人主义的角度，"对未来的利益和长远的计划并不十分关心"②。可见，美国的"自由"其实是堕落的自由，美国的"民主"实质上是不公正的民主，因为他们只会打着平等机会和权利的幌子侵犯别人的权利，进而诉诸宗教的救赎。对此，借鉴对苏联共产党执政情况的研究，祝福恩教授指出，苏共悲剧证明了践行和宣传核心价值观

---

① 韩芳. 农业院校研究生培养中课程思政教学路径的探索与实践——以农村社会工作为例［J］. 大学教育，2022（08）：35-38.
② 托克维尔. 论美国的民主（上，下）［M］. 董果良，译. 北京：商务印书馆，1988：795.

的重要性[1]。所以，各级学校应培养青少年学生认识西方价值观对我们社会主义的侵略本质，始终坚持社会主义核心价值观，始终坚定共产主义的理想信念[2]。

高校教师要紧密结合中共党史、中华人民共和国国史、改革开放史、社会主义发展史，在教育思想上引导学生能够更深切地意识到培养远大理想、坚定信念的重要性和意义，从而提高学生培养远大理想信念的能力。综合素质课程涵盖多个专业方面知识点，包括历史、人文、艺术等，从各种角度探讨民主制度在我国社会经济体制下的适用范围和优越性，深度挖掘共产主义理想所发挥出的核心价值，使学生领悟到理想信念的强大力量，以"振兴中华"为己任，坚定信念，增强自信，坚定不移地向前进。专业教育课主要围绕专业改革、现状、前沿三部分课程，积极发展学科优势，以培育学习者的使命感，为实现远大理想而努力提高自身学科素质，以准确抓住自身发展契机，为实现理想而积累知识和素养，为祖国发展、世界进步而奉献出自身的力量，这才是实现自身人生价值的最终目标。思想政治理论课、综合素质课程、学科基础教育课同向发力，协同育人，进一步提升学生对中国特色社会主义的道路自信、理论自信、制度自信、文化自信，勇担中华民族复兴的新时代重任。

（三）顺应时代大势

对于学生的培养，习近平总书记在全国高校思想政治工作会议上的讲话中强调，学校应全面培育他们的"四个正确认识"。对当今世界以及我国发展的国际趋势进行正确认识，通过对中国特色社会主义建设理论和实践进行更好总结，深刻掌握经济社会发展的历史脉络，并对中国特色社会主义发展的必然性有更深入的了解，树立起共产主义远大理想以及坚定为实现我国社会主义理想而努力的信念。对比我国与世界特点，有益于我们全方位了解我国外部环境；正确认识当今社会的历史任务，用中国梦激发青年梦想，照亮青年思想和前进方向，做勇敢的战士，勇往直前；努力学习，成为青春力量，把丰富的知识转化为青春战斗力。这"四个正确认识"明确了时代对青年学生的要求，也满足了学生成长的学习期望。同时，"四个正确认识"也与学校思想政治教育需求深度结合。

---

[1] 祝福恩. 历史唯物论视野下的共产党执政规律及研究 [J]. 党政干部学刊，2004（7）.

[2] 岳君. 课程思政融入农村干部开放教育教学的实践探索——以农村社会学课程为例 [J]. 江西电力职业技术学院学报，2022，35（07）：125-127，130.

时代在持续不断发展，思政课也要进行与时俱进的改革，这样才能满足新时代的要求。所以，在保留原有思政课内容的同时，还要增设培养时代责任感的内容，通过课程框架梳理、融入整体设计、不同课程内容的有序衔接来实施课程思政。首先，依据时代责任和任务对课程内容进行梳理，依据教学目标将其中过时和重复的部分去除，整理出最为核心的内容，达到课程内容的精细化；同时结合课程要求对教学方案进行合理设计，提高教学效果。比方说，在专业课程教育课堂上培养学生家国情怀时，可以采用多种多样的教学方法，引导学生树立远大理想和抱负，并不断思考如何实现自我价值和社会价值。其次，立足于教育主题层面，根据学校现有人才队伍资源，如知名校友、专业教师、外聘讲师等，以多元化为目标展开思考，充分发挥出课程思政的育人作用；站在教育资源的正层面，利用实地调查法完成教育资源的整合，将教育资源的利用率提高，还要注重优质资源的引进与应用。灵活运用多种平台，提升教育实效，逐步打造"特色课程"和"教育示范基地"。总之，思想政治课的核心本质是教育大众，围绕教学大纲和教育计划常规开展，为祖国的未来培养合格的人才。

● 二、教育引导学生明大德的功能

社会主义核心价值观反映的是全国人民价值观念的"最大公约数"，是我国公民应当遵循的基本道德规范，而青年大学生的价值取向会影响到未来整个社会的价值取向。高校学子是社会主义核心价值观的践行者和传播者，理应首先成为教育对象。习近平在全国宣传思想工作会议上强调：育新人，就是要坚持立德树人、以文化人，建设社会主义精神文明，培育和践行社会主义核心价值观，提高人民思想觉悟、道德水准、文明素养，培养能够担当民族复兴大任的时代新人。立德树人，以德为首，要积极培育新人的思想品德素质和政治思想觉悟能力，树立以更崇高的人格价值为基础的新人。高校教师要坚持通过社会主义核心价值观教育来积极帮助大学生在高校学习生活中形成正确的人生观、价值观、世界观，同时要引导大学生主动提升思想品德素质，追求更高品质的人生。

（一）做中华优秀传统文化的传播者

科技与人文是密不可分的。人文蕴含技术的精华和宝藏，科技包含人类理念与内涵，中华优秀传统文化是中国人文教育和思想政治理论教学的重要组成部分，其蕴含的思政内涵是关键。通过以中华优秀传统文化为重点开展思想政治教育，我们可以达到文理结合，实现文化、理论和道德三者的互补。习近平曾说："中华优秀传统文化是中华文明的智慧结晶和精华所在，是中华民族的根和魂，是我们在世界文化激荡中站稳脚跟的根基。"① 我们能够在世界文化激荡的环境中站稳脚跟的关键，在于博大精深的中华优秀传统文化。中华优秀传统文化包含了和平理想、爱国精神、敬业思想等，以及问题导向、经世致用、格物致知的社会实践理念。这些内涵共同呈现出一种永久的现代魅力。中华优秀传统文化教育是中国思想理论教育的主要来源之一。政治哲学在中华优秀传统文化中得到了丰富的体现，其中以民主为核心的重民思想、注重全面发展的理念、强调人与自然和谐共生的理念等，都是基于中华优秀传统文化的政治理念。这些理念对我们的思维与行动产生着至关重要的影响。"课程思政"将教育与德育有机结合，强调"以人为本"的教育价值取向，弘扬中华优秀传统文化的重要思想价值和内涵。它是中华优秀传统文化的传承和延续。进入新时代，思想文化观念的多元化是当今社会的新特点，高校思想政治工作日益紧迫，同时高校思想政治工作面临着新的形势和困难。"课程思政"对此予以积极反映，既为新时代高校思想政治教育创新提供了理论依据，也为中国特色社会主义文化自信提供了实现场域②。

（二）做社会主义先进文化的传承者

人类社会的核心是文化，从中国文化发展逻辑出发，中国共产党带领人民在伟大理论和实践的探索中产生了中国新民主主义革命文化、社会主义建设文化，这也是人类文明创造的必然产物。以马克思主义为指导，以社会主义核心价值观为内涵的优秀价值观，当代中国共产党的特殊社会地位，是政治理念的充分体现。如今，我国已经进入了从富起来向强起来的转变过程，这就更加需要我们从文化自觉、文化自信到文化自强发展。为此，我们应以社会主义核心价值观作为学习与实践的主要内容，要以全新的奋斗姿态和精神状态去传承社会主义先进文化，不断推进中国特色社会主义。

办好社会主义的大学就是要做好为中国特色社会主义伟大实践提供服务的大学，需要将大学教育的价值引领作用体现出来，将我国人民与中华民族的权利和追求凸显出来，就在于社会主义先进思想的宣传与推广，以及社会主义核心价值观的培养与实践。在社会主义意识形态引领下，对马克思主义的坚定信

---

① 习近平在中共中央政治局第三十九次集体学习上的讲话［EB/OL］.［2023-10-23］. https：//m.gmw.cn/baijia/2022-06/09/35799384.html.

② 李莹. 我国农村社会工作的伦理困境与对策研究［J］. 农村经济与科技，2022，33（11）：143-146.

念和对中国特色社会主义精神的价值认同，促进青年学生把社会主义的优秀思想内化于心，逐步转变为社会主义建设者和接班人的核心驱动力量和思维导向，并以此实现课程思政建设的宗旨。今天，"课程思政"正在中国特色社会主义优秀思想的大熔炉中滋养与孕育，宣传"立德树人"及中国化马克思主义理论成果是它的使命和重任。"课程思政"不仅是高等学校思想理论教育的新思想，而且是新时代我国社会主义先进思想的传感系统和效应器。

（三）做社会主义核心价值观的践行者

每个文化系统的特征都是由其包含的意识形态来体现与确定的，文化是系统的成长过程，会受到其具有的价值观的影响。所以说，价值观等同于文化内涵，而且文化对价值观有滋养作用。由于整个文化系统中价值观具有特殊作用和价值，这就导致价值观文化和文化自信一样都是人类的灵魂。

"思政寓于课程，课程承载思政。"在所有专业课中，都包含着大量的人文理念、哲学思想、文化精神、意识形态等思政元素，也有着课程思政的重要作用与意义。因此，挖掘所有专业课中的思政资源，是开展课程思政的关键。高校必须重视课程教学的价值观教育，强化课程思政建设的育人导向，把社会主义核心价值观融入每一门课程。高校教师的思政工作的实施过程，就是挖掘专业课程的培养目标中所包含的思政资源，并注意把社会主义核心价值观教育渗透到知识灌输、技术传授与动手技能的训练之中的过程。

首先，各门课程必须重视教育和培养学生的爱国情感；通过讲解典型人物及事例，让学生了解中国奋斗的历史、改革的历史，实现思想上的碰撞与冲击，并逐步化为历史认同感，帮助学生树立正确的历史观、价值观，将家国情怀深深烙印在灵魂上，真正做到热爱祖国与人民，在共产党的领导下，以服务社会、回报祖国为使命，为祖国的繁荣与发展贡献出自己的力量。

其次，在现代社会，职业操守和职业道德是非常重要的，因为它们关系到一个人在职场中的表现和社会形象。因此，在各门课程教学中，培养学生的职业操守和职业道德也是非常重要的任务之一。教育部门应该梳理专业、职业、岗位等各个线条，丰富职业教育课程内容，让学生在学习过程中能够逐步了解自己所学专业的职业特点和职业操守，从而更加深入地了解所从事的职业领域。在各个高校中，课程思政建设也需要涉及行业伦理，如商业、工程、医学等领域，侧重于职业道德方面的教育内容。商业领域需要学生懂得商业道德和商业规范，不能追求不正当的利益，要以客户利益为先，维护企业的声誉。工程领域需要学生了解工程师的职业操守和责任感，不能为了私利而违反规定，要保证工程的安全和质量。医学领域需要学生懂得医德医风，不能为了牟取暴利而采取不正当手段，要以患者的健康为重。通过职业教育课程的教学，学生可以深刻认识到职业操守和职业道德的重要性，培养学生敬业、诚信、友善等优良品质，让学生意识到道德修养的重要性，使之不断提升道德修养并成为其一生的努力方向。同时，学生还需要学习如何应对职业道德方面的挑战和困境，如何做出正确的职业选择和决策，以保证自己的职业生涯能够走向成功和光明的方向。

最后，在课程思政建设中要给学生讲好中国故事，培养民族认同感、归属感，坚定理想、树立自信。课程思政建设要扎根中国大地、体现中国特色，课程内容的安排既要体现科学性，又要体现中国元素、中国立场。课程教学要让学生接触中华文化，讲人物、讲故事、讲作品，不断创新教学方式，提升课堂的趣味性，让更多的学生积极主动去学习历史、学习文化，这既是对民族文化的传承，也是对民族精神的发扬，更是学生积极承担民族责任与使命的重要体现[1]。

三、教育引导学生担大任的功能

教育引导学生担大任是课程思政的重要组成部分，它是指通过思政教学的引导和指导，激发学生的责任感和使命感，培养学生具有担当历史使命的能力和勇气。

（一）担当历史使命

担当历史使命是指在当前时代背景下，每个人都有自己的社会责任和历史使命。在当今社会，国家发展日新月异，社会变革非常迅速，亟须更多的人才承担起历史使命，为国家和社会的发展贡献自己的力量。而教育引导学生担大任的功能，就是要让学生认识到自己的责任和使命，激发学生的爱国热情和爱国意识，培养学生积极投身社会发展的意识和能力。

第一，培养学生的爱国情感。通过课程思政的教育引导，让学生了解国家的历史和文化，增强对祖国的热爱和认同感。同时，让学生认识到自己的成长和发展与国家的发展息息相关，激发学生对祖国发展的责任感。

第二，培养学生的社会责任感。通过课程思政的教育引导，让学生了解社会的发展和变革，认识到自己的责任和义务，激发学生的社会意识和社会责任感。

第三，培养学生的创新意识和实践能力。通过课程思政的教育引导，让学

---

[1] 田园媛. 课程思政的育人功能研究 [D]. 长沙：长沙理工大学，2021.

生了解社会发展的需求和趋势，培养学生的创新意识和实践能力，让学生在实践中不断拓展自己的能力和视野。

第四，培养学生的团队合作精神。通过课程思政的教育引导，让学生了解团队合作的重要性和意义，培养学生的团队合作精神和合作能力，让学生在团队中不断成长和进步。通过这些方式能够培养学生担当历史使命的能力和勇气，为国家和社会的发展贡献自己的力量。

做好学校的思政教育工作，不但要明确为教育树魂的宗旨，而且还要研究和探讨如何树魂的方法。为教育树魂，必须立足以教育为本、以学生为主、知行合一，以培育德智体美劳全面发展的社会主义建设者和接班人为宗旨。扎实推动将"一课一德"融入学科培养方案、融入课程教学标准、融入教学活动方案、融入课堂教育评估标准。如，将经济管理等学科内容渗透进马克思主义政治经济学课程，指导学生运用马克思主义基本立场研究当代资本主义市场经济的规律；农业类课程积极融合乡村振兴战略的思想内涵，引领学生积极投入到社会主义美丽乡村建设；环保类课程融合习近平"绿水青山就是金山银山"理念，引领学生积极参与到保护家园大好河山的活动当中；等等。要不断探索课程的育人资源，开拓课程的育人渠道，提升各个学科课程的育人水平和能力，科学处理好理论育人与实践育人、显性育人与隐性育人的关系，不断提高全课程育人成效。各门课程教学要融入学生自身发展之中，切实把课程思政建设的成效充分体现到培养德智体美劳全面发展的社会主义建设者和接班人上来[①]。

（二）弘扬奋斗精神

新时代的青年学生要大力发扬奋斗精神，克服满足于现状、坐享其成、不劳而获、好逸恶劳的思想，积极应对具有许多新的历史特点的伟大斗争，以不怕困难、不惧风雨、不言失败的顽强精神，逢山开路、遇水架桥的拼搏精神，排除万难、勇往直前的气魄胸襟。

在新时代，思想政治理论课需着重向学生阐释并传递奋斗精神，旨在让其加深对奋斗精神本质的理解。在这个过程中，还要对学生着重阐释在新时代背景下实现中华民族伟大复兴和建设中国特色社会主义的使命担当，通过将思想政治理论课程的内容和理想信念联系起来，深层次地分析并凝练奋斗精神在新时代的新属性，进而达到激发学生们勇于承担时代责任感这一目的。在对综合素养类课程的教学内容进行设计时，需要着重关注如何将奋斗情怀融入教学实

---

① 张录全. 全面建成小康社会进程中的农村思想政治工作研究 [D]. 天津：天津师范大学，2019.

践中去，可以通过开设奋斗精神专题来进行较为深入的讲解，此外还可以引入国内外历史名人的例子来进行教学，如此一来可以更好地将奋斗精神同爱国主义以及乐观主义等专项主题教育结合起来，从而有助于培养学生们一往无前的奋斗精神。

在设计教学课程内容的过程中不仅要注意将专业知识同奋斗精神结合起来，还要着重考虑如何培养学生们不怕吃苦、不怕困难的精神，使他们能够树立坚定的信念，立志成为勇于攻克科研领域难题的后备军和生力军；加大力度发掘技术专家与科学大师们在求知和探索道路上不懈奋斗的故事，以榜样的力量来激励、引导学生们努力做到与时俱进、自强不息。从各门课程教学中挖掘思政元素，让奋斗精神融入教育教学全过程，激发学生为实现个人价值而奋进。

四、教育引导学生成大才的功能

当今世界正处于大发展大变革大调整时期，专业领域内的相关技术发展日新月异，新时代的学生群体要担当起时代赋予的民族复兴大任，就要始终秉持日日新、苟日新的学习理念。同时积极践行知行合一的中国传统优秀思想，增强自身能力，磨炼自身意志，进而实现历史唯物主义发展规律的内化，促使自己更好地在专业领域内贡献力量。以便能够时刻在民族复兴进程中实现自身价值、发挥最大能力，担当起当代学生应当担当的重任。因此，高校学生群体在承担民族复兴、国家富强的历史使命时，必须建立起持续增强自身本领才干的意识。

（一）学经典，明真理

"课程思政"首先需要强化原典阅读，这个原典不仅仅是指"课程"的原典，而且是指"思政"的原典，唯有如此，我们才能真正掌握理论的武器。为此我们需要回到马克思主义本身，即强调对马克思主义经典作家的经典作品进行仔细阅读。这种阅读在加强我们马克思主义理论素养的同时，也能让我们更明晰他们究竟说了什么、为何这么说以及他们是如何说的，从而让马克思主义理论更有说服力，以避免种种误解和遮蔽，从而更好地指导课堂思政。

当下，社会上存在的价值观念十分多元化。这就要求大学生群体一方面要常怀科学批判精神，对当前存在的各类问题进行独立思考；另一方面又需要具备分辨是非和善恶美丑的能力。经过课程思政的学习，学懂弄通马克思主义的世界观和方法论，进而去指导自身认识世界和改造世界。马克思主义的立场、观点和方法是马克思主义科学思想体系的灵魂。可以说，我们党取得的一切成就，都是正确运用马克思主义科学思想方法和工作方法分析问题、解决问题的结果。因此，在课堂教学过程中，教师要帮助学生树立辩证思维，形成运用辩证唯物主义分析当前社会中出现的各类问题的习惯，从复杂表象中把握本质、掌握规律。同时，教师还要强调从历史的角度看问题，坚持历史唯物主义的原则和方法，善于运用史料，从中攫取能量与智慧。要联系传承了5000多年的华夏文明来思考中华民族的未来，要联系旧中国百多年的近代史来把握为中华民族伟大复兴而奋斗的正确方向，要联系新中国成立以来70多年的历史和40余年改革开放的历史来理解党的历史定位与使命，为党和国家的光明未来而奋斗。

教师在教学实践中应当注重学生对历史唯物主义与辩证唯物主义的掌握情况，并引导他们对社会系统的运动以及发展的过程进行更为深入的理解。物质生活会影响精神生活，前者的运动与发展过程会直接决定后者的水平。在为学生讲授新时代我国社会主要矛盾的转化时，可以利用马克思主义理论中的经济基础决定上层建筑以及生产力与生产关系的矛盾运动等原理为其讲解，从分析社会发展过程中所必然产生的问题与党和国家制定了哪些政策法规来解决这些问题相结合起来分析，尽可能地为学生理清思路。既要讲明白"如何看待"又要说明白"如何解决"，将党和政府的有关政策与措施讲明白，也要把对于群众利益的安排讲明白。唯有通过强化各门课程教师的马克思主义理论素养，帮助他们在教学中更好地为学生传授关于马克思主义理论的知识，才能全面地营造学习经典文化的学术氛围，让马克思主义理论走进生活，从而更好地发挥其育人功能。

（二）求真学问，练真本领

练就过硬本领是习近平总书记对新时代青年提出的要求之一。随着时代的发展，知识更新的速度也在不断加快，社会分工呈现出日益精细化的特点，新的行业模式接连出现。青年施展自己的才华，展现自己风采的舞台开阔了不少，但是这也对青年自身能力素质的提升有了更高的要求。所以，不论是在人生理想的实现方面，还是在时代使命的担当方面，青年都应该要珍惜自己的青春年华，努力学习、掌握知识、提高自身、练就过硬本领，在时代快速发展的同时，也要不断提升自己的思维和认识水平。

埋头苦干、潜心钻研、坚忍不拔、持之以恒、不慕荣华、淡泊名利、始终围绕科学目标脚踏实地勤奋工作，这既是当代科研工作者的科学态度，同时也是新时代青年学生应有的学习态度。在"互联网＋"背景下，将各门课程最新的科学研究进展、科学家小故事和典型案例写入课程教案，或以小视频的形式在课堂上播放，加深同学们对教学课程的深刻印象，进一步提升学生对于现阶段最新研究成果的消化与升华。对于新时代大学生来说，要练就过硬本领，就需要根据时代发展的新要求，全面提升自己的学识能力、专业素养。对于教师来说，帮助大学生在锤炼品德修养的同时，练就过硬本领，这既是教师的本职工作，也是时代赋予的全新使命。

在部分人的认知中，对学生进行思想品德方面的培养仅仅是思想政治理论课的任务，属于思想政治理论课教师的教学工作和任务，同专业课及其教师并无直接关系。从实际效果来看，此类认知可能会对专业课的教学导向产生影响，仅讲授理论知识，而忽视对学生职业道德与专业精神等方面的培养，这无疑是错误的，这样培养出来的学生很可能缺乏内在动力，专业伦理方面也可能存在很大不足。从理论层面来看，这类错误认知没有以大学课程思政立德树人为教学目标，忽视了以人为本的教育前提。实际上，专业素养的重要基础是思想品德，对学生来说，它赋予的不仅是知识政治理念，也包括学术伦理和专业品格，是赋予学术素养的核心和源动力。所以，在实践中对青少年学生进行思想品德培训应该着重强调知识和能力的结合，而不是"两张皮"。

（三）思维新，视野广

创新精神是课程思政的重要内容，它体现出当代高等院校人才培养的标准和方向。"一千个人眼中就有一千个哈姆雷特"，并不是所有的领域都有放之四海而皆准的理论。因此，要"容人之过，莫纵其非"，提高社会宽容度，为新时代大学生的成长成才预留可供选择的空间，培养新时代大学生的创新精神与能力。

高校教师教育教学的主要内容要以让学生们形成"四个正确认识"为主要任务，重在教育引导学生正确认识世界形势和中国发展大势、正确认识中国特色社会主义和国际比较、正确认识时代责任和历史使命、正确认识远大抱负和脚踏实地精神，通过将传统中国情怀和时代特征与现代世界眼光进行结合，客观看待当代中国人和外部世界之间的关系，让学生深刻明白个体知识能力的提升对集体乃至国家发展的重要作用，从而全面提高高校学生学习知识的自主性与自觉性。综合素质课程设置应以开阔学生眼界为主要的宗旨，在整合学校教育资源的基础上，提供尽量多的可以供学生自由选择的各种学科的综合素质教学，从而达到加强各个课程之间的交流和合作，进而实现扩大学生知识面的目的；提高学生在实践中应用知识的能力，要注意在教学实践中将理论与实际相结合，开拓学生的学术视野。专业课教师在设计教学内容时要以提升学生知识为首要任务，充分发挥教学名师效应并吸引更多专家学者通过课堂教学等方式来让学生接触和掌握学术领域最为前沿的专业知识与技能；全面调动教师教学的积极性，提升课堂教学的质量，激发学生的积极性与求知欲，以助于学生更为全面地掌握专业知识。

第三节 发挥课程思政育人功能的基本原则及实施路径

一、发挥课程思政育人功能的基本原则

（一）坚持民族性与时代性相结合的原则

为了让学生对社会主义核心价值观有更为深入的了解和学习，需要将社会主义核心价值观和中华民族的时代特征有机结合起来。民族精神和民族文化经过长久历史的沉积所形成的产物就是民族特性，想要将民族特性充分展现出来，首先需要我们持续地发挥民族特性。学生在生活与学习期间，借助理论与实践的结合、与时俱进等方式，提升对当代社会热点事件的理解能力与分析能力，逐步增强学生民族精神，提升大学生的民族特性，让所有学生都能成长为具有较强民族品质的优秀人才。然而，民族特性不会是一成不变的，随着时代发展以及时代需求的改变，民族特性也在逐渐地发生改变。对此，学生在进行民族特性认知时，应对历史加以尊重，在学习过程中逐渐接触中国传统文化，提升文化自信，使学生的认知和理解能力快速提升，以此逐步提升对中华传统文化精髓的深入了解，帮助自身逐步完善人生价值观。

（二）坚持理论性与实践性相统一的原则

我国学生不仅要学习社会主义核心价值观，还要培养理论联系实际的能力，这样有利于更好地理解思想政治教育。习近平总书记在参加中央党校青年干部培训工作会议时强调，马克思主义学习不是单纯的相关理论学习，不仅要通过学习深入理解马克思主义理论的内涵与思想，还要在实际生活中贯彻马克思主义理论，这样才能更好掌握马克思主义的具体实践以及运用效果。马克思主义提出，真理检验的唯一标准就是实践，借助实践检验可以加深对真理的认知和了解，在反复不断的认知与理解中能够深入解读思想政治教育与社会主义核心价值观念。基于此，学校开展的思想政治教育不能脱离实际生活，应将理论与实际有效结合起来，以此提升思想政治教育的质量与效果。

（三）坚持主流性与多样性相融合的原则

学生在进行思想政治学习时，要注重对马克思主义科学理论的学习与理解，同时借助各门课程教学引导学生吸纳优秀的多元文化，以利于课程教学多样性特点的形成。其中的多样性不单单表示认清价值观取向的多样性，还表明充分认识多种不同的想法。国家繁荣发展的根本在于教育，思想政治教育可以有效规范和约束学生的思想品德，这样才能确保高校思想政治教育具有多样化的统一特点，通过将矛盾和统一相结合，能够进一步提出主流思想的重要性和主导性，帮助大学生的思维能快速融入马克思主义思维，深入了解其理论精髓，进而建立正确价值观，为全面培养社会主义的接班人做出应有的贡献。

二、课程思政实施路径

（一）教师引领思政课堂

在思政课程的实施路径中，教师起着关键的作用。教师应该通过引领课堂，引导学生思考，激发学生的兴趣，提高学生的思想品质。具体实施方式包括：① 讲授思想政治理论知识，结合实际生活进行案例分析；② 引导学生思考社会问题，引导学生探索解决问题的方法；③ 激励学生自主思考，鼓励学生提出自己的观点和理解；④ 培养学生的社会责任感和公民意识，引导学生积极参与公益活动；⑤ 以身作则，树立良好的榜样，引领学生健康成长。

（二）以案例教学为主要方式

案例教学是课程思政实施的重要方式之一。通过案例教学，可以使学生更加深入地理解和把握思政知识，从而培养学生的思辨能力和创新能力。具体实施方式包括：① 选取具有代表性的案例，结合实际生活进行分析和讨论；② 引导学生思考案例背后的思想和价值观念，探究案例对社会的影响；③ 让学生参与案例分析和讨论，激发学生的思考和创新能力；④ 鼓励学生提出自己的解决方案，培养学生的实践能力和创新意识。

（三）多元化的教学内容

课程思政的教学内容应该是多元化的，涵盖政治、经济、文化、社会等多个方面。具体实施方式包括：① 讲授马克思主义基本原理和中国特色社会主义理论；② 引导学生认识社会热点问题和当前发展趋势；③ 介绍国内外重要政治、经济、文化事件和人物；④ 传授法律、伦理、公共管理等方面的知识；⑤ 引导学生了解国家政策和法律法规，培养公民意识和法律意识。

（四）课内外结合

课程思政的实施应该课内外相结合。通过课内外结合，可以更加全面地培养学生的思维能力和实践能力。具体实施方式包括：① 安排社会实践和志愿服务活动，培养学生社会责任感和实践能力；② 开展主题班会和讲座，增强学生的思想政治素养和文化素养；③ 利用网络教育资源，拓宽学生的知识视野；④ 设计个性化课程，满足学生不同的学习需求；⑤ 组织学生参加学术会议和竞赛活动，提高学生的综合素质。

（五）评价方式的改革

课程思政的评价方式也需要进行改革。评价方式应该更加注重学生的思考和实践能力，注重学生的个性发展和创新能力。具体实施方式包括：① 采用多元化的评价方式，包括考试、论文、实践报告、课堂表现等多种形式；② 引导学生自主评价，让学生对自己的学习和发展进行反思和总结；③ 注重课堂表现，包括学生的思考、提问、交流、合作等；④ 鼓励学生参与实践活动，评价学生的实践能力和社会责任感；⑤ 支持学生进行创新性项目研究，注重学生的创新能力和团队协作精神的评价。

第四节　提高课程思政质量须把握的规律与路径方法

提高课程思政质量必须把握课程思政的基本规律，思想政治教育要坚持灌输性和启发性相统一，特别要注重启发式教育，引导学生发现问题、分析问题、思考问题，在启发式教学中让学生主动得出水到渠成的结论。

做好课程思政，必须突出价值引领。价值属性是课程的本质属性，每门课程都包含着丰富的价值观元素。大学是学生世界观、人生观、价值观形成的关键时期，通过教学引导学生塑造正确的价值观，是高校课程思政的重要任务，只教知识、不讲价值观的课堂，很难培养出有爱国心、强国志、报国行的社会主义建设者和接班人。钱三强"科学没有国界，但科学家却是有祖国的"的话语至今仍有激荡人心的力量，体育活动中的规则意识、团队精神、意志品质、责任意识等等，都是非常鲜活的思政元素。

做好课程思政，必须讲好鲜活故事。要通过课程思政讲述民族的故事、中国共产党的故事、共和国的故事、社会主义的故事、改革开放的故事、新时代的故事等，增强课堂上的情感共鸣。特别是新时代的故事，有的曾经见证过、亲历过，有的正在发生，有生动形象的影像资料、可知可感的现实场景，学生容易接受，能够切身感受到思政是有"温度的"。

做好课程思政，必须创新教学方法。不同的高校、不同的学科、不同的学生、不同的知识背景，接受能力、接受习惯不尽相同，这考验着教师的教学水平，并会影响到教学效果。这就要求教学工作中必须突出"以生为本"，及时调整传统教学模式中纯语言类的单向知识灌输，综合采用研讨式、沉浸式、体验式等方式，提高学生的学习热情，增强课程的亲和力。

做好课程思政，必须回应时代风云。实现中华民族伟大复兴，需要一批又一批德智体美劳全面发展的年轻人接续奋斗。高校思想政治工作必须扎根中国、立足时代、回应时代，因事而化、因时而进、因势而新，这样才能使学生成为与新时代同心同向同行的建设者、奋进者、开拓者。要持续推进"第二课堂""大思政课"改革，让英雄模范、时代楷模走上讲台，让纪念展馆、创新企业、美丽乡村成为课堂，让学生直接感受时代变化，感知习近平新时代中国特色社会主义思想的实践伟力，通过自身体验努力回答"世界怎么了、我们怎么办"，试着回答"（专业）现状是什么、未来怎么办"的问题，主动思考未来如何发挥好自身作用，这样才能不负青春、不负时代、不负韶华。

习近平总书记曾指出，中华民族几千年来形成了博大精深的优秀传统文化，我们党带领人民在革命、建设、改革过程中锻造的革命文化和社会主义先进文化，为思政课建设提供了深厚力量。① 挖掘课程思政基本元素的重要努力方向就在于此。

优秀传统文化是中华民族的根和魂，是我们在世界文化激荡中站稳脚跟的根基。以中国戏曲为例，它是世界三大古老戏剧艺术，也是唯一在现实生活中仍有顽强生命力的戏剧艺术，背后有五千年源远流长、从未中断的中华文明背景；有植根乡土、面向群众的艺术创作理念；有讴歌精忠报国、舍生取义、为民请命等价值追求。特别是 2000 年以后，昆曲、京剧等被列入非物质文化遗产，有力印证了中国共产党是中华优秀传统文化的传承者和弘扬者。这些内容都有助于增加学生对优秀传统文化的认知和理解，提升学生的文化认同和文化自信。

---

① 李方祥. 革命文化为思政课建设提供深厚力量 [N]. 中国教育报，2019-03-29 (6).

革命文化是近代特别是五四新文化运动以来，在党团结带领人民进行的伟大斗争中培育创造的思想理论、价值追求、精神品格，是中华民族革命斗争历史的高度文化凝聚。延安时期，毛泽东同志就强调："革命文化，对于人民大众，是革命的有力武器……是革命总战线中的一条必要和重要的战线。"[①] 革命文化真实呈现或者高度还原了艰苦卓绝革命岁月中的人物和故事，用无可争辩的事实反击"历史虚无主义"。

社会主义先进文化是在建设社会主义国家、推进中国特色社会主义实践进程中形成的，是面向现代化、面向世界、面向未来的先进文化。新时代以来，社会主义核心价值观有力汇聚民心，优秀文化产品不断涌现，为国家发展提供了强大精神力量。社会主义先进文化与现实生活贴得最近，具有很强的现实性、时代感，很多是伴随学生成长、有切身体会的内容，因而是鲜活生动感人的思政元素，能够引发学生的强烈共鸣。

---

① 毛泽东. 新民主主义论（1904年11月）[C] //毛泽东选集（第二卷）. 北京：人民出版社，1966：701.

第三章

"农村社会工作"课程及融合课程思政的重要性

第一节 "农村社会工作"课程简介

随着中国社会经济的快速发展,城市化进程的不断加快,农村社会问题日益凸显。为了有效解决农村社会发展过程中的矛盾和问题,培养更多具备专业知识和实践技能的人才,以更好地服务于农村社会发展,"农村社会工作"课程应运而生。"农村社会工作"是社会工作专业的一门核心课程,旨在培养学生了解农村社会工作的基本概念、原则和方法;掌握农村社会工作的核心技能,如沟通技巧、领导力、团队建设等;熟悉农村社会工作的典型案例,了解不同类型农村社会工作的特点;培养学生独立思考和解决问题的能力,提高其对农村社会工作的热情和责任感。该课程主要涉及以下内容:① 农村社会工作的基本理论,包括农村社会工作的起源、发展历程、基本概念、原则和方法等。② 农村社会工作的组织和管理,包括农村社会工作机构的建设和运作等。③ 农村社会工作的实践技能。重点介绍沟通技巧、领导力、团队建设等核心技能,通过案例分析、角色扮演等形式进行实践操作,包括社区调查、社会工作计划制订、资源整合、社会工作实施和监督等方面的技能。④ 农村社会工作的服务对象和服务内容,包括农村居民的生活、教育、卫生、文化、法律等方面的服务。例如,介绍农村儿童福利、老年福利、社区发展等领域的农村社会工作实务,通过实地考察、小组讨论等形式增强学生的感性认识。⑤ 农村社会工作的评价和质量控制,包括农村社会工作的评估、反思、改进和质量控制等方面的内容。⑥ 农村社会工作的政策法规。让学生了解国家有关农村社会工作的政策法规，熟悉农村社会工作相关的法律法规和政策文件。因此，通过学习该课程，学生能够了解农村社会工作的实际需求和发展趋势，掌握农村社会工作的基本理论和实践方法，能够在农村社会工作实践中发挥积极作用，提高农村社会工作质量和效果。

第二节 课程思政融合"农村社会工作"课程教学的重要性

课程思政是指在教学过程中，通过教育引导学生树立正确的人生观、价值观和世界观，提高学生的思想道德水平和社会责任感的过程。在现代高等教育中，课程思政已经成为高等教育教学的重要组成部分，具有重要意义。"农村社会工作"课程的重要性在于，它是针对农村社会工作实践的课程，旨在培养学生对农村社会工作的理论和实践知识，提高学生的社会工作能力，促进农村社会的发展和进步。而课程思政的重要性在于，它能够在教学过程中引导学生树立正确的人生观、价值观和世界观，培养学生的社会责任感和自身使命感，提高学生的综合素质和创新能力，使学生成为德才兼备的社会工作者。因此，将课程思政与"农村社会工作"课程结合起来，可以起到以下几个方面的重要作用。

一、增强学生的社会责任感

通过课程思政的引导，学生可以对"农村社会工作"的重要性、社会责任和自身使命有更深刻的认识。农村社会工作是为了促进农村发展和改善农民生活质量而进行的一种社会工作，要求社会工作者具备高度的社会责任感和使命感。在学习"农村社会工作"课程的过程中，课程思政的引导可以让学生认识到自己作为社会工作者的责任和使命，了解自己的工作将会给农村社会带来怎样的变化和影响，进一步激发学生的社会责任感和使命感。同时，课程思政的引导还可以帮助学生了解农村社会中存在的问题和需要解决的难点，进一步引导学生思考如何在农村工作中承担更多的社会责任，寻求更好的解决方案。通过这种引导，学生可以更好地认识自己在农村社会工作中的使命和责任。此外，课程思政的引导还可以帮助学生树立正确的人生观、价值观和世界观，提高学生的思想道德水平和社会责任感。这种引导可以让学生认识到自己的行为和决策能够对社会产生的影响，进而引导学生归纳总结自己的行为准则和行为方式，增强社会责任感和使命感。

二、培养学生的创新能力

课程思政是一种将思想政治教育融入专业课程主要内容的课程教学模式，其目的是引导学生树立正确的人生观、价值观和世界观，提高学生的思想道德素质，同时也可以激发学生的创新意识和创新能力。在学习"农村社会工作"课程的过程中，课程思政的引导可以激发学生的创新意识和创新能力，使其能够更好地解决农村社会工作中遇到的问题，为农村社会的发展做出贡献。

首先，课程思政可以激发学生的探究精神和创新意识。在学习"农村社会工作"课程的过程中，学生需要掌握一定的理论知识，但仅仅掌握理论知识是不够的，还需要学生具备探究精神和创新意识，能够通过思考和实践来解决具体问题。课程思政的引导可以激发学生的探究精神和创新意识，鼓励他们在学习过程中不断探索、思考和创新，从而培养学生的创新能力。

其次，课程思政可以提高学生的问题解决能力。在学习"农村社会工作"课程的过程中，学生需要面对各种各样的问题。例如，如何调查农村社会的实际情况，如何制订有效的社会工作计划，如何协调和管理社会工作团队，等等。课程思政的引导可以提高学生的问题解决能力，鼓励他们主动思考和探索解决问题的方法和途径，从而培养学生的创新能力。①

三、提高学生的综合素质

课程思政教学可以提高学生的综合素质和社会适应能力。在学习"农村社会工作"课程的过程中，课程思政的引导可以注重人文关怀、社会责任、公益性等方面的素质培养，提高学生的综合素质和社会适应能力。

首先，课程思政可以培养学生的人文关怀和社会责任感。在学习"农村社会工作"课程的过程中，学生需要了解农村社会的实际情况，关注农村居民的生活和发展，注重人文关怀和社会责任感。课程思政的引导可以培养学生的人文关怀和社会责任感，鼓励他们在学习过程中关注社会问题，关心社会弱势群体，从而提高学生的综合素质和社会适应能力。

其次，课程思政可以增强学生的公益意识和提升学生的公益行动能力。在学习"农村社会工作"课程的过程中，学生需要了解公益事业的重要性，掌握

---

① 刘震. 新时代我国农民思想政治教育研究［D］. 济南：山东大学，2018.

公益活动的基本知识和技能，积极参与公益行动。课程思政的引导可以提高学生的公益行动能力，鼓励他们关注公益事业，积极参与公益活动，从而提高学生的综合素质和社会适应能力。

最后，课程思政可以提高学生的交往能力和团队合作能力。在学习"农村社会工作"课程的过程中，学生需要与团队成员合作，解决各种问题。课程思政的引导可以提高学生的交往能力和团队合作能力，鼓励他们积极与他人交流合作，提高工作效率，从而提高学生的综合素质和社会适应能力。

四、促进学生的职业发展

课程思政是一种重视思想政治教育的教学模式，通过引导学生树立正确的人生观、价值观和世界观，提高他们的思想道德素质，进一步促进学生的职业发展。结合"农村社会工作"课程，课程思政能够帮助学生更好地理解职业发展的重要性和意义，明确自己未来的职业方向和目标，为未来的职业生涯打下坚实的基础。

首先，课程思政可以引导学生认识到职业发展的重要性。在学习"农村社会工作"课程的过程中，课程思政可以引导学生了解不同职业的特点和要求，认识到职业发展对于个人的成长和社会的发展的重要性。通过课程思政的引导，学生可以更加深入地认识职业发展的意义，从而更加积极地投入学习和实践。

其次，课程思政可以帮助学生明确职业方向和目标。在学习"农村社会工作"课程的过程中，课程思政可以引导学生了解不同职业的发展前景和要求，帮助学生更好地认识自己的兴趣爱好、特长和优势，明确自己的职业方向和目标。通过课程思政的引导，学生可以更加清晰地认识到自己的职业发展方向，更加有针对性地进行学习和实践，从而更好地实现职业目标。

最后，课程思政可以帮助学生打下职业生涯的基础。在学习"农村社会工作"课程的过程中，课程思政可以引导学生了解职业发展的基本要求和技能，帮助学生掌握职业所需的专业知识和实践技能，为未来的职业生涯打下坚实的基础。通过课程思政的引导，学生可以更好地掌握职业所需的技能和知识，更加自信地面对未来的职业挑战。

第四章 课程思政实施存在的问题及保障

第一节 课程思政实施存在的问题

一、课程思政尚没有比较成熟的实施制度

（一）课程思政相关制度分散，缺少协同性

学校"课程思政"改革的重要支撑是科学规划、系统完备、高效运行的制度体系，在我国教育改革的深入下，学校教学倡导"三全育人"的理念，并提出构建"大思政"的教育教学格局，经过一定时间改革实践，学校的"课程思政"教育效果未达到预期，影响"课程思政"育人效果。造成这种问题的主要原因是学校"课程思政"实施制度的设置比较分散，导致"课程思政"制度可操作性降低，进而影响学校课程思政的实施效果。

1. 课程思政制度制定相对落后

学校"课程思政"建设的核心驱动力为相关制度的设计，实际上，大多数学校缺少"课程思政"理论和实践经验，导致"课程思政"改进制度存在滞后问题。

首先，学校领导在"双一流"建设目标的动力影响下会将主要精力投入到一流学科建设，大力提升"量化高水平"办学指标上，有可能使学校教学方式呈现出注重专业知识而忽视思想道德教育的现象，因此在制定"课程思政"实施制度时，往往未结合学校实际情况和需求，造成"课程思政"实施制度不能满足实际需求，在"课程思政"建设与教育实施中无法发挥作用，影响学校"课程思政"建设与教育的效果。

其次，目前学校内部体制机制存在条块分割的情况，导致学校思想政治教育工作的协同力度不足，而思想政治教育教学以及学生意识形态培养的责任基本由马克思主义学院、社会科学部等院系（部）承担，其他的院系（部）并没有重视思想政治教育，无法更好地培养全体学生的思想政治观念和品质，无法实现立德树人的教育目标。

最后，学校的工作重心为专业能力培养。随着大学生数量的不断增加，大学生就业难的问题越发凸显，面对此情况大部分学校努力探索提升专业课程效果，培养专业能力强的人才，为此，学校教育工作侧重学生就业问题，而对学生思想、价值观等方面的教育教学呈现形式化，仍然按照形式上的思想政治教育要求，结合课本内容讲解，并没有结合和关注学生实际思想观念状况，从而造成部分学生的思想观念、价值观念等出现问题。①

2. 以工作方案代替制度建设

当前，课程思政建设方案已经推出很多，但是，已有方案大多集中于不同工作环节各类学习、研讨、示范课程的建设，使课程思政未能从系统思维角度以及制度建设角度进行建设，这也表明大多数学校将课程思政建设当作一项专项工作或者教学改革工作加以对待。在制定课程思政实施制度时，没有结合协同育人的理念，无法系统构建课程思政的制度体系，缺乏长效机制建设，因而在实践上缺乏内生动力。

（二）课程思政制度操作性不强，制度执行效果难以评估

很多学校积极响应教育改革的号召，大力开展"课程思政"教学改革，并制定了不少与"课程思政"相关的制度，但是，大部分制度只是停留在文字文件层面，或者在会议精神传达方面驻足，并没有设置具体的制度措施。制度一般为全校总体工作安排，最终形成"口号化、条块化、运动化、无序化"的现象。比方说，在某高校制定的《课程思政实施办法》中，涉及指导思想、工作目标、重要举措、实施保障等，其中重要举措和实施保障应属于重点建设工作，亟须落到实处，但实际上这些方面往往缺乏细化的权责与任务分解；另外，在实施保障条款中指出所成立的领导小组是由校领导牵头，但是由于缺少"课程思政"落实与推行的具体制度，导致"课程思政"的教学效果不佳。此外，学校开展"课程思政"协同联动工作时，党委宣传部、

---

① 顾化杰. 增能发展人文关怀：乡村振兴背景下农村社会工作的功能定位 [J]. 智慧农业导刊，2023，3（05）：149-152.

教务处、人事处、学生处、马克思主义学院等部门和单位并没有制定科学且可操作性强的协同教育制度和参与协同发展的具体事项。还有学校制定的实施办法中虽然提到工作考核任务标准，可是并没有设置实施评价的相关具体内容。由此可见，学校"课程思政"制度的可操作性不强，评价体系没有完善建设起来，导致学校"课程思政"的落实缺少实施支撑，使"课程思政"制度实践缺少长期性。

从学校"课程思政"制度落实效果层面来看，大多数学校对日常教学期间教师自主安排、利用时间的有效方法、教师主动开展课程育人行为的关注和鼓励不足。以往"课程思政"主要在科研论文、课题申报、参与竞赛等"短平快"项目的彰显度比较高，而在教师日常的教学过程中全面贯彻"课程思政"教育理念和教育内容时，难以被学校详细掌握，还缺少对教师实施"课程思政"的激励制度与评价制度。

二、课程思政协同育人体制机制有待完善

（一）顶层设计碎片化，主体责任不明

课程思政育人体系中的主体呈现出多元化，分别为学校党委和其领导下的各学院党委、教学管理部门、学生工作组织等。为了更好地落实课程思政，学校应将课程思政育人理念置于教育发展战略的高度，在顶层设计的总体规划中将各主体的工作责任予以明确，将课程思政育人队伍建设的目标以及总体建设框架予以完善设计，在整体规范化上获得良好的成效。课程思政改革首先从上海的高校开始试点，通过改革与实践最终形成的顶层设计为："由党委统一领导，党政部门协助工作，落实工作以行政渠道为主。"这为更多高校课程思政顶层设计提供具体思路，在党委统一领导下组建"课程思政"改革小组，将小组工作场地清晰规划，工作内容具体落实。

然而，结合全国高校的整体规划来看，学校"课程思政"顶层设计依然存在碎片化现象。如何打破职能部门壁垒，并明确"课程思政"建设中不同部门的职责成为重点任务。必须明确学校各项工作顺利开展的前提保障是其内部结构分明、明确分工、职能部门各司其职等。在学校全员参与"课程思政"时，全课程实施"课程思政"教育需要所有职能部门的相互配合与协助，职能部门的工作系统需要进行必要的大幅度调整。这一过程中许多环节需要有效衔接课程思政相关部门的工作，需要以顶层设计的总体规划维度为起点，将各个职能部门纳入"课程思政"教学改革系统，譬如教务处、教师发展中心、人事处等职能部门的责任详细准确的规划。基于此，学校内部各部门在细化分工体系下

有非常大的束缚感，导致每个部门不会积极主动地承担课程思政建设的主体责任，对学校课程思政顶层设计的完善有比较消极的影响。

（二）长效学习机制及集体备课制度有待落实和完善

近年来，学校对思想政治教育教学的重视程度不断提升，以往思想政治教育理念和教学方式的不足则逐渐凸显出来，为此，针对思想政治教育实施改革，实施一种全新的思想政治教育育人模式，即"课程思政"协同育人模式，成为共识。但是，"课程思政"教学主体特别是专业课教师必须有一个适应及学习的过程。其他学科专业背景下的专业课教师由于没有相关的思想政治理论知识储备、不熟悉较为专业的思想政治教学方法，致使他们难以将思想政治与专业课有效融合，从而难以发挥思想政治教育目标。产生这种问题的主要原因有以下诸方面：第一，专业课教师在开展"课程思政"之前，虽然学校为专业课教师进行了思想政治教育教学方面的培训，但培训内容主要集中在指导专业课教师如何将思想政治元素与课程融合，而未对专业课教师进行思想政治理论方面的培训，所以大多数专业课教师无法准确找到专业课中蕴含的思想政治内容，导致"课程思政"过于表面化，未能发挥专业课育人价值。第二，专业课与思想政治教育融合是一种新型育人模式，各课程教师均没有经验，导致思想政治与课程融合的效果不够明显。通常各课程教师都是独自备课，难以找到更好的"课程思政"路径，从而影响了最终的教学效果。此外，一些专业课教师虽然有时会在一起讨论思想政治教育与专业课教学相融合的方法，但只是平时课下教学经验的交流，并未形成正式的集体备课制度，不能将各个教师的教学经验进行系统的整合与总结，导致思想政治教育与课程融合教学的效果难以提升[1]。

（三）合作对话机制与保障制度不够完善

学校思政课教师不仅要承担思想政治教学任务，而且还有学科专业教学以及相关科研工作等各项任务，这就会分散思政课教师参与"课程思政"建设的时间和精力。同时，有些专业课教师缺乏主动参与"课程思政"教学的意识，进而影响其与思想政治课教师合作机制的建设，各门课程的教师也无法进行畅通的交流，无法实现各种教学资源的共享，阻碍专业课程和思想政治协作育人教学模式的开展。

---

[1] 范雅娜. 情境嵌合：乡村振兴过程中农村社会工作的价值实现路径 [J]. 探索，2022（06）：120-133.

第四章 课程思政实施存在的问题及保障

此外，推进"课程思政"教学的保障制度比较薄弱。站在现实维度来看，专业课和思政课教师对"课程思政"的专注度不高，一些教师认为"课程思政"是教学科研之外的附加事务。因此，应该在不断强调教师育人责任和使命的同时，建立一定的保障配套机制，为全体教师开展"课程思政"协同育人提供动力。目前，学校在"课程思政"保障制度的制定方面存在诸多问题：缺少相应建设制度，对教师参与"课程思政"建设缺少激励与鼓励，专项经费扶持力度不足，影响教师"课程思政"课堂教学改革与优化的积极性，未能完全解除广大教师的后顾之忧，阻碍了学校全体教师投入"课程思政"建设的积极性和主动性等。

（四）学校评估机制比较落后

在学校整个教学实践过程中，教学评估属于非常重要的环节，教师们需要借助细化的评估标准和专业化、针对性的评价语言，全面反映教学效果，以作为教师教学以及教育整改的依据。当前，"课程思政"教学评估呈现的关键问题是要为专业教学评估小组制定评估标准体系以及评估跟进制度措施。学科专业教学过程及结果是现行教学评估的依据，还亟须设立专门的教学质量管控机构、确定评价方式和评估标准。随着教育改革的不断深入，"课程思政"教学也应进一步改进，以往的教学评估机制已不再适应当前的状况。具体体现在以下诸方面：

首先，"课程思政"教学评估任务实施的主体模糊不清，且评估工作缺少专门性评估机构开展规范的工作。新课程标准的提出与落实，让"课程思政"教育目标有所改变，强调思想政治教育和专业课教学融合育人，这就要求评估操作主体不仅需要具备专门评估机构的权威性，还要有能够有效评价"课程思政"的能力，而当下"课程思政"的主体并不具备这两方面能力，难以对"课程思政"教学效果进行准确有效的评价，教师无法及时了解和认识教学过程中存在的问题，从而阻碍了专业课和思想政治课的有机结合，降低了"课程思政"的教学效果。因此，学校应进一步明确"课程思政"教学评估主体的责任以及原有教学质量管控部门评估"课程思政"效果的能力。

其次，学校原有的教学评估体系及标准与线下"课程思政"建设要求不相匹配。通常表现为：过于重视宏观学术评价体系，很多高校出现了重视科研而忽视教学的不良现象，使得"课程思政"的展开空间受挤压，甚至"课程思政"教育环节缺失。

专业课程教学中体现的思想政治教育效果可以通过"课程思政"建设实现，对学生价值判断能力及其内生动力进行评估，这不同于以往仅在专业领域进行的评估，还应从学生身心成长和价值取向等维度进行综合考量。其一，重视"课程思政"教学过程的评价，主要针对专业课教学过程中教师具有的思想政治教育意识、教学方式能否实现专业知识和思想政治教育的有效融合。其二，在评估教学效果时可以从两个方面同时进行，即学生掌握和运用专业知识能力的评价以及学生情感态度转化、价值选择、信仰塑造与形成等方面的评价。

学校积极开展"课程思政"教学的目的，就是将专业课中蕴含的思想政治内容在学生心中内化并转化为行动。故此，"课程思政"教学效果无法运用既有量化指标进行具体评价；而学业水平测试分值也难以准确评价"课程思政"教学效果。这就为当前准确评价"课程思政"教学效果带来极大的难度，因此需要根据新课程标准要求制定相对匹配的评价标准，并及时在教学评价中应用与跟进。

三、专业课程与思想政治教育功能脱节

（一）专业课程教育功能比较差

新时代的到来对学校承担思想政治教育功能提出了更高的要求，使得原来侧重专业知识的传授而忽略思想政治教育的模式不再适应时代的要求。在党和政府对思想政治教育工作重视程度不断提升的背景下，各高校都加大了对思想政治教育的改革力度。然而，当前学校课程设置体系和专业课教学仍然各自独立，缺少一体化建设的思路。

新的社会历史环境条件下，学生们拥有新的思维模式与情感特征，而且对新事物的接受能力非常强，但学校思想政治教育受到互联网、大数据环境带来的大量繁杂的信息的影响，对学生的教育效果大大降低。学生面对多样化信息往往难以准确分辨真伪及良莠，很容易受到不良信息和观念的影响，使学生价值观、思想认识等出现偏差，阻碍学生身心健康的全面发展。

首先，未能准确全面认识专业课也有思想政治教育的功能，缺乏"全课程育人"的教学理念。在对"课程思政"进行的教学改革过程中，部分教师和学生觉得专业课程和思政课程之间分工明确、泾渭分明，并各自分开推进教学。产生这种想法的原因主要在于，长期以来学校的育人格局思路比较固化，所有教育主体均认为专业课程用以培育学生智力，思想政治课程用以培养学生道德品质，二者各自为政、界限分明，片面强调了高校思想政治教育主渠道的作用，而忽略了专业课程也承载着教书育人的功能。

其次，现行专业课人才培养体系本身有将专业课程育人功能减弱的倾向。

人才培养是学校教育工作开展的最终目标,不同专业对人才培养的具体要求不同,所有课程培养人才的总目标是要培养"德育体美劳"全面发展的人才。就当前实际教学情况来看,大多数学校的人才培养体系设计中体现了这样的意图,但是在具体教学过程中并没有落实到位,特别是专业课程教学中思想政治教育功能的弱化,认为思想政治教育单纯是思想政治的理论教育。在落实教学目标方面,教师们也偏向专业知识和技能的传授与培养,未能关注价值引领的目标,最终导致教学目标过于狭窄、片面,导致知识、能力和价值三维目标呈现分裂状态。其结果,学校人才培养体系目标未能有效落到实处,教学效果与"课程思政"建设的要求相差甚远。

最后,专业课程中蕴含的思政资源无法准确运用。"课程思政"教学中如果能够合理准确地运用专业课程中蕴含的思政元素,就能够强化"课程思政"的实效性。然而,在实际教学中,部分教师对思政资源的运用是不够的。由于受到传统教学方式的影响,教学缺少创新性,容易产生泛思政化、一刀切、形式化等问题,出现了为"课程思政"而"课程思政"的僵化教学现象,使"课程思政"教学效果不能达到预期目标。

有些学校未能意识到隐性教育的作用,而是生硬、单纯地将思想政治元素在专业课教学中简单性植入,形成"照本宣科""照猫画虎"的灌输式课堂教学形式,侧重理论教学,对实践教学不关注,课堂教学中师生之间缺少良性互动。学校部分"课程思政"教学内容存在抽象性特点,偏离专业课程背景与学生生活实际,选取的教学案例陈旧乏味,缺少现实意义;对现代信息技术运用不够熟练,没有发挥互联网在线教学即时便捷的功能优势。

(二)专业课程之间未真正形成协同效应

由于各学科背景及知识构建不同,所以,其专业课存在固有的教学方法以及教学体系,学科中包含的思政元素有较大的差异,思想政治教育目标和每个专业之间的连接点存在很大的差别。比方说,人文学科中的思政内容非常多,自然科学中含有的思政元素具有较大的隐性特征,与思想政治教育目标的直接相关度较差,需要教师深入挖掘,并合理融合到专业教学中,由此才能发挥其思政育人价值。另外,部分专业课程与思政元素融合不够深入,无法对思想政治教育发挥支撑作用,同时,针对各专业课与思想政治教育融合的实效差异缺乏探究,各学科之间没有进行合理明确的分工,联动较少,自然导致建设合力难以形成,这就要求对"课程思政"建设的过程"具体问题具体分析",不宜划分机械的统一标准。各专业课程教师在教学过程中未能充分挖掘"课程思政"教学资源,这也使大多数学校的"课程思政"建设依然呈现表面化及形式化,导致学生不能有效地吸收和了解"课程思政"内容,影响专业课程育人工作的全面落实,甚至可能导致负面效应,不利于高校课程思政体系的良性构建。实际教学中部分学校教育主体在客观因素的影响下,无法准确找到专业知识与思政元素的融合点,所以只能通过说教的方式,实现专业课与思政元素的简单结合,无法对学生发挥价值引领作用,甚至会给学生带来刻意和突兀的感觉,严重的情况下会引发学生的反感,导致课程思政成效降低。总之,高校隐性思政教育的教学资源有待进一步挖掘。

四、专业课教师对课程思政的认知与能力不足

(一)专业课教师对课程思政认知的不足

现阶段,学校教育中专业课与思政课"两张皮"的问题依然存在,并没有得到有效解决,专业课程教学过程中将思想政治教育边缘化,使思想政治教育价值和实效无法发挥。造成这种现象是由于专业课教师对"课程思政"的认知较为模糊,在价值认同方面比较差,觉得知识本来是"价值中立"的,与伦理道德、美丑善恶没有任何的关系,只关系到科学知识的客观性。自然科学领域内"价值中立"割裂了"价值"和"事实"的内在联系。自然学科中呈现的"价值中立"在科学和其他社会价值之间设置了一道沟壑,将科学和价值的联系斩断。其中必须思考的问题就是"为谁研究",其转化到课堂即为专业课教师所定位的价值认同和价值立场。专业课教师只有打破以往理念认知,重新认识"课程思政"的理念和教学目标,才能更好地实现教育教学改革。实际上,一些专业课教师未能将知识教授和价值引领与学生价值观塑造的重要性相等同,所以,专业课教师教学期间有意识地将思政元素和专业课程有效融合,可以实现价值与真理统一,达到课程育人的目的。

另外,在价值认同方面,部分专业课教师存在认知偏差,在注重专业课程教学时怀疑"课程思政"的价值塑造作用,潜意识中一直保留单学科育人的教育思想,始终认为思政课教师的责任是塑造学生意识形态以及引领价值观,而专业课教师的职责在于专业知识和技能的教学。同时,专业课教师由于自身能力不足,对专业课程是否具有思想政治教育功能产生疑惑,从而影响"课程思政"的全面落实。此外,一些专业课教师主观层面上缺乏对"课程思政"的认知,进而阻碍"大思政"育人格局的形成与开展,思想政治教育理论素养的不足,影响专业课教师思想政治教育的有效实施。新时代学校育人要遵照社会主义办学方向,对正确的政治方向要坚持,所以,专业课教师需要具有良好的马克思主义理论知识,从而才能更好地分辨和挖掘专业课程中蕴含的思想政治教育元素。

因此，专业课教师应养成终身学习的意识，始终保持学习状态，及时更新自身知识结构，正面应对全新的挑战，纠正专业课教师的思想意识偏差问题，与时俱进地落实"课程思政"的教学要求，使思想政治教育脱离"孤岛"困境，建立"课程思政"的长效学习机制，使专业课教师认同"课程思政"教育教学方式，从而实现知识传输和价值引领，整体提升对真理的认同感和对价值的获得感。

（二）专业课教师的课程思政能力不足

首先，学校重视培养与提升专业课教师的专业能力，相对忽视教师综合素质的培养与考核。学校目前招聘教师时比较注重其科研能力、学科带头能力等，而对在教师专业课教学中是否实现思想政治教育融合的能力没有任何要求，这对教师形成立德树人和教书育人的正确理解造成负面影响，影响教师专业课和思想政治融合的教学能力以及开展"课程思政"的积极性。另外，学校对教师的培育缺乏系统性和养成性，难以提升专业课教师"课程思政"的育人能力。

其次，部分学科内蕴含的思想政治内容比较"隐秘"，很多专业课教师缺少正确挖掘和掌握隐性思想政治内容的能力，同时专业课教师缺少开展隐性教育的经验，导致专业课教师在"课程思政"教学实践中难以做到得心应手和操作自如。此外，在专业知识优先的教学环境影响下，虽然专业课教师努力提升思政教育技巧，但是教学的重点仍然是专业技术，长此以往专业课教师会无形中淡化以价值塑造引导专业知识学习的独特价值，将思想政治教育和专业知识培养的同向同行理念分割开来，最终偏离学校立德树人的人才培养目标。

● 五、学生对课程思政接受度较低

（一）学生政治思想观念认知不足

学校学生整体的政治观念、思想意识得到充分肯定后，还要对一些拥有消极思想观念的学生进行客观审视，以此了解学生的思想观念，便于教师更好地开展思想政治教育。近年来，西方意识形态的严重侵入和当今社会众多不良因素的诱导，让部分学生存在政治观念模糊、功利主义思想盛行、社会责任感不足、艰苦奋斗精神消退、团队协作意识缺乏等问题，这就很容易导致在关乎政治认同问题上态度模糊不清，以致出现迷失的可能。从道德认知层面来看，如果学生存在功利主义和利己主义的思想，就将严重影响学生的道德理念和实践行为，虽然整体上看大多数学生建立了积极健康的世界观、人生观、价值观，但是面对日渐激烈的社会竞争大环境，学生在抉择时会首先关注个人利益、自我发展，忽视集体和他人的利益，单纯追求物质享受，这样的社会环境也会引发部分学生出现心理健康问题，导致自我调适能力缺失，人生态度逐渐向消极化发展。

在工业化快速发展的社会环境下，人才需求发生一定改变，效率与竞争成为面对市场机制时教育必须面对的问题。想要学生在未来社会分工中的专业能力得到提升，学校就必须根据就业导向，将教学目标和社会需求调整到能够适应未来职业发展需求的专业技能和工作能力上来。当需求核心成为工具理性时，课堂教学就需要注重学生的外化能力，让学生成长为符合社会发展需求的人，呈现出工具属性。这样会在客观效果上使课堂教学的价值理性不断削弱，只重视培养学生对知识、技能、方法等方面的掌握，而不重视引导学生对观念、态度、情感的领悟与学习。长期如此，学生会再一次陷入传统专业课程教学的模式，降低了思政教育的有用性，让学生更加觉得思政课程和专业课程没有结合的必要，使"课程思政"教学模式更加失去吸引力，导致学生对"课程思政"教学的接受度偏低。

（二）"课程思政"难以激发学生兴趣

学校"课程思政"实践的效果最终要落实在学生的价值塑造上，可实际上大部分学生对"课程思政"教学的内容和形式不够了解，而且无法分清"课程思政"与"思政课程"的差异，学生未将"课程思政"植入"头脑"，所以学校应加强"课程思政"教学的宣传和建设。

受传统教育理念的影响，有一些学生认为专业课和思想政治教育没有任何关联，没必要将专业知识与思政元素进行结合，而且对专业课教学中讲授的思想政治内容缺乏兴趣，这一现象也从侧面反映了专业知识与思政元素的融合还停留在表面，为了思政而思政，未形成二者的基因式融入。此外，一些学生觉得"课程思政"教育具有较大的意义，然而因为专业课教师开展的思想政治教育方式比较固化、思政内容落后等原因，使得专业课中的"课程思政"教育没有达到期望的效果，而且偏离自己以往的认知，课程思政理念与具体实践没有达到统一。这都说明目前高校课程思政内容未很好地结合学生实际，没有真正起到为学生解惑答疑的作用，对学生缺乏吸引力，难以激发学生的学习兴趣。[①]

---

① 陈睿冰.社会工作参与促进乡村经济发展的思考［J］.山西农经，2022（15）：60-62.

第二节 课程思政有效实施保障

一、建立和完善课程思政实施制度

课程思政建设是一项系统工程,其所涉及的不仅仅是某一学校某一门课程的思想政治教育,更重要的是能够在不同学校乃至全国学校建立起一个大课程思政,从而真正实现"课程育人"。

作为一种新型的教育理念和教育实践,课程思政不仅对思想政治教育,而且对整个教育都是一个大变革。对于这一变革,它首先需要良好的体制机制来保障。古人云,"兵马未动,粮草先行"。对于课程思政建设而言,所谓的"粮草"指的就是要做好体制机制方面的准备工作。在此,我们要建立国家、学校、学院三级联动的保障机制。

1. 国家教育部门出台专门针对课程思政建设的政策,提供相应的政策和经费保障

2017 年,教育部党组印发《高校思想政治工作质量提升工程实施纲要》,其中提出了以"课程育人"为首的"十大"育人体系,并且第一次在中央文件中正式提出课程思政这一概念,提出要"大力推动以'课程思政'为目标的课堂教学改革"。但是,该纲要中只是对课程思政建设提出了一个大概的思路和方向,并没有详细展开论述。随后,《关于深化新时代学校思想政治理论课改革创新的若干意见》《"新时代高校思想政治理论课创优行动"工作方案》《新时代爱国主义教育实施纲要》《新时代公民道德建设实施纲要》等文件相继出台,对新时代条件下的思想政治理论课改革、爱国主义教育和公民道德建设进行了较为全面和详细的部署、规划和指导,无疑为这些工作的实际开展提供了十分有力的政策支持。所以,国家教育部门可以将《高校思想政治工作质量提升工程实施纲要》中提及的课程思政建设进一步细化和深入,出台一个专门针对新时代课程思政建设的意见、方案或者纲要,从课程设置、教材编写、教学设计、教师队伍、科研课题申请及经费保障等多方面提供建议和指导。

2. 学校成立课程思政建设领导小组，积极推进，提供组织保障和制度保障

学校"课程思政"教学改革想要有序运行并长期落实，关键在于要在学校层面制订可执行的"课程思政"实施与保障计划。

首先，管理适度，计划适中。只有立足于基本国情和基本校情开展"课程思政"教学实践，将教学目标与学生现实思想道德情况及政治理论水平有效结合，才能将"课程思政"育人作用和效果全面体现出来。"课程思政"的行为主体是教师，所以教师在制订"课程思政"实施计划时，需要对学科特点、教学科研工作实际、"课程思政"教学的指导培训等进行全面考虑，并做到目标能实现、时间有富余，且对教师日常教学与科研进度没有太大影响。

其次，要明确所教授课程的课程目标。以"农村社会工作"课程为例，本课程的主要目标是帮助学生深入了解农村社会工作，并提高他们对此领域的认识和理解。通过课程的学习，学生将了解农村社会工作的背景和意义，以及相关的实践方法和技能。此外，该课程还旨在培养学生的社会工作实践能力和团队合作能力。学生将有机会参与到各种社会工作项目中，实践并提高和丰富自己的技能和经验。同时，学生还将在团队中学习合作和协调技能，以便更好地适应未来的社会工作环境。学生将深入了解社会的现实问题及其解决方法，并对社会责任和公共利益等问题有更深入的认识和理解。这将有助于学生树立正确的价值观和社会责任感，为未来的发展打下坚实的基础。

最后，制定详细且操作性强的"课程思政"实施制度。结合课程教学实际情况以及教学目标，制定更加具体、缜密、规范的"课程思政"实施制度，不但讲明是什么、为什么，还要明确讲出怎么办、谁负责办、什么时间办等。想要将"课程思政"教学具体落实，就要保障"课程思政"教学实施制度具体化。

在强化课程思政资源保障方面：

首先，坚守责任主体同样是权力主体的理念。学校应给予负责"课程思政"教学的校级部门教师管理、教学管理、课程思政资源调配的直接权力，这是因为缺少教师管理权限的部门难以开展"课程思政"推进活动，更无法承担相应的职责。比方说，学校新增设了加强教师日常管理的"党委教师工作部"，该部门可以根据教师的情况给予相应的奖励和惩罚，有效杜绝政治不合格或者道德素质较低的教师进行教学。

其次，投入的资源应与责任相匹配。学校二级学院是"课程思政"教学落实的具体单位，而且还承担着对所有教师的日常管理工作以及教学管理工作等。虽然校级层面的资源调配和统筹比较充足并较为顺畅，但学校二级学院的

资源获取能力以及资源分配能力往往较为欠缺，因而存在较为突出的矛盾，该层次课程思政教学方面的职责也不甚明确。特别是各门课程授课教师的学科利益、科研业绩、职称晋升等与课程思政教学及改革没有建立起直接且硬性的联系，二级学院若对本部门教师课程思政实施缺少相应投入或应有关注，会出现"做与不做一个样"的情况，教师开展"课程思政"教学改革的积极性就会严重受影响。

最后，技术资源保障。学校负责"课程思政"管理的部门应与马克思主义学院建立"课程思政"教学联系制度，"课程思政"理论课是引领和指导实践活动的依据，课程思政教学改革中应依据计划，划分批次开展教师培训、规范制度、教学试验等，始终保持学科知识类课程与思想政治理论课同向同行、协同育人。

3. 各学院在国家政策指导和学校组织领导下，积极动员学院教师参与课程思政建设，提供人员保障

在"课程思政"推进过程中，学校和学院层面、学校和教师层面均存在脱节的问题，使"课程思政"建设主要存在于文件中和管理层。"思政课程"实施过程中还存在诸多问题。因此，学院应根据学校整体推进情况进行改进，增强学院的主体责任感，在学院内部形成具体的推进措施，结合本院各专业人才培养目标，形成具体的制度措施来推进落实。

第一，院系针对"课程思政"可以制订"一院一特"的实施方案，使院系整体统筹加强，建立相互配合的显性教育和隐性教育学科课程体系，同时课程思政质量评价体系可以建立为"课程好＋思政巧"的模式。另外，各学科教师之间可以借助集体备课、集体研讨、统一命题等方式，统一把控教学内容、教学计划、考试管理等环节，同时教师之间可以交流授课经验以及思政元素融合方法，从而提高专业学科和思想政治融合的有效性，构建"老中青、传帮带"的良好氛围，把基层教学组织推进课程思政建设情况纳入基层教学组织考核与评优范围。

第二，学院组织一些教学能力较强的教师对专业课程中的思政元素进行探索与挖掘，之后总结出具有代表性的课程形式形成示范课，并对其思政元素的融入、课程教学设计、教学方法的使用等进行全面分析。其他教师在开展"课程思政"教学时可以借鉴示范课，将"课程思政"教学真正落到实处，提升教师思政育人的水平和能力。

二、多维共进，完善"课程思政"协同育人的体制机制

（一）合理规划顶层设计维度

学校应站立于当前大思政育人格局下合理规划"课程思政"的顶层设计，并建设完善的从上至下统筹运作的领导体制。如今，学校依然处于"课程思政"育人实践稳步探索阶段，许多专业课教师仍然缺乏主动开展"课程思政"教学的意识，这对学校全面落实"课程思政"教学有很大的阻碍作用，因此学校迫切需要进行顶层设计维度的合理规划，为顺利实施"课程思政"提供便利条件。"课程思政"协同育人不能只以口号的形式存在，不仅要在课堂教学、学科建设、科研管理等各项工作中全面落实，还要在学校人才培养规划中落实，建设从上到下、完整严谨的领导体制机制，促进"课程思政"育人实践活动有效开展。

首先，组建"课程思政"改革领导小组，主要由学校党委书记领导负责、各职能部门领导协作参与，将"课程思政"改革在全校范围内有序推进。学校党委领头，可以突出学校对"课程思政"教学改革的重视；之后再立足于人才培养目标的高度，提出全新的教师教学要求，并在学校建设重点规划中纳入"课程思政"教学改革工作要求。

其次，设立"课程思政"教学改革指导委员会，对"课程思政"改革试点工作全程跟进，并为改革和试点工作提供专业且权威的指导，同时有序开展相关的咨询、监督、评估等工作。

最后，成立专门的"课程思政"教学改革办公室，集中部署工作任务。由于"课程思政"育人体系中含有众多主体，如学校党委以及各二级学院党委、学校管理部门、学生工作相关组织等，应当按照"党委统一领导、党政部门协同配合、以行政渠道为主组织落实"的建设思路明确各主体的职责，将学校各部门资源整合到专门办公场域。

（二）打造一支高素质的课程思政教师队伍

课程教师是实施课程思政的关键。从某种意义上说，课程教师是落实铸魂育人的重要力量，对学生的影响很大。所以，他们应当做到政治强、情怀深、思维新、视野广、自律严、人格正的基本要求，切实提高课程教师的思想政治教育素养。

1. 培育课程教师的课程思政意识和责任担当

对于课程教师而言，思想政治教育原是在其专业范围领域以外的另一种专

业。有的课程教师可能知道思想政治教育，但不在意、不重视，从而导致思想政治教育在现实教学中出现"靠边站"的尴尬局面。所以，要加强对课程教师的课程思政意识培育。学校及其二级学院应该通过会议、讲座、宣讲等多种形式及时组织课程教师学习党和国家的相关政策和重要会议精神，使课程教师拥有关于课程思政的基本认知，产生课程思政意识。同时，通过学校及学院关于课程思政进行的一些制度改革，尤其是与奖惩相关的制度改革，更能进一步增强课程教师的课程思政意识。当然，这些都是外力，最重要的还是每一位教师自身要主动担当起课程思政的责任。思想政治教育本质上是一项育人活动，不管是课程教师（专业课教师）还是思政课教师，作为一名教师，其使命就是教书育人，所以思想政治教育本身就是教师的使命。课程教师不能将课程思政看成额外的负担，其原先的教学活动在本质上就是一种思想政治教育活动。通过传道授业解惑，他们既影响着学生的知识建构，也影响着学生的价值选择。课程思政教师只有明白这一本质关系后，才能真正建立起自己的课程思政意识和担当，从而主动自觉地参与到课程思政的建设当中去。

2. **强化课程教师的思想政治教育理论素养**

课程思政是要将思想政治教育元素融入到其他课程的教学过程中去，而思想政治教育元素是十分丰富的，包括理想信念、理论知识和价值理念等诸多内容。课程教师必须在对这些内容有一定的了解之后，才能运用这些内容去影响学生。目前，国家为了提高高校思政课教师的教学能力，开展了"高校思想政治理论课骨干教师研修班"等培训活动，那么也可以专门针对课程思政教师举办类似的全国课程思政教师研修班或培训班。各学校学院可以自主举办内部的或内外部合作的课程思政教师培训活动。各学校统筹规划、合力安排，创设品牌培训讲座，建立全校性、学院性、学科性、专业性等多层次、立体化的理论培训体系。此外，还要注意发挥思政课教师的带动引领作用，通过加强与课程教师的交流沟通，帮助他们解决思想困惑，指导他们快速掌握思想政治教育最基本、最核心的内容，尤其是关于政治理论素养的内容，坚定正确的政治方向，从而有效提升课程教师的思想政治教育理论素养，使课程教师与思政课教师同向同行。

3. **提高课程教师的思想政治教育能力素养**

掌握思想政治教育理论相对容易，难的是如何在教学过程中切实将之运用起来，这就涉及思想政治教育能力素养的问题。

第一，课程教师要提高将知识传授与价值引导相结合的能力。虽然教育本身是要实现教书与育人的统一,但是在现实中随着学科专业的细化,教书与育人似乎也逐渐被割裂,教书成为一般课程的任务,育人则成了德育类课程(思政课)的任务,知识性与价值性被割裂。其实,思政课本身也存在这样的问题,但是相对其他课程来说情况可能稍微好一些,因为思政课本身就是知识性与价值性的统一,尤其强调价值性。所以,课程教师可以适当地去听一些思政课,学习、研究和借鉴思政课教师是如何在知识传授的过程中进行价值引导的。

第二,课程教师要提高辨别、批判、抵制错误思潮和不良言论的能力。课程教师应该相信自己在思想政治教育过程中所获得的理论和价值,面对历史虚无主义、去意识形态化等思潮对课堂的侵蚀,要及时、坚决地予以揭露、批判和抵制。

第三,课程教师要提高发现学生思想动态、与学生沟通的能力。课程教师要加强与学生之间除学业之外的思想、情感和生活等方面的交流,把握学生的思想动态,及时发现学生生活中存在的问题和困难并予以解决,既做学生学术的引路人,也做学生生活的知心人、热心人。

(三)构建立足实际、科学合理的教育体系

课程思政的建设有赖于完整的思想政治教育体系,它主要包括课程体系、方法体系和教学体系等。值得注意的是,这种体系建设不应该局限于某一学校范围之内,应该从战略高度建构起大中小学一体化的体系。

1. 完善思想政治教育的课程体系

学校的课程一般可以划分为专业教育课程、综合素养课程和思想政治理论课(思政课)三大类。要充分挖掘专业教育课程和综合素养课程中所蕴含的思想政治教育元素,建构起以思想政治理论课为核心的完整的思想政治教育课程体系。

第一,科学合理、实事求是地挖掘课程中所蕴含的思想政治教育元素。我们必须承认这样一个事实,即并非所有的课程都很容易就能开展课程思政。哲学社会科学课程的思想政治教育元素相对比较丰富,而自然科学课程的思想政治教育元素则相对较少,有的甚至很难找到,所以教师在挖掘的时候一定要实事求是,不能为了开展课程思政而盲目甚至虚假创造思想政治教育元素。

第二,按照课程分门别类地设计完整的课程体系。根据课程的性质及课程教师的现实能力,设定相应的思想政治教育的重点和目标。如借鉴上海市委所提出的高校思想政治理论教育课程建设方案,在三大类课程之下又将其划分为四个具体的课程类别,即思想政治理论课、通识教育公共基础课、哲学社会科

学课程和自然科学课程,分别发挥这些课程的引领、浸润、深化和拓展作用。并且在此基础上,进一步细化到具体的学科甚至课程的方案建设上,如在"逻辑学"这门课程中,思想政治教育的重点是什么以及想要达到什么样的思想政治教育效果等。

2. 完善思想政治教育的方法体系

一是坚持以学生真学真懂真用为归宿,实现从"以教为中心"到"以学为中心"的转向。课程思政要针对学生的思想实际及所关心的问题去深度关注学生的个性特点,实现个性化"滴灌"与总体性"漫灌"相结合。充分采用学生喜闻乐见的话语方式和教学方式提升课程质量,同时满足一般意义上的知识传授和理论阐释的规范严谨,进而增强思想教育的生动性和感染力。

二是构建各类专业课程体系新范式,实现课程由课堂内向课堂外的延伸。应当凸显课程思政整合第一课堂与第二课堂的特征和独特优势,为思想政治理论课与各类课程的深度整合提供资源和平台。将学术氛围、师生关系、校风学风、校园文化等资源要素作为重要的教学资源整合进"课程思政"。

三是鼓励教师在言传身教中落实立德树人,实现师生之间充分交流,保持沟通渠道畅通。不同学科专业的教师,研究领域、讲授内容、教学方法各有不同,但育人的目标是一致的,要把教书与育人、言传与身教统一起来。教师应当通过课堂互动、课后答疑、小组讨论、网上交流、教学反馈、学业指导等教学方法加强与学生的对话、交流和沟通,用好课堂讲坛,用好校园阵地,增强学生的价值判断能力、价值选择能力、价值塑造能力,引领学生健康成长。

3. 完善思想政治教育的教学体系

各教学单位和部门要围绕课程思政所要求的价值塑造、能力培养、知识传授三位一体的教学目标,为课程思政的建设提供相应的教学管理和教学服务方面的条件。一方面,要做好课程思政的教学管理工作。相关教学单位和部门要充分发挥好自身的计划、组织、协调、控制、评价和监督等管理职能,建立一套完整的教学管理体系,健全课堂教学管理办法,完善课程设置管理和课程标准审核制度,优化教师培训和教学评价制度,落实校领导和教学督导听课制度等,从而科学规范课程思政建设的展开。另一方面,也要做好课程思政的教学服务工作。这种教学服务包括硬件设施服务和软件设施服务。后勤部门尤其是教学设施管理部门,要做好教学场所多媒体设备的维护维修工作;网络通信部门要加强校园网络化和信息化建设,保证校园网高速通畅运行,为教学提供优质的网络服务,等等。在这样一个完整的教学管理和服务体系中,进一步强化思想政治理论课显性的思想政治教育功能，发挥综合素养课程和专业课程潜在的思想政治教育作用，真正实现全员育人、全过程育人和全方位育人。

以"农村社会工作"课程为例，为了本门课程思政的教学目标，需要建立一个立足实际、科学合理的教学体系，以便有效地将思想政治教育与实践教学相结合。

（1）制订详细的教学计划和教材计划。

制订详细的教学计划和教材计划是构建切合实际、科学合理的教学体系的关键步骤，它可以确保教学目标、内容和方法得到科学的规划和设计，有利于提高教学质量和效果。

首先，在制订"农村社会工作"课程教学计划时，应该明确教学内容、教学方法和考核方式等。课程目标是教学的核心，要明确学生应该达到的思想政治素质和实践能力，以便为教学内容和方法的选择提供依据。教学内容应该贴近实际，覆盖农村社会工作的各个方面，既有理论知识，也有实践技能。教学方法应该多样化，包括讲授、讨论、案例分析、实践教学等多种形式，以满足学生的不同学习需求。考核方式应该与课程目标和教学内容相匹配，既要考查学生的知识掌握程度，也要考查学生的实践能力和综合素质。

其次，教材也是构建切合实际、科学合理的教学体系的重要组成部分。教材要求贴近现实，内容丰富、系统完整，具有一定的理论深度和实践指导性。教材应该包括基础理论知识、实践案例、政策法规等内容，可以帮助学生全面了解农村社会工作的相关知识和技能。同时，教材还应该注重实践指导性，为学生提供实践操作步骤和方法，以帮助他们掌握实践技能。教材的编写还应该遵循科学规范，确保内容准确、权威，符合教学大纲和教学计划的要求[①]。

（2）完善制度、激励人员参与。

为了实现"农村社会工作"的课程思政教学，完善制度、激励人员参与是非常重要的。在教学中，如果教师自身的理想信念不坚定，往往会影响到教学效果，降低学生的学习兴趣和参与度。因此，高校应该建立相应的管理办法和奖励机制，规范教师的教学工作，提高教师在思政教育工作中的积极性和参与度。

首先，高校应该建立相应的管理办法，对敷衍教学等情况进行严肃处理。教师在教学中如果出现了敷衍教学、教学内容单一、教学效果不理想等情况，应该及时进行纠正和处理，以提高教师的教学质量和积极性。同时，高校还应

---

① 孙文中. 创新"农村社会工作"课程思政建设的路径[J]. 集美大学学报（教育科学版），2022，23（2）：1-7.

该建立相应的考核机制，对教师的教学工作进行评估和考核，以此推动教师的教学工作不断改进和提高。

其次，高校应该建立合理的薪资激励机制，对教学效果优秀的教师进行奖励。教师在思政教育工作中，如果能够取得良好的教学效果，应该得到相应的薪资激励和奖励，以此激励和提升教师在课程思政教育中的积极性和参与度。通过激励机制，可以让更多的教师参与到课程思政教学中来，提高思政课程的教学效果。

（3）加强教学监督和评价。

为了实现"农村社会工作"课程思政的教学目标，加强教学监督和评价是非常重要的。教学监督和评价可以及时发现问题并改进教学方法和内容，确保教学质量和效果，并且可以建立完善的课程评估体系，优化教学内容和方法，提高教学效果和学生的综合素质。

首先，高校应该定期组织教学督导和评价，对教学过程进行监督和评价。教学监督和评价应该是全方位、多层次的，包括对教学进度、教学方法、教学实施效果等方面的检查和评价，以确保教学质量和效果。同时，教学督导和评价还可以为教师提供有益的反馈和建议，帮助教师改进教学方法和内容。

其次，高校还应该建立完善的课程评估体系，包括对教学效果、学生成绩、学生满意度等方面的评估。通过评估，可以及时发现问题，并且可以对教学内容和教学方法进行优化和改进，提高教学效果和学生的综合素质。此外，高校还可以根据评估结果，制定相应的教学改进措施，为教学质量和效果提供有力的保障。

（四）建设高效互补的合作制度

第一，开展校内有效合作，构建"课程思政"管理服务平台及教学交流合作平台。学校作为各职能部门高速运转的教育教学系统，常态化有效合作机制的生成，主要依靠教育教学体系内部结构是否完整以及分工是否明确，因此，学校应加强沟通交流渠道的建设和拓展，积极组织教学对话交流活动，促进各项资源的整合与共享。建设合作平台时，需要联合学校各职能部门将"课程思政"管理及服务体系完善好，并集结教务处、各级团委、学生工作部（处）等部门在党委指导下探索跨领域、多维度的合作形式，增强"课程思政"协同育人的向心力和凝聚力。另外，针对学院各专业教师对"课程思政"建设的主动参与性和落实"课程思政"教学的有效性较为欠缺的情况，应大力建设跨学科的教学平台，在加强思政课教师和专业课教师沟通交流的基础上，实现教学资源共享。比方说，在"课程思政"建设中，各学院领导及各职能部门是参与者和组织者,应当加大思政课教学改革力度,邀请专家举办高质量的讲座,增强课程的权威性和影响力。此外,集体备课制度建设需要不断加强,以思政课相关教研室为中心,与其他专业教研室合理安排各自的教学内容和教学方法,共同讨论,提出优化教学建议,制订"课程思政"教学方案。

二是扩大合作交流范围,积极探索共同培训体系。联合培养体系可实现区域合作,以邻近学校类型和学校发展理念为合作点,实现学校间教学资源共享和合作共赢。为各校具有较高理论水平和丰富实践教学经验的思想政治教育专家和学科带头人提供交流平台,有利于直接开展思想政治教育目标、教育系统、教学设计等方面的交流与合作,思想相互碰撞。在此基础上,完善互学互鉴机制,定期开展学校参观交流,让来访者更好地感受和了解"课程思政"的精品课,了解学校之间的巧妙衔接。通过教学研讨吸收优秀"课程思政"教学中的优点,以此提升自身"课程思政"教学的效果与质量。

(五)注重实践教学,开展校企合作

早期的高校思政课程教学工作普遍存在一个问题,即过于重视理论教学,而忽视实践教学。2016年,高校思想政治工作会议再次强调了实践教学的必要性,要求教师必须合理安排课程内容,实现理论与实践的协同发展。为响应新时代教学要求,高校应丰富思政课程中的实践活动、设计多样化的实践教学方式、提高实践教学课程的占比,以此满足学生对思政课程的实践需求,实现学生在思政课程中的全方位发展。丰富的实践活动,能增强思政课程的趣味性,打破课程内容单一、枯燥的局面。

开展校企合作是有效的实践方式。校企合作可以为学生提供实际的社会工作实践机会,让学生在实践中学习,从而更好地了解基层社会运转的实际情况。同时,校企合作还可以为企业提供实际的社会工作服务,提高其社会责任感和社会形象。比如,学校联合某农村合作社组织社区建设和农村扶贫工作实践教学活动。实践内容:① 社区建设。学生们将会走访社区居民,了解社区的需求和问题,并与合作社负责人一起制订解决方案。② 农村扶贫。学生们将会前往农村贫困户家中,了解其实际情况,并与合作社负责人一起制订帮扶计划。在学生完成实践活动后,要求学生进行总结和评估,以了解实践效果和存在的问题,并及时改进和优化实践方案。通过这样的校企合作,学生们可以更好地了解农村社会工作的实际情况,提高他们的实际操作能力和实践经验,为社会服务做出更多的贡献。同时,相关企业也可以通过这样的合作,提高其社会责任感和社会形象,为自身发展做出贡献。

（六）利用网络优势拓宽"课程思政"协同育人渠道

"课程思政"协同育人机制的构建不能仅仅局限于课堂教学之中，还应充分利用当今先进的网络资源优势来拓宽渠道，以构建自主学习的网络教育平台，从而发挥网络教育的辅助作用。当今大学生皆为"00 后"，是互联网的"主力军"，借助网络来开展课程思政教学，不仅方便学生不受时空限制地接受教育和学习，而且这种新型教育教学方式更易为学生所接受。

结合"农村社会工作"课程，一方面，教师可通过教学平台向学生推送专业知识及技能技术相关文献资料，并找出其中与思政教育的契合点，实现专业教育与思政教育的完美融合。同时可以利用网络资源来丰富课程内容，如利用网络图书馆、学术论坛等资源，让学生们更好地了解农村社会工作的理论和实践。授课教师还可以通过线上平台组织线上讨论，让学生们在线上交流和互动，提高课程思政的协同育人效果。教师可以设置一些话题和问题，鼓励学生们积极参与讨论，并对学生们的表现进行评价和反馈。另一方面，还可与其他兄弟学校相关专业展开合作，共同建设协同育人的网络平台，分享本门课程教育教学资源，如实践活动、精品课视频等，以建立校际互通有无的课程思政协同育人教育平台，进一步强化协同育人的效果。

三、设立完善的激励机制

在现实生活中，人在一定社会关系中的需要可以分为两类：物质生活需要和精神生活需要。对主体进行外界刺激是一种激励行为，可以成为加强"课程思政"教学实效性的有效措施，适当的物质激励与精神激励可以让"课程思政"主体始终保持优良的教学状态，不仅可以提升教师参加"课程思政"教学的积极性和主动性，而且可以让教师获得较大的成就感。要确定将教学效果作为奖励措施具体落实的导向，并要求精神激励与物质激励配合使用。比方说，根据教育主体的实际需求，通过提供"课程思政"教学项目所需要的经费，让教师的专业素养和资历背景获得长远发展与积累。学校需要将教师奖励作为入手点，可在进行职称评定以及专项科研支持资金的多少与任课教师在课程中挖掘思想政治教育资源的能力以及育人实效挂钩，挖掘能力和育人实效越突出，教师获得的专项支持资金越充足，而且职称评定越容易。

另外，还要对"课程思政"教学效果突出的教师进行精神奖励，授予相关荣誉称号，使其切身感受到学校对自身工作的重视，增强精神层面的获得感。同时加大"课程思政"激励与学生评价体系的关联度，将学生思想政治素质、道德水准、信仰坚守、行为习惯等诸多方面与评奖评优、推优入党等挂钩，不断完善"课程思政"奖励制度。要确保学校教师有作为,为愿意开展"课程思政"建设的教师创造条件,给教师一个发展的平台。例如每年开展"课程思政"教学比赛,评选出优秀教学课程,鼓励教师开展课程思政交流观摩活动,并且保障教师开展"课程思政"所需教学资源的购置,大力支持教师开展"课程思政"教学建设。大力推广优秀课程思政建设经验,使课程思政建设形成规模、形成特色、形成体系。通过增强教师的获得感与成就感,调动教师参与课程思政建设的积极性。

四、加强专业课程与农村社会基层实践的有效衔接

(一)注重社会主义核心价值观的引领作用

将弘扬社会主义核心价值观作为主旨,在专业课教学中找到与农村社会基层工作的切合点,提升专业课教学的效果。具体到"农村社会工作"这门课程,教师在授课时,对专业知识体系中拥有的思想政治教育内容进行深入挖掘,然后在专业课堂教学中合理开展思想政治教育,让学生在专业课中逐渐被熏陶,增强学生的专业认同感、职业精神、社会责任意识等,这样可以激发学生学习专业的积极性和动力,提升学习效果和学习水平。具体操作如下:第一,指导学生对农村、农民、家庭结构等加强了解,为学生学习社会工作介入农村建设、治理、振兴发展等工作奠定基础,让学生掌握社会工作介入农村各项事务的方法与方向,以便于学生毕业参加工作后能够为农村建设及发展做出贡献,保障社会工作专业学生对社会工作理论和社会主体价值核心观的兼容性,引导学生建构良好的专业认同,增强运用专业知识服务于基层社会建设的意识和能力。第二,教师可以就一到两个课程思政问题进行深入的探究,再去探索融入课堂教学各环节,最终落实于教学过程中。比方说,教授"农村社会工作"课程时,教师应该有意识地将所传授的专业知识与相关思政元素结合起来,有机地融入教学过程,以不生硬、顺其自然的方式推进课程思政建设,在教学过程中实现既定目标,促进课程思政与专业知识传授同向同行的良性循环。

(二)发掘中国优秀传统文化与农村社会工作价值的契合性

为了提高"农村社会工作"课程的教学质量,教师需要注重挖掘专业知识体系本身所蕴含的思想政治教育元素。在课程设计中,可以通过视频赏析、实地考察、分组讨论等方式,生动地展现中国农村传统文化内容,让学生们感受中国传统文化的魅力,了解中国"美丽乡村"建设的实际情况以及各地传统习俗,从而让学生们树立起中国乡村的主人翁意识,为乡村振兴战略贡献力量。

在具体实施过程中，教师可以采用任务驱动式的模式，设计每节课的任务清单，让学生们在线上和线下学习的过程中，积极参与任务完成和讨论，从而加深对课程内容的理解和消化。通过这种方式，可以把中国传统文化与现代农村社会工作相结合，让学生们在学习专业知识的同时，也深入了解中国传统文化的内涵和价值，并在潜移默化中实现德育目标。

另外，将传统文化的价值观引入到农村社会工作中。中国的传统文化包括了许多重要内容，如孝顺、尊老、守信等。这些价值观可以被引入到农村社会工作中，让学生认识到介入农村社会工作有利于形成互相帮助的社区共同体。此外，传统文化的思维方式有利于进行社区治理。传统文化中强调的是"以德治国"，也就是说，重视道德、重视人性。基于此，在专业课程教学期间，教师可以引导学生将这种思维方式应用于农村社区治理之中，实现农村居民的道德提升目标，以利于更好地解决农村问题。还有就是要认识到当地文化的重要性，找到农村文化介入社会工作的有效途径，注重挖掘农村地区的文化遗产和非物质文化遗产，并借助文化旅游项目，实现增加农村地区的收入，同时促进传统文化的传承。这种学习方式能够让学生深入了解农村社会工作的价值，促进学生的积极投入，为今后参与农村社会工作奠定基础。

（三）提升社会工作核心价值观在推进乡村振兴战略中的适用性

为了提升学生的专业认同和实现"课程思政"建设的目标，我们应该探索社会工作理论在中国乡村社会的适用性。这需要我们充分挖掘和充实社会工作专业所蕴含的思想政治教育元素，并有机融入本专业的建设内容、方法和载体，结合课程特点探索相关社会理论及其在中国社会的适用性问题。在增权理论视角下的农村社会工作中，强调个人或群体拥有的权力是变化和发展的，通过努力可以改变无权或弱权的状况，而思政建设则强调"立德树人"，提升个人的思想道德建设。这两者的核心内涵具有一定的契合性。因此，我们应该将这些理论融入课程设计和教学中，帮助学生更好地理解社会工作理论的实际应用，增强专业认同感。因此，专业教师教学过程中可以借助适用性内容，帮助学生全面解读农村社会工作。

第一，深入挖掘社会工作核心价值观和乡村振兴战略的内涵。社会工作核心价值观包括人权、社会正义、人的尊严、尊重多元文化等，这些价值观与乡村振兴战略中的乡村振兴、农业现代化、农民增收等目标密切相关。因此，教学过程中教师要注重引导学生了解这些价值观和目标，便于学生认知社会工作在乡村振兴战略中的应用方法，提升学生对专业的认同感。

第二，加强学生思想政治教育，坚持中国特色社会主义乡村振兴事业向前发展的正确方向，将课程思政注入专业理念教育，为培育新时代农村社会工作专业人才具有重要的时代价值。

（四）利用案例教学法实现理论联系实际的目标

案例教学法是一种重要的教学方法，可以帮助学生更好地理解理论知识，并将其应用于实际情境中。在"农村社会工作"这门专业课程的教学过程中，我们可以利用案例教学法来达到理论联系实际的目的。具体步骤如下：

第一，教师结合教学内容和学生的实际情况，选择合适的、与农村社会工作相关的案例来开展教学。如运用农村贫困家庭 XM 的帮扶案例，案主是一名义务教育阶段的学生，家庭经济困难，父母长期失业。学校开展了贫困家庭帮扶活动，农村社会工作人员主动联系 XM 家庭，了解他们的实际情况，并提供了一定的物质性帮助。同时，农村社会工作人员帮助 XM 制订学习计划，提供学习指导和帮助。经过一段时间的帮扶，XM 的学习成绩得到了显著提高，家庭生活也有所改善。还有一例也可以用于教学。这一案例是关爱农村留守儿童的案例，XH 是一名农村留守儿童，父母在外打工。学校开展了留守儿童关爱活动，农村社会工作人员主动联系 XH，关注她的学习和生活情况。还帮助 XH 制订学习计划，提供学习指导和帮助，同时也陪伴她进行娱乐活动和体育锻炼。通过一段时间的关爱，XH 的情绪得到了稳定，学习成绩也有所提高。同时，农村社会工作人员与其父母保持联系，促进家长更为具体地了解和掌握孩子的情况，提供必要的帮助和支持。

第二，教师让学生结合案例具体分析其中存在的社会问题、困难和挑战，同时理解案例中涉及的理论知识和原则。要在分析案例的基础上，提出解决问题的方案或策略，结合理论知识和实际情况，让学生在实践中探索更多的解决方案。

第三，利用小组讨论或班级分享的方式，让学生自主讨论和分享对案例的理解和解决方案，促进学生之间的交流和互动。通过案例教学法，学生可以更好地理解理论知识，同时将其应用到实际情境中，提高解决问题的能力和实践能力。此外，案例教学法还可以激发学生的兴趣和参与度，增强学生对专业课程的认知和理解，提高专业素养和实践能力。

五、提升专业教师的素养和能力

（一）提高专业教师的政治素养

在教育教学过程中，教师作为组织者与实施者，对学生学习水平和思想发展有直接的影响。在"大思政"背景下，所有课程均要与思政内容进行融合，体现不同学科的育人功能，然而，很多专业课程教师对课程思政的认知水平较低，课程思政的教学能力也比较差，对将思想政治元素在专业课程教学中恰当体现出来存在一定的难度，从而影响了学校课程思政育人工作的开展和建设。基于此，为了更好地实施课程思政教育，在提升教师专业素养的同时也要加强教师应用政治知识能力以及政治实践能力，这样才能向学生传授正确的思想政治理论和政治观念。具体做法如下：

首先，专业课教师应树立正确的政治意识，对政治方向良好把控，成为学生学习的榜样，并在日常教学中依据教学内容合理渗透政治理念及观点，逐渐培养学生正确的政治思想。

其次，专业课教师在面对国家转型过程中凸显出的深层次社会矛盾，在教学过程中应保持正确的政治认知和政治定力，提高政治判断的科学性，防止课程教学中出现教学偏差，进而对学生思想和政治观念造成负面影响，阻碍学生身心健康的成长与发展。

最后，加强专业教师政治理论学习。专业课教师开展课程思政教学时会涉及一些基础理论的讲解。对此，专业课教师应主动深化思想政治理论知识学习，通过参加学校培训课程、网课学习与思政教师沟通学习等方式，更加深入地掌握专业课涉及的思想政治教育内容，提高专业课程"课程思政"教学实效。另外，教师要积极谋求以学理性分析帮助学生明晰思想政治教育知识的内涵，同时以科学理论的强大魅力指引学生。

（二）提升专业教师的道德素养

教师作为学校教育的关键主体，其道德素养会直接影响学生的成长和成才，为此，学校教师队伍建设过程中应注重师德的培养。在学校大力推进"课程思政"育人模式背景下，学校应注重教师道德素养的提升。一直以来，学生存有"亲其师，信其道，尊其师，奉其教，敬其师，效其行"的现象，大多数学生会将教师作为标杆和模范，所以，专业课教师的行为举止将会对学生产生极大的影响，"课程思政"教学效果会受教师教学行为以及营造的课堂氛围的影响，故而专业课教师应借助高尚的师德师风、人格魅力对学生形成积极作用。在专业课程授课过程中，学生会主动发现和学习教师身上的良好道德品质，在这种意识的长期发展下，学生会形成学习教师言行举止的习惯，这对学生今后的发展和为人处世都有重大影响，而且有利于学生今后一直保持良好的道德认知，并积极主动地担负社会发展的责任。

就"农村社会工作"课程而言,提升课程思政建设有效性需要本门课程授课教师发挥带头作用,提高道德素养,做到言传身教,以高尚的思想品德、良好的道德情操来影响和引领学生。教师应明确自己担负的德育使命,传达正确的道德观,抓住一切机会为学生提供良好示范,释放课程的思政活力,共同育人。除此之外,培养本门课程授课教师良好的师德师风在一定程度上可以促进教师能力的提升。

(三)强化教师的协同育人理念

课堂教学的主要实施者是教师,是具体落实"课程思政"建设的主体,所以,教师"课程思政"教育理念的认知水平直接影响学校"课程思政"实施运行效果。因此,只有解决各类课程教师自身的认知问题,充分了解立德树人是所有课程应承担的共同任务,专业课程教师才能形成协同育人的教学理念,承担起育人责任。

基于协同育人理念的引导,专业课程教师开展"课程思政"工作的积极性、自觉性得到较大提升,在实际课堂教学实践中全面体现"课程思政",在教学活动中将这一认识不断深化。就"农村社会工作"课程而言,授课教师是否树立科学的教育理念对课堂教学具有重要的引导作用。在课堂教学过程中需要深入贯彻育人的具体要求,并制定详细的措施,要求教师的育人责任感和协同育人理念不断强化,促使全体教师形成育人合力,强化对学生价值观的引导作用。故此,在"课程思政"建设不断推进的过程中,"农村社会工作"课程教师应正确认识自己的育人责任,在教学工作中将德育放在首位,形成立德树人的教育理念,并在实践教学中对学生的思想动态和精神需求进行及时有效的掌握,将所教课程中内含的思政元素贯通于各类课堂,实现对学生整体素质的塑造和提升。

(四)提升教师"课程思政"的能力

在学校"课程思政"育人模式下,"课程思政"教学质量和效果受教师能力水平高低的直接影响。所以,在大力推进"课程思政"建设过程中,只关注教师育人意识和思想观念的形成与发展是不够的,还要借助多种方式强化专业课教师"课程思政"能力,从而提升包括"农村社会工作"课程在内的课程思政教学质量。具体方法如下:

第一,为了更好地增强课程育人的效果,专业课程任课教师需要加强对思想政治教育的理解和认知。就"农村社会工作"课程而言,当前课程任课教师在教授本专业课程上知识水平较高,教学效果也很好,但是对于思想政治教育的了解有所欠缺。因此，教师需要加强自身的政治理论学习，提高知识水平，强化思政教育理念的认知。这样，教师就能够将思政理论知识转化为思政教育独特的话语体系，并可以更好地将教授的专业课程融入进来，增强课程育人的实效。

第二，积极开展实践探索，增强教师思政能力。"农村社会工作"课程中含有大量的思政元素，为了能够更为全面地挖掘课程中的思政内容，需要教师对课堂教学活动和课题研发进行探索实践，这是非常有利于提升"农村社会工作"课程思政元素的挖掘以及实际教学中的运用能力的。此外，教师在进行课堂教学时，应在教授专业知识的基础上，全面分析学生的特征以及真实的思想状况，结合分析结果采用因材施教的方式对学生进行思想政治教育，实现专业知识教授和立德树人教育理念的有效结合。根据不同课程和不同学生的特点，采取更加贴合实际的教学方式，这就需要教师在"课程思政"教学推进的实践中不断探索和不断改进教育教学方法，提升"课程思政"建设能力。

六、增强学生学习积极性

（一）采用大学生感兴趣的教学方式

从当前情况来看，学校"课程思政"教学难以有效开展的一个重要因素是学生缺少对"课程思政"教学的正确认识，也缺乏学习兴趣，在课堂教学中无法有效理解专业课所涉及的思想政治内容，从而阻碍了学校"课程思政"教学的全面落实。针对此种情况，各学科专业教师可以运用多样化的教学方法，为学生营造良好的学习氛围，激发学生学习兴趣。比如，教师可以将网络课堂和线下课堂相结合，利用微信公众号、新媒体等方式向学生推送相关思政内容；还可以借助案例探究与专题分享的方式对"课程思政"理念进行宣传。

教师应该鼓励学生参与到"课程思政"中来，通过讨论、辩论等方式来促进学生思想的交流与碰撞，提高学生对课程思政的认识与理解。让学生全面认识"课程思政"，并在学生的"头脑""内心"植入"课程思政"，促进"课程思政"教学工作实效的全方位发挥。此外，各学科专业教师在进行"课程思政"教学时，可以结合日常实际生活，让学生围绕一个具体的事件主题，通过发现问题、调查问题和分析解决问题，了解事件中蕴含的思政元素，以利于改变学生以往认为思政元素匮乏的认知，掌握更多思政内容。在此过程中，可以了解学生对"课程思政"的态度，一旦发现学生思政观念出现偏差，要及时给予学生正确的指引，积极引导学生在强化理论学习的实践教学中融入"课程思政"理念，让学生在面对实际问题进行思考分析并提出应对方法中，强化主流意识形态认识，在日常教学中努力启发学生将正确的德育思想植入头脑，致力于使学生做到心中有数、行动一致，增强"课程思政"认同感，提升育人效果。

（二）形成符合认知需求的教学风格

教学过程并不是教师单纯将知识灌输给学生就可以完事的，教学也是一门艺术，只有教师形成良好的教风，才能获得良好的课堂教学效果。所谓的教学风格就是学生对教师课程教学行为的整体认知，所以，教师想要构建能够促进教学效果的教学风格，应立足于学生的认知需求和认知期望。

为了提高学校"课程思政"教学的实效性，应充分调动学生学习积极性和内在动力，使学生能够将专业课中呈现的思想政治教育资源给予有效转化，达到思想与行动的统一。学生学习的内在动力是兴趣，想要学生真正投入到"课程思政"学习中并从中获益，专业课教师必须全面掌握学生的兴趣点，以此提升学生学习积极性。专业课程教学中一些专业知识学习难度较大，使学生很难学进去，如果教学风格比较单一枯燥，致使很多学生畏惧学习专业课，那么学生根本就不会很好地学习其中的思政内容。在当前的"课程思政"背景下，专业课教师如何根据学生兴趣将专业课内容和思政内容进行有效融合成为重点问题。面对这些问题，教师可以采用以下方法：

首先，教师深入探究与准确掌握学生的兴趣点，以此为依据对教学内容进行合理安排和调整，同时教师应结合自身教学特点来使用适当的教学方式，以此提高课堂教学效果。譬如说，教师在教授新课程时，可以将提前找出的问题和学习任务发给学生，让学生带着问题和任务对课程内容的相关资料进行收集和整合，之后以 PPT 形式进行报告，通过报告展示、交流，分享自己的理解和感受，在共同探讨中更好地领会课堂传达的内容。这样有助于将知识传授与价值观塑造有机融合，激发学生的情感共鸣和认可。

其次，教师应该根据不同的学生认知需求，采用多元化的教学策略，包括讲解、讨论、案例分析、实验、模拟等不同的教学方法，让学生在多样化的教学环境中学习和掌握知识。

最后，教师应该及时给予学生反馈和评价，让学生知道自己的学习成果和不足之处，以便及时调整和改进学习方法。同时，教师也应该反思自己的教学方式和教学效果，不断改进和完善教学内容和方法。

（三）积极建设第二课堂

如前所述，单纯依靠专业课堂教学是无法提升学生整体思政水平的。以"农村社会工作"课程为例，需要教师积极建设第二课堂的课程思政环境，将第二课堂丰富的形式和广阔的空间范围优势充分体现出来，把两者结合起来，建立健全的第二课堂育人模式，形成立体化思想政治工作体系。具体做法如下：

首先，社会实践是一种重要的教育方式，可以让学生在实践中学习，提高他们的实践能力和综合素质。在社会实践中，学生可以深入了解农村社会工作的实际情况，了解当地的社会问题和需求。同时，社会实践也可以让学生更好地了解社会，增强他们的社会责任感和服务意识。具体来说，开展社会实践可以通过以下措施实现：① 组织学生到当地的社区、农村合作社、扶贫基地等处进行实践，让他们深入了解当地的社会问题和需求，了解当地的社会组织和工作机制。② 在实践中，可以让学生与当地的政府、社区组织、农村合作社等进行交流和合作，了解其工作情况和工作方式。③ 在实践中，可以让学生参与一些具体的工作，如农村社区建设、扶贫助残、环境保护等，增强他们的实践能力和服务意识。

其次，组织学生开展社会调研是"农村社会工作"课程思政实施中的一项重要措施。这一措施的目的是通过让学生开展社会调研，了解当地的社会问题和需求，并与当地政府、社区组织等进行交流和合作，提高他们的调研能力和解决问题的能力。在调研工作中，需要学生制订调研方案，明确调研的目的、对象、方法和时间等。同时，还需要制定调研问题和问卷，以便更好地收集数据。在调研期间，学生需要按照调研方案，走访当地社区、农村合作社、扶贫基地等处，采用问卷调查、访谈等方式，收集数据和信息。在数据收集完成后，需要学生对数据进行分析和整理，提出具体的解决方案，并撰写调研报告，以便更好地与当地政府、社区组织等进行交流和合作。通过组织社会调研，可以帮助学生更好地了解当地的社会问题和需求，并提出具体的解决方案，同时也可以提高学生的调研能力和解决问题的能力。

再次，参加志愿服务是"农村社会工作"课程思政实施中的一项重要措施。这一措施的目的是通过组织学生参加当地的志愿服务活动，如义务教育支教、环境保护、扶贫助残等，增强他们的社会责任感和服务意识。

最后，开展课外思政活动。可以组织学生开展一些与农村社会工作相关的课外活动，如观影、读书、讲座等，让学生更深入地了解农村社会工作的理论和实践。

第五章 农村社会工作的功能与发挥机制

第一节 农村社会工作的内涵

一、农村社会工作的定义

农村社会工作既可以理解为一门专业课程,也可以理解为社会工作的一个门类。作为社会工作的门类,可以分别从狭义和广义两个层次来界定:前者强调其专业性,后者则是从更加宽泛的角度来理解的。在这里,我们是在广义层面上使用这个概念的。

因此,所谓农村社会工作,是指农村基层组织与群众团体为了有效解决农村社会问题、推动农村的社会发展而开展的各类工作。其主要内容包括:参与农村经济与社会发展规划,开展社会救济和社会保障工作,为村民普及文化与法律知识,处理违法犯罪行为,实施社会管理,等等。依据工作性质,可以将农村社会工作分为消极被动型与积极主动型两种。通常,针对农村各种困难居民提供一定的帮助与扶持的工作,或者对已经出现的农村社会问题采取相应应急措施的工作,属于消极被动型的农村社会工作。例如,针对农村中缺少经济来源且家庭非常困难的村民,给予困难户"五保户"的救济,以此保障村民正常生活;灾区的农民获得一定的援助,帮助灾民家园重建。农村开展的预防性和建设性的工作,属于积极主动型的农村社会工作。预防工作的开展可以降低农村社会问题发生率,比如,疾病宣传与预防工作、生态环境保护工作等;建设性工作主要有文化娱乐建设、文化教育、农业技术推广等,它们能够提高农村居民社会适应能力[1]。

二、中国农村社会工作的前史

在中国历史上，历代统治阶级在农村发生严重自然灾害时都曾做过一些略显被动的、象征性的救助，可算是中国农村社会工作的前史。中华民国时期，除民国政府设有相应的社会工作机构从事农村社会工作外，一些社会学家和教育家也曾尝试进行农村社会工作实践与理论研究。实践上的探索如乡村建设运动、平民教育运动等，这些农村社会工作对医治农村"社会病态"有一定的意义；理论上的探讨如李景汉的《中国农村问题》、许世廉的《社会计划与乡村建设》等，都对农村社会工作有一定的研究。

新民主主义革命时期，在中国共产党领导的革命根据地和解放区，农村社会工作也得到了相当发展，其工作内容主要是进行生产救灾、社会救济、战地服务、拥军优抚等。

中华人民共和国成立后，农村社会工作逐步制度化。20 世纪 50 年代初期即形成了以救济贫民为主的新中国农村社会工作的早期特色，诸如组织贫民生产自救、救济孤老、收容孤儿、弃婴。收容、改造、安置、遣返散兵游勇和流入城市的游民，救济遭受自然灾害的灾民等，为当时医治战争创伤、恢复国民经济起了很大作用。

20 世纪 50 年代中期以后，农村社会工作主要是对农村孤老（无儿无女的老人）实行"五保"（保吃、保住、保穿、保医、保葬或保教），对贫困户进行临时救济或定期生活补贴，对遭受重大自然灾害的地区和灾民进行救济。

20 世纪 80 年代以后，农村社会工作又开拓了一些新的领域。主要是：对贫困户开展生产扶持活动，帮助他们发展生产、脱贫致富；兴办农村福利工厂、安置残疾者和贫困者就业；兴办农村敬老院；逐步建立农村社会保障制度；等等。同时，该时期中国农村社会工作在专业化、本土化方面已有了长足的发展，先后拓展了社会组织扶贫发展、培养村民文化自觉、村民综合能力提升等模式。

当前在建设社会主义新农村的运动中，农村社会工作还写入了党和政府的规范性文件中，如在"扎实推进社会主义新农村建设，促进城乡协调发展"的目标下，"发展农民专业合作组织，增强农村集体经济组织服务功能"，"加大扶贫力度，完善扶贫机制，加快改善贫困农民生产生活条件"，做好"被征地

---

[1] 徐姗姗. 乡村振兴战略背景下农村社会工作人才队伍建设的研究 [J]. 农业经济, 2023（02）: 118-120.

农民的就业和社会保障,加强对农民的宣传教育,加快培养新型农民,充分发挥广大农民在新农村建设中的主体作用"等,都可被认为是农村社会工作的内容。

三、农村社会工作的特征

(一)农村是农村社会工作的服务场地

由于农村社区是农村社会工作服务的场所,所以农村社会工作应利用社会工作理念、方法和技巧有效解决农村问题,已经成为农村事务处理的新思路新方法,在推动农村社区发展方面发挥重要作用。农村社会工作服务的农村社区存在特殊性,其格局分布有明显的特点,相关工作人员应把控好耕种区、森林区、水产区、畜牧区和居住区等区域的分布,能够更好地了解农村社区。

(二)农村居民是农村社会工作服务的对象

随着时代进步与社会发展,农村居民不再将农耕作为主业,大部分年轻人选择到大城市工作,导致农村居民大多为"三留"人员及低保人员,所以,当下实施的农村社会工作的服务对象以"三留"人员及低保人员为主。农村社区居民之间的熟悉程度非常高,这主要是由于居民关系建立在血缘和姓氏的基础上,使得农村居民具有浓厚的家族观念以及姓氏观念,通常同一姓氏或者同系宗族的,视为"自家人"。在这个"自家人"圈子中,他们的关系又更为密切,彼此较为信任,相互依靠。通常这个圈子中有一位辈分较高且德高望重的领袖来统领圈子。农村社会工作者理解好农村的各个圈子并取得圈子领袖的信任对于开展工作是很有利的。另外,农村中弱势群体也是农村社会工作服务的对象,如留守儿童、留守妇女、留守老人以及农村低保户、五保户等。

(三)农村社会工作服务呈现草根性特点

从专业角度来看,农村社会服务应体现出专业性,农村社会工作通过个案工作、小组工作、社区工作等专业的方法以及专业理念(保密、尊重等)开展各项农村社会服务工作,但实际上并不完全是这样。大部分农村没有开展社会工作的设施条件,未建立独立的个案室、小组活动室,而主要会在服务对象的家里、田间地头等地方实施各种服务或咨询工作。另外,农村居民受教育程度比较低,对一些事物的认知不足,对新事物的理解比较困难,他们难以理解什么是专业,整天忙于农活也没有过多的闲暇时间来学习专业。为此,社会工作人员在开展工作过程中可以使用通俗易懂的语言以及比较容易接受的方式服务于居民。譬如说，农村社会工作人员参与农村"双抢"，在"双抢"的过程中，社工运用整合资源、挖掘潜能等方法，让村民直接看到了方法的有效性，因而村民较为容易接受。

● 四、发展农村社会工作的必要性

从社会学的角度来看，农村空心化是当前农村社会的大问题。农村的空心化是多方面的：大量青壮年外出务工，使农村建设最积极的力量外流，农村人口老幼化；不少农村集体经济消失，村级组织难以发挥核心作用；农村多种资源外流，村庄缺乏发展能力。还有，市场化改革以来，受多种因素的冲击，村庄共同体的共同价值严重削弱，原来的道德价值正在流失，市场经济使一些人唯利是图，社会支持体系弱化。这些都给农村居民特别是困难群体、脆弱群体生活带来极大冲击，也给我们带来新的"乡愁"。发展农村社会工作正是回应上述问题的措施之一。

我们知道，农村问题是长期形成的综合性问题，需要动用多种力量协同解决。但是，面对困难群体、脆弱群体的生活困境及这些问题的发展趋势，社会工作必须尽快介入。对此，社会工作的主要任务包括两个基本方面：一是参与农村反贫困和新农村建设；二是加强对困难家庭、脆弱群体、留守老人、留守儿童、留守妇女和失独家庭的服务。社会工作参与反贫困是一个行之有效的国际经验。反贫困不只是经济问题，其中还有复杂的社会方面的因素。比如，对当地居民需求的基本判断、促进农村居民对新技术的接纳、村庄凝聚力的形成等，都有社会工作的用武之地；至于对贫弱群体的社会服务、社会支持和心理抚慰，更是社会工作者的强项。社会工作者通过发掘当地社会资源、组织相关活动、提供社会服务，可以改变困难群体、脆弱群体被边缘化的状态，提升他们的生活质量。发展农村社会工作的关键是社会工作人才队伍。由于农村交通不便，生活及工作条件比较艰苦，发展机会受限，使得大学毕业生较少去那里工作。

发展农村社会工作，要采取多种措施。第一，制定吸引大学毕业生到农村工作的优惠政策，吸引社会工作专业大学毕业生去农村乡镇工作。第二，结合"一村一个大学生"和"大学生村官"项目发展社会工作。对去农村工作的大学毕业生进行社会工作培训，使他们懂得社会工作的价值理念，初步掌握社会工作方法。第三，利用本地资源发展社会工作队伍，可以通过对村干部、农村教师、乡村医生等进行社会工作培训，建设本地社会工作队伍。这样，他们即成为专业和半专业化相结合的社会工作队伍。在服务机构建设方面，可以考虑在乡镇建立综合社会服务中心，在行政村建立综合社会服务站。乡镇建立综合社会服务中心以相关政府部门工作人员和大学毕业生为核心，统筹和指导本乡镇范围内的服务，村社会服务站则开展该村范围内的具体服务。乡村两级工作队伍要形成体系，建立服务经验交流制度，以群体的力量打开局面。

第二节　农村社会工作的功能

一、农村社会工作有助于改善民生

农村社会的民生是一个系统工程，物质生活条件的提高仅仅是民生的一个方面，教育、文化、医疗、社会保障等方面也是农村民生系统工程的重要组成部分。尊重服务对象，强调每个个体的基本利益是农村社会工作的根本理念，结合不同地区实践来看，农村社会工作的有效实施有利于民生的改善。

为了能够有效解决农村弱势群体可能遇到的问题与困扰，需要农村社会工作人员多方面探寻恰当的切入点。从社会工作介入领域来看，农村文化、教育、健康、社会保障等都可以成为介入点；提供服务的对象重点选择留守妇女儿童、空巢老人、网瘾少年、重症疾病患者等弱势群体；社会工作内容可以为建立妇女夜校、社区教育、送医下乡、农村发展政策的宣传与落实等专业化的服务，工作方法在运用基础个案工作、小组工作、社会工作的基础上，应结合农村特点和服务需求探索创新性和整合性的工作方法。服务对象在上述社会工作实践的帮扶下发挥潜能、恢复社会功能，可以逐渐摆脱困扰，并获得应有的教育、健康和社会保障等权益。

以云南平寨为例[①]，农村社会工作者融入农村后，动员和协助村民筹建教育文化活动中心，经过多次沟通与协商，成功创建了多功能的社区活动中心，成为村民娱乐场所和教育场所。为村民提供图书室，便于村民查阅资料和阅读，还为村民开设计算机培训课程，让村民更好地掌握信息技术，提高村民适应新社会的能力；另外，社区活动中心也设置了多样化的娱乐设施，如舞蹈工具等，这同时也是村民举办大型公共活动的平台。目前，社区活动中心已然成为社工开展服务和村民集会的"中心点"。而且，社区活动中心从提出到建成的整个过程，农村社会工作人员发挥了关键作用，社会工作者在沟通过程中对服务对象和社区情境更加熟悉，成功培养了村民组织领袖，促进了农村居民凝聚力的提升。

---

① 朱凡. 云南平寨：一个90后返乡女孩的社区组织之路［EB/OL］.［2023-10-23］. https://m.chinaxiaokang.com/wap/xiaokanggushi/2017/1207/321958_1.html.

将万载县作为农村社会工作实施试点时[1]，农村社会工作者与民政干部积极探索，并尝试性地开展了多项社会服务。譬如，对现有医学资源进行整合，县内医学老专家与村民之间建立联系，积极开展"送医下乡"的活动，由此可以为农村中老年人提供医疗服务，解决农村医疗不足问题，不仅可以消除农村村民疾病无法及时医治现象，还能让退休的医务工作者再次发挥余热。另外，针对低保落实工作，社会工作人员要提前开展实践调查，找到最需要低保帮扶的村民，搭起民政干部和村落低保户面对面沟通的桥梁，使低保户获得发展养殖业的资金支持，有助于解决低保户的生计问题；每年春节期间，社会工作人员和村委会成员针对大量返乡民工问题进行合理的管理，社工积极在本地的企业和返乡民工之间协调，穿针引线、整合资源，帮助数十名返乡民工在本地的工业园成功再就业，解决了其后顾之忧，也为企业和地方党委政府分忧。

结合上述两个社会工作实践与服务案例可以看出，农村社会工作可以有效解决农村的教育、健康、社会保障等方面问题和困扰，使得农村民生得到改善。

二、农村社会工作助推了农村经济的可持续发展

在我国工业化发展背景下，各个地区都大力支持工业发展，而农村由于自身的特点，土地较多且周边人员较少，非常适合建立工厂，但是工厂的大量建立对农村的环境也造成了比较严重的危害，不仅影响村民的生命健康，对农业生产自身的发展也存在阻碍作用。因此，需要通过农村社会工作的开展来帮助农村探寻能够实现可持续发展的道路，实现农村经济的大幅度提升，同时还起到保护农村生态环境的作用。

社会工作人员一般会推动农村经济朝向多元化发展，他们的提议被接受并不是因为他们拥有良好的农业管理特长或者拥有大量扶贫资金，而是他们拥有利用整合资源的能力、助人自助的理念，强调每个人都有潜能、自信、利用优势视角的运用等专业知识，为农村经济发展方向提出建议。就拿前文述及的平寨案例来说，近年来，平寨开展了"城乡合作"的项目，通过社会工作人员专业设计以及对相关资源的整合，在"城乡合作"项目开展后为平寨带来了更多经济收入。在合作稳定后，平寨将"以城乡合作、公平贸易为平台"作为合作标准，建设了城乡合作社组织以及参与式质量认证体系，同时还对农耕文化深入挖掘，促进城乡和谐发展，一同创建生态文明以及可持续生计。这种结果让

---

[1] 龙元勇.政府主导下万载县农村社会工作创新研究［D］.武汉：华中师范大学，2012.

城乡双方都非常满意,并表示要将合作项目一直延续下去,在未来,项目将会为农村带来可观的经济效益。

这种农村社会工作功能主要利用社会工作人员的优势,帮助农民借助乡村特色产品建立城乡合作的桥梁。这个经验在万载县白水乡也早已得到了运用。有百合之乡著称的白水,于1994年在由社工和其他学者等人组成的香港中国社会发展与服务中心和江西省妇联的帮助下成立了国内第一个农村妇女互助储金会,并将发掘白水的百合生产经验、协助村庄的妇女以种植百合起家作为储金会的宗旨,使白水农村的妇女实现自力更生。虽然最初只是希望将储金会妇女们生产的百合托运到香港销售,但是最终却形成了城乡之间"产品—市场"的连接,经过十几年的发展,万载县被选作农村社会工作人才队伍建设的试点,并将当地的社会工作经验进一步收集与整合,协助该组织实现了新的发展:修订管理制度,举办文艺晚会,拓展百合生产,培育兴趣队伍,提高组织应对风险能力,有助于实现其可持续发展。

社会工作者不仅要帮助村民全面了解村庄自身的潜在优势,还要发动和协助村民逐渐完成"社区发展"。在万载县罗山村,其利用现有的交通和地理优势,特别是村内生态优美,周围植被茂盛,空气清新,给人以祥和的印象,社会工作人员尝试在该村建立了"致富驿站",有效促进了该村的整体性发展。如,利用村庄现有的资源和村民的能力,以入党积极分子开办的"农家乐"餐厅为龙头,打造"致富驿站"。与此相关的社会工作规划是:餐厅服务人员聘请村中留守妇女,聘请低保户帮打鱼草,餐厅所需的各种蔬菜可以从村民手中购买,并签订蔬菜供应协议。这种社会工作规划能够帮助低收入群体、留守妇女、贫困人口和蔬菜种植农户的发展,实现"双赢"局面,最终带动整个村庄实现可持续发展。

综上所述,农村社会工作者应积极协助村民生产有机产品或绿色食品,以保护脚下的土地和身边的生态。在市场经济汹涌澎湃的浪潮中,社会工作者能够引导农村进行多元化经济发展,并有助于村庄生态理念的传承和农耕文明的可持续发展。

三、农村社会工作提升了农民精神文化生活品质

在不断变化与发展的时代进程中,个人道德问题逐渐凸显出来,这越来越成为大家关注的问题。如今,在部分农村地区,道德状况及社会风气呈现一定的下滑趋势,并影响了农村社会的发展与稳定。我们在建设美丽乡村过程中,不能只关注村民物质生活质量的提升,还要重视村民思想观念、道德规范、文化水平、素质修养、行为操守等方面的培养与提高,这样才能培育出符合时代

要求的新时代农村居民。为此，农村社会工作者应对村民开展思想、知识、道德等方面的教育，深入挖掘和发扬民族文化以及族群优良传统。同时还要注意分辨其中消极落后的内容，去伪存真，并通过村委会每天宣传或定期组织文化宣讲活动，逐渐地影响村民的思想观念、道德品质以及素质修养，促使农村整体道德水平提高，社会风气良好发展。

根据笔者掌握的资料，部分湘西农村在这方面做得比较好，取得了较好的成效。一些农村社会工作人员积极帮助村民建设文化活动中心，为村民进行知识学习、思想教育、娱乐活动提供充足的公共空间。积极开展多样化的活动，比如，组织开展三八妇女节晚会、苗歌大赛、苗鼓表演等，这样不仅丰富了村民生活，而且可以通过各种活动向村民渗透正确的思想观念、道德观念，使村民的思想和道德水平得以提升。除此之外，苗鼓和苗歌作为当地传统民俗文化，深受当地人喜爱，然而在众多外来文化的冲击下，苗鼓和苗歌文化逐渐落败，对此，农村社会工作者积极发扬苗鼓和苗歌文化，社会工作者积极与乡村学校或乡镇学校沟通，组织学生在重要节日由学生在农村表演苗鼓和苗歌，同时聘请教师指导居民学习苗鼓，让农村的文化活动更好地开展起来。

村落文艺活动不仅可以丰富村民的日常生活，而且有助于激发村民内心的互相挚爱和社区认同。以万载县卢洲村为例，社会工作者策划实施了"感谢母爱"等系列活动，取得了明显的效果，展现了母爱的伟大，加深了孩子与母亲的情感交流，促进了亲子沟通；而且，母亲节系列活动吸引了很多村民，营造了感人至深的亲子场面，给村民带来了一定的震撼。

总体上来说，通过农村社会工作的开展，在丰富村民文化生活、提升村民生活自信、改良风俗习惯、传承优良文化等方面彰显了社会工作者的专业优势。

四、农村社会工作促进了农村社区和谐发展

在当前的美丽乡村建设进程中，政府具有主导地位，而作为主角的农民群体却未能发挥主体作用，形成了政府不断给予、村民全盘接受的局面。在这种情况下，政府与村民之间缺乏有效的互动，很容易引发严重的形式主义问题，易使美丽乡村建设运动流于表面化。政府工作人员对村民提出的意见很难听取或采纳，导致农村居民真实需求被忽视，进而引发村民的不满。美丽乡村建设过程中有些政府工作人员没有正确认识这项工作的根本意义，甚至认为这是一种浪费行为，因此对农村建设的各项工作不够重视，工作成效比较差。农村社会工作的理念为尊重、接纳、平等，对待农民的意见应做到耐心倾听，达到良

好的相互间沟通，从而可以全面了解农民的需求，实现按需求提供服务，这样才可以为村民带来被尊重、被赏识的感受，以此激发村民参与美丽乡村建设各项工作的积极性，也才有利于推动美丽乡村建设的整体进程。

五、农村社会工作维护了农村社会稳定

社会工作本身就具有社会"安全阀"和"润滑剂"的作用，可以缓解或解决社会发展过程中出现的大量社会问题，防患于未然，预防社会问题的发生。农村社会工作也是如此，对农村社会的相关情况可以起到类似的积极作用。例如，农村社会工作通过争取各种资源来改善农村贫困人口的生活条件。通过家庭社会工作，帮助农村中有严重家庭矛盾或家人关系紧张的家庭化解矛盾，预防家庭纠纷和家庭暴力。社会工作者针对留守儿童，可以进行课业督导工作以及生活辅导工作，帮助留守儿童解决学习问题和生活问题，指导留守儿童建立自信心，树立正确的人生理想，防止留守儿童出现越轨行为，等等。

六、农村社会工作促进了农村社区的可持续发展

"相信人有潜力，面对问题通过自己的努力可以解决"是社会工作主要的理念。农村社会工作者可以引导农民重新认识自己各方面的潜能，并学会如何利用这些潜能来实现自己的目标。农村社会工作服务的核心理念为"授人以鱼不如授人以渔"，农村社会工作的关注点在于农民的能力建设，应加大农民的创造能力而不是传播政策的能力；要求农村居民在面对问题以及困难时，不需要借助别人的帮助就可以自己解决问题。所以，农村社会工作应教会学生，作为未来的农村社会工作者，应该积极培养村民挖掘和处理问题的能力，促进农民在农村社区更好地发挥主体作用，实现农村建设的可持续发展。

第三节　农村社会工作的功能发挥机制

一、农民自组织的培育和建设

乡村治理是国家治理体系的重要组成部分。完善社区治理，推动乡村自治既是社会主义民主政治的要求，也是乡村社区经济、社会、文化、生态发展的政治保障。乡村生计发展和社会文化生态资产建设要求在民主、协商、平等的机制下实现村民共同参与，共享建设成果。没有村民的共同参与，就不可能形

成乡村发展的主体力量；没有村民内部的民主、平等、协商，就不可能在发展中形成互帮互助的集体力量。农村社会工作在协助党委政府推动乡村形成村委会、村民、社会组织等多元主体共商机制方面，发挥着独特的作用。当前，我国乡村治理仍然是自上而下的治理模式，其中乡村自治是薄弱环节，村民缺乏参与乡村治理的能动性和主体性。农村社会工作通过乡村生计发展、社会文化生态资产建设和组织能力建设的过程，采取志愿合作的赋权策略，培育村民的主体意识和民主参与精神；不断造就乡村公共生活空间、营造社区公共话题，为村民创造更多平等参与公共事务的机会；培育乡村社区领袖，激活村民的公益心；在民主、平等参与乡村公共事务的过程中凝聚内生力量，实现乡村自治，促使社区治理落地生根。

以万载县湾里路乡妇女互助储金会为例，百合是当地的特色农产品，妇女互助储金会原本是一个充满活力的组织，对湾里路乡的建设和发展起到关键作用。但在2004年之后，储金会呈现出委员心思涣散、委员和会员之间的矛盾时常发生的状况，致使储金会会员之间摩擦不断且日益增多，储金会日常工作基本停滞。相关工作人员随后介入，先对造成储金会停滞状态的原因进行全面调查，带领所有会员共同改革与重建组织，并明确组织发展的长远目标和短期目标，使储金会逐渐恢复往日的活力，从而使村庄和村民的发展获得了新的动力。同时，对乡村存在的其他问题进行清理解决，协助并引导村委员与村民共同建设社会中心管委会。通过动员和宣传一共有20多名村民成为管委会成员，并定期召开会议商议各种相关事宜。村民在经过一段时间的适应和学习之后，主人翁意识已经初步培养起来。其间，管委会中的部分村民也逐渐开始自觉学习各种本领来提升自身能力，并能够独立承担管委会的相应事务和职责，如担任村广播的人员通过自己的学习，提高了普通话水平。

● 二、做好民生兜底保障工作

近年来，国家出台了不少民生兜底保障政策救助困难群体，但仍然存在一些不足。社会工作能够发挥驻村"三同"的在场优势，凭借社区评估行动研究和专业介入的科学方法，为国家福利政策落实提供"精准化专业识别、精细化专业服务"；代表党和政府践行党的群众路线，打通民生兜底服务的"最后一米"，将宝贵的民政救助资源链接到民政对象"家里头、心里头"，发挥雪中送炭的作用，维护底线公平正义。中共中央办公厅、国务院办公厅印发的《关于改革完善社会救助制度的意见》明确指出："社会救助事关困难群众基本生活和衣食冷暖，是保障基本民生、促进社会公平、维护社会稳定的兜底性、基础性制度安排，也是我们党全心全意为人民服务根本宗旨的集中体现。"显然，社会工作协助党和政府做好民生兜底保障工作，既助力党和国家完善社会救助制度，也充分体现专业价值和使命担当。

在万载县白水乡老山村①，村庄遭受自然灾害后，政府帮助村民建设了新家园，但很多村民不愿意离开老家园，迟迟不愿搬迁。随后农村社会工作介入，社会工作人员挨家挨户走访进行沟通，在村民与基层政权组织之间积极协调，最终促成了村民的集体搬迁，为移民新村建设的顺利进行奠定了基础。同时，农村社会工作引导基层政权组织将弱势群体作为乡村治理的重点，逐渐解决弱势群体的各种问题，促进农村实现更好更快发展。

三、基层干部施政理念的熏陶

基层干部采用的传统工作方式具有指令性和行政性，很多村民对这种工作方式，心理上是非常不认可甚至抵制的，这就在事实上加剧了村民与基层干部之间的矛盾，严重影响了农村治理的整体效果。在进入农村社会生活后，农村社会工作将平等参与、助人自助等作为工作理念，使社会管理与服务更具亲和力，从而达到中央关于构建现代服务型政府的要求。目前，农村社会工作的应用范围不断扩大。农村社会保障领域、民生工程领域等，在社会工作的指导下取得了不小的成绩。

以万载县民政局为例，在农村社会工作试点工作实施以来，县民政局改变了以往工作作风，干部的言行更具人情味，而且对社会工作理念的理解更加深刻，开始设身处地地理解上访对象的困难和问题，从而在根本上降低了信访和上访的压力。在实际工作中，工作人员会运用"助人自助"的理念去解决家庭困难的老上访户问题，将符合条件的人员纳入低保或者提供临时救助。社会工作者还会整合多方资源为老年困难者本人或者其子女介绍能够胜任的工作，使贫困家庭依靠自身力量获得彻底脱贫的能力。工作人员在面对无法解决的问题时不再像以前那样将其拒之门外或不断推卸责任，而是会将问题通过"转介"的方式，转介到能够处理该问题的部门。甚至还会主动为农民提供有用的信息或者为农民牵线搭桥，这样就大大提高了上访对象对民政工作的满意度，民政干部处理问题的能力明显提高。

四、推动乡村生计发展与社会文化生态资产建设

首先，助力乡村社区生计发展既是中国农村社会工作的核心使命，也是专

---

① 仇玲飞，王才章，田娟娟. 案例故事：与大皇山移民共同面对搬迁[J]. 中国社会工作，2009 (4)：22-24.

业认受性的来源。农村社会工作必须坚持公平正义、弱势优先的专业理念，探索有利于普通劳动者的可持续生计发展模式。社会工作通过志愿合作，可以进一步推动底层农民凭借内生力量自力更生改善生计；推动乡村特色产业发展，发挥农民自主性；逐步增强农民抵抗市场风险的能力，最终依靠集体的力量实现生活富裕、产业兴旺的乡村振兴目标。

其次，社会文化生态资产建设是实现乡村社区内源性发展的选择。它有助于推动乡村从依赖外部资源以及人力和技术支持转向主要依靠自身的力量和资源禀赋实现发展，实现乡村减贫与可持续发展。其重要作用为：一是可以发掘乡村优势资产使之成为社区经济新的增长点；二是作为推动乡村互助合作的重要途径；三是避免在乡村生计发展中单纯追求经济利益；四是在尊重和保护乡村历史、文化与传统的基础上增强文化自信，进而依靠乡村民众的内生力量实现乡村社区整体的可持续发展。

最后，社区资产建设是社区工作的重要专业方法，实践中，主要强调资产为本、聚焦社区内部资产建设、以人际关系网络为驱动力等三大策略。其一，以优势视角检视乡村社区各类社会文化生态资产，从生计和经济社会可持续发展的角度，重新盘活乡村社区资产，尤其是重视保育和善用被村民习惯性忽略、放弃甚至损坏的资产。其二，聚焦社区内部资产建设，将村民视为发展主体，并通过赋权与能力建设的策略提高村民对本土知识和技能的运用，鼓励他们积极参与社区问题界定，主导社区优势资产建设，推动社区公共事务。其三，重构乡村社区内部的社会关系，增强邻里、群体以及组织之间的互动联系，在互惠中建立更加紧密的社区联结。社区资产建设的"资产"几乎可以是任何想象到的有价值的资源，包括抽象的和实体的，如人力资本、社会资本、文化资本、生态资源等。可以说，社区资产建设既彰显社会工作助人自助的价值观，也符合党和国家乡村振兴"五位一体"的战略要求。

五、链接城市资源

在广大农村地区存在的困扰经过社会工作的联系形成公共议题，并着力于社会政策、社会结构的调试及改变，最终是能够有力促进美丽乡村建设与乡村社会实现可持续发展的。在农村社会工作具体实施期间，经验丰富的社会工作人员会发现农村服务对象遇到的问题大多不是因为他们的自身原因导致的，而主要是因为社会环境或者不公平的社会政策所导致的。为此，在农村开展社会工作的人员应开拓视野，不能只局限于"乡村"，而要把眼光投向更加宏观层面的政策调适，让农村与城市进行更加顺畅的贸易往来，将国内市场与海外市场直接联结于乡村特色产品，这样就可以打破中间商和社会系统的限制，促进农村居民生计困难和生活问题的有效解决。同时，还要积极探索宏观社会结构及社会政策的调整与完善。

六、社会工作与行政工作的互动

当前在农村地区，社会工作的功能和作用还没有能够全面发挥，主要原因在于社会工作理念和行政工作理念存在着矛盾，二者在制度设计层面没有形成完美的衔接，社会工作人员与基层行政干部缺少有效合作，这就导致了农村社会工作的实践成果与功能发挥受到极大的影响。

美丽乡村建设过程中强调政府指导、农民为主的理念必须得到全面的贯彻，这也体现了社会工作的基本理念。但是，在实际工作中还是普遍存在着政府对农村建设过度把控从而使农民的主体地位无法落实的情况。比方说，一些受灾农村在移民新村建设过程中，本着优势视角的社会工作理念即认为村民自身具有行动潜能，社会工作者会引导并协助村民对新村建设进行规划与设计，但是这有可能不完全符合基层政府的安排与设计，甚至与之完全背离。此时行政工作人员甚至本村的村干部就可能会全权代替村民完成移民新村建设的规划与设计，从而无法实现村民在社会工作者协助下自主完成该项工作的目标。

随着我国对农村治理模式的不断改进与完善，村民自治成为当前农村治理的主要方式。而想要实现真正的村民自治，必须全面发挥村民的主体地位，鼓励村民积极参与农村公共事务的管理工作，重视并参与民主选举、民主决策、民主管理、民主监督等活动。农村社会工作的介入与落实有利于真正实现"四个民主"。随着社会的不断发展，以往的农村行政工作方式已经不再适用了，为了提高行政工作的有效性，可以利用农村社会工作来实现行政工作方式的改造，后者至少可以从前者的实践中吸取一些有用的经验，从而提升基层行政组织的整体能力。

以万载县罗山村为例，2008年8月农村社会工作人员在村民活动中心召开了以"共同探讨创卫之路"为主题的村民大会，希望村民提出建议和意见，将农村卫生治理工作予以有效落实。针对此次会议，社会工作者事先制定了以下议程：① 倾听村民对罗山村卫生工作的建议与意见。② 商讨并整理出解决村庄卫生问题的有效方法。③ 选出一名环境卫生监督员等。村民大会主持人为罗山新村理事会会长，参加会议的人员包括一百多名村民、三名村委会干部、一名民政局干部和两名社会工作者。会议开始时由主持人对会议召开的背景以及参加会议的人员进行简单介绍，之后宣读社会工作实施计划，并对会议核心内容进行总结，针对村里环境卫生问题的治理征集村民的意见。但会议并未能按

第五章 农村社会工作的功能与发挥机制

计划有序进行，在村民探讨和建议过程中由于各种节外生枝导致会议跑题，主题从卫生治理转变为追究美丽乡村建设引发的问题。村民们要求将美丽乡村建设的相关财务公开、宅基地补偿落实，会议现场逐渐失控并最终取消，环境卫生问题和治理方案不了了之。之后社会工作者对产生此问题的原因进行了分析，认为会议的本质是动员大会，是要向村民宣告治理村里垃圾问题的方案，清理垃圾的相关费用由公共基金承担，但理事会会长在会议中告知村民各小组分开出资各干各的，这才引发村民的反对。同时，村干部自身对社会工作者协助召开此次会议的目的不够了解，村干部会议发言偏离"环境与卫生"这一主题，并且在会议上大量宣读文件，很多村民无法理解文件内容，不明白召开会议的真实意图，使村民对会议产生厌倦或烦躁的情绪，给大会带来不必要的情绪性压力。

由上可知，社会工作的理念其实暗合了乡村管理民主的内涵，但与行政理念有相悖之处，这使得在当前以行政力量为主导的乡村情境中，社会工作功能的发挥难以尽如人意。

第四节 课程思政与农村社会工作的联系

不论是作为一门课程，还是作为社会工作的一个特殊门类，农村社会工作与"课程思政"落实存在着密切而实实在在的联系。课程思政是一种以专业教育中的课程为载体进行的思政教育，其目标是培养学生正确的价值观和社会责任感。农村社会工作则是一种专业社会服务，旨在解决农村社会问题，增进农村社会福利，推动农村社会发展。在农村社会工作中，课程思政可以发挥重要作用。例如，在农村社会工作的过程中，课程思政可以引导学生关注农村社会问题，理解农村社会现象，掌握农村社会工作的基本理论和方法。同时，课程思政也可以培养学生的人文关怀和社会责任感，帮助他们更好地理解和解决农村社会问题。此外，农村社会工作也可以为课程思政提供实践平台。通过参与农村社会工作实践，学生可以将所学的理论知识应用到实际工作中，加深对课程内容的理解，提高解决问题的能力。同时，农村社会工作实践也可以让学生更好地了解农村社会现实，增强他们的社会责任感和使命感。随着社会进步与科技发展，课程思政将不断丰富和完善其教学内容和手段，推动专业教育与社会实践相结合，培养更多具备良好品德和人文关怀的人才。同时，农村社会工作也将不断借鉴和运用课程思政的成果，为农村社会问题的解决提供更多元、更有效的方案，为农村发展提供源源不断的动力。

总之，将课程思政与农村社会工作相结合，不仅有利于培养出更多优秀的专业人才，更能促进农村社会的繁荣发展。通过共同构筑乡村振兴之路，我们能够实现课程思政与农村社会工作的双赢，为全面推进乡村振兴战略，加快农业农村现代化建设，提供重要的力量支撑。

一、农村社会工作与课程思政的关系

（一）价值观念的传递

课程思政强调将正确的价值观融入专业课程中，培养具有社会责任感和人文关怀的人才。农村社会工作同样注重在服务中传递正确的价值观念，例如尊重农民的主体性、关注农村的可持续发展等。这种价值观念的传递是课程思政与农村社会工作两者结合的重要基础。

（二）人才培养的协同

课程思政和农村社会工作在人才培养上具有协同性。课程思政注重培养学生的思想道德素质和社会责任感，而农村社会工作则强调在服务中提升学生的实践能力、社会责任感和人文关怀。这种协同性有助于培养出更多具备良好品德和人文关怀的农业人才，为乡村振兴事业提供人才保障。

（三）社会服务的融合

农村社会工作和课程思政都关注社会服务。课程思政强调将正确的价值观融入专业课程，培养具有社会责任感和人文关怀的人才，而农村社会工作则注重为农村社会问题的解决提供多元化的、有效的方案。这种融合有助于为农村发展提供源源不断的动力，实现乡村振兴的目标。

（四）实践教学的互补

课程思政和农村社会工作在实践教学中具有互补性。课程思政注重校内实践，如社会调查、志愿服务等，而农村社会工作则强调在农村社区开展实践活动，如农村发展项目、社区服务等。这种互补性使得学生能够更好地理解和掌握专业知识，提升实践能力，同时也能够增强他们的社会责任感和人文关怀。

二、农村社会工作与课程思政落实的联系

（一）社会服务与社会责任

社会服务是农村社会工作的重要形式，通过服务农民和其他居民，为其提

供便利和解决苦难,从而有助于实现当地农村社会的和谐稳定。而"课程思政"教学则注重培养作为未来社会工作从业者的学生的社会责任感和服务社会意识,帮助学生认识到自己将要扮演的社会角色和将要承担的社会责任,进而积极参与社会建设和发展。社会服务与社会责任层面包括两个方面的内容,即服务对象和服务理念。

1. 服务对象

如前所述,农村社会工作的服务对象主要是农民和生活在农村地区的其他居民,从目前情况来看他们的生活环境和工作环境一般比城市居民要差一些,因而需要得到更多的关注和帮助。虽然社会工作的服务对象是全体居民,但是在农村地区目前其服务对象主要是一些弱势群体,例如残疾人、失能老人、儿童和贫困家庭等,他们在生活中存在着很多困难和问题,尤其需要社会各界及政府部门的支持和帮助。"课程思政"教育,其服务对象则主要是在校学生。他们是社会的未来和希望,其思想观念、价值观念和社会责任感的培养与发展,对于未来的社会发展和国家建设具有重要的意义。他们中很多人的未来战场将是在广袤的乡村社会,在乡村社会为"美丽乡村"建设目标的实现而奋斗。因此,在专业课程学习和教学中,需要开展相关的课程思政建设,教师们需要注重学生的思想品质和道德素质的培养,引导学生正确树立人生观、世界观和价值观,增强学生的社会责任感和自我约束力,以便未来能够更好地为乡村工作打好坚实的基础。

2. 服务理念

农村社会工作的服务理念是以人为本、关注需求、多元化服务。以人为本意味着服务对象应该是工作的中心,应该根据他们的具体需求和利益来提供服务。关注需求则意味着农村社会工作的服务应该贴近服务对象的实际需求,了解他们的生活和工作环境,为他们提供量身定制的服务。多元化服务则表示农村社会工作的服务应该具有多种形式,包括咨询、培训、康复、文化活动等,可以是直接的也可以是间接的,以满足服务对象不同的需求。

课程思政落实的服务理念则是以社会责任感、人文情怀和思想品质为核心。社会责任感意味着学生应该为社会贡献自己的力量,积极参与社会建设和发展。人文情怀则意味着学生应该具有关怀和同理心,理解和尊重他人的需求和利益。思想品质则意味着学生应该具有正确的价值观和人生观,具有创新精神和创造力,为未来的社会和国家建设贡献自己的力量。

这也说明,农村社会工作与课程思政落实存在着较为明显的交集。社会服务与社会责任层面的内容涉及服务对象和服务理念两个方面，农村社会工作应该以人为本、关注需求、多元化服务，为农民和其他社区居民提供量身定制的服务。课程思政落实则应该培养学生的社会责任感、人文情怀和思想品质，引导学生积极参与社会建设和发展，尤其是要为农村社会的"美丽乡村"建设做好准备。

（二）服务模式与教学方式

农村社会工作与课程思政落实的联系中，服务模式与教学方式分别是两个关键的层面，涉及如何为服务对象和专业学生群体提供有效的服务。

1. 服务模式

农村社会工作的服务模式主要包括社区化服务、家庭化服务和个性化服务。社区化服务是指在社区内开展服务，将服务对象作为社区的一部分，建立和谐社区关系。家庭化服务是指对个别家庭进行服务，帮助他们解决家庭问题。个性化服务则是指针对个体的需求进行服务，提供个性化的服务方案。而课程思政落实的服务模式则以思维导图、案例分析、角色扮演等方式为主，通过多种形式的互动和体验，激发学生的学习兴趣和思考能力，培养学生的创新思维和实践能力。很明显，作为一门课程，农村社会工作是非常注重实践的；而作为一项工作，其本身就是基层实践性工作，从两方面来说都需要而且确实能够通过课程思政的开展来实现前者的目标。

2. 教学方式

作为课程，"农村社会工作"的教学方式主要包括实践教学、案例教学和互动教学。实践教学是指通过实际服务活动来培养学生的实践能力和服务意识；案例教学则是通过案例分析，结合学生的实际情况和背景，帮助学生理解和解决实际问题；互动教学是指通过小组讨论、游戏等形式，激发学生的学习兴趣和合作意识。"课程思政"落实的教学方式以问题导向、主动学习和体验式学习为主。问题导向是指通过问题来引导学生思考和探究，培养学生的问题解决能力和创新思维；主动学习是指让学生积极参与学习，通过自主学习和合作学习，提高学生的学习效果和思维水平；体验式学习是指通过实践、体验和互动，让学生从中获得直观的感受和体验，提高学生的学习兴趣和效果。从课程教学的方式来看，两者之间存在着交集，因而将两者结合起来开展教学与实践也是非常合理的举措。

第六章 农村思想政治工作

第一节 农村思想政治工作的含义与特点

思想政治工作是经济工作和其他一切工作的生命线。农村思想政治工作是党的思想政治工作的重要组成部分,是党和政府对广大农民群众进行思想政治教育的基本手段之一。思想政治教育就是把一定社会的思想观念、政治准则和道德规范转化为受教育者个体思想品德的社会实践活动。思想政治工作是党的工作的重要组成部分,是实现党的领导的主要途径,是社会主义精神文明建设的重要内容,也是搞好经济工作和其他一切工作的有力保证。思想政治工作是一门科学,其理论基础是辩证唯物主义和历史唯物主义,它把马克思主义的建党学说、心理学、教育学、社会学、伦理学等融为一体,是一门综合性的应用科学。它有其固有的工作规律和特点,还有经过实践反复检验的基本工作原则和科学的工作方法。

● 一、农村思想政治工作的含义

农村思想政治工作是党的思想政治工作的重要组成部分,是党在农村的一项重要工作,它以农村基层群众为主体,以社会主义和共产主义的思想体系为内容,由各级党组织和政府向广大农民群众进行教育和宣传,是党教育农民、动员农民的强有力的武器。农村思想政治工作的根本任务,就是要全面提高农民的思想道德素质和教育科学文化素质,为农村经济社会发展提供强大的精神动力、智力支持和思想保证。做好农村思想政治工作,是保证党的农村方针政策深入人心,落到实处的有效途径。农村思想政治工作的阵地在农村,工作对象是农民。农民是一个特殊的群体,因其居住环境、从业方式、文化素养、观念习俗等，造成了农民思想认识的特殊性。思想政治工作的主体和客体都是覆盖全社会的，农村思想政治工作的目的就是要解放农民的思想。其具体工作内容有以下几个方面。

第一，思想教育。通过各种形式和方式，对农民进行思想教育，引导他们树立正确的世界观、人生观和价值观，提高他们的文化素质和思想品德。比方说，通过先进文化讲座、展览、播放宣传片等方式，传播先进文化，引导农民树立正确的价值观和人生观。

第二，政治宣传。主要是指利用各种形式和手段，向农村基层群众宣传国家政策、法律法规、重大事件和思想理论等，引导农民正确看待时事和社会热点问题，增强他们的国家意识和法治观念，促进农民的思想政治教育和文化素质的提高。如，通过悬挂条幅、张贴宣传画、发放传单等方式，向农村基层群众宣传国家的政策，让农民了解国家发展的方向和目标，增强他们的国家意识和民族荣誉感。同时，还可以通过举办党性教育活动、开展主题党日活动、组织学习党的思想理论等方式，向农村基层群众宣传党的思想理论，让农民了解党的指导思想和重要精神，增强他们的党性观念和思想意识。

第三，促进农村文化建设。农村思想政治工作通过引导和组织农民群众自主建设和管理村级文化中心、图书室、文艺室、广场等文化设施，为农民群众提供文化交流和娱乐活动的场所，促进农村文化建设。另外，思想政治工作可以通过开展读书活动、讲座、培训等方式，加强文化教育，提高农民群众的文化素质和知识水平，推动农村文化建设。

二、新时代农村思想政治工作的特点

面向农村地区开展思想政治工作，须结合农村地区基层群众的思想认知基础，找准思想政治工作切入点，明确思想政治工作目标定位。同时，还应当注重结合农村地区思想政治工作存在的典型问题，以解决问题为目标，创新方法，寻找新的工作思路。

（一）着眼于农村全面发展

新时代农村思想政治工作注重从全局出发，以农村全面发展为目标，积极推动经济发展、社会稳定、文化建设等方面的发展。从经济发展角度来看，新时代农村思想政治工作注重引导农民树立正确的经济观念，鼓励农民群众积极投身经济活动，推动农村经济的发展，提高农民群众的收入水平和生活质量。从社会稳定角度来看，农村思想政治工作注重维护社会稳定，加强宣传教育，引导农民群众树立正确的法治观念和公民意识，增强农民群众的法律素养，促进社会和谐稳定。立足文化层面,农村思想政治工作要重视文化建设,运用多种方式和渠道向村民宣传先进的文化理念,增强农民群众文化素养。

(二)农民价值取向产生明显变化

新时代农村思想政治工作对农民群众价值取向的改变起到了非常重要的作用。在过去,由于种种原因,农村的社会经济发展相对滞后,农民群众的思想观念也相对落后。但是随着中国经济的不断发展和农村改革的不断深入,农村的面貌也在发生着变化,农民群众的价值观念也相应有了改变。思想政治工作通过组织各种形式的宣传教育活动,引导农民群众树立正确的世界观、人生观和价值观,培养农民群众的责任感和荣誉感,激发他们的自豪感和民族自信心,推动农村文明进步和农民群众的精神文明建设。

从思想观念来看,农村思想政治工作借助各种教育及宣传活动,使农民群众逐渐摆脱迷信、保守、依赖的思想,在长期熏陶下逐渐树立正确的世界观、人生价值观、科学观,促进农民群众思想的不断进步。现今,农民群众已经不再局限于传统的农业生产,他们逐渐树立起了商品观念和市场观念,积极参与市场竞争,从事第二、三产业的农民不断大量涌现,从事纯粹农业生产的农民逐渐减少。部分农民成为企业家、专业户和个体工商户,这些变化不仅是农村经济发展的重要标志,也为进一步深化农村改革奠定了基础。为了适应这种新情况,农村思想政治工作要承担起引导、服务、帮助农民群众开拓市场、加快致富步伐、走向共同富裕的责任。思想政治工作就是要引导农民群众树立正确的市场观念和竞争意识,提高他们的创新和竞争能力。

同时,还要加强对农民企业家和专业户的引导和服务,为他们提供必要的政策支持和技术帮助,帮助他们更好地开展经营活动。通过这样的努力,农村思想政治工作将为农村经济发展和农民群众致富奔小康作出积极的贡献。总之,思想政治工作的价值取向和具体工作内容均以已发生变化,这是新时代对思想政治工作提出的新要求,也是由思想政治工作发展的客观现实规律所决定的。

(三)思想政治工作更加贴近农民群众

在广大乡村地区,农民群众是一个庞大而复杂的群体。随着农村"人民公社"的解体和联产承包责任制的推行,农村经济得到了空前繁荣,同时也导致了农民自我意识的增强。这种自我意识膨胀的结果是,有人会因为自私而违反纪律以实现自身利益,还有一些人则极容易受到宗族势力的影响而对社会公众利益产生危害。在这种情况下,思想政治工作者如果不深入了解农民群众、帮助农民群众增强意识、解开疑惑、理顺情绪、化解矛盾,而只是高高在上地对农民群众进行"教育",那是很难取得好的效果的。因此,思想政治工作者需要贴近农民群众的生产经营,到田间地头去了解他们的实际情况,并帮助他们解决实际问题。通过这种方式,把党和政府的温暖送到农民群众中去,从而达到感化和转化农民群众思想的目的。

第二节　农村思想政治工作的重要意义

一、农村思想政治工作是农村一切工作的生命线

在我们国家,农村思想政治工作具有政治优势,可以确保农村各项工作保持准确的方向,确保农村能够全面落实党的路线、方针、政策,同时发现并解决各种困难和错误。这对推进农村社会发展至关重要。

第一,农村思想政治工作为实现农村的全面发展提供强有力的政治保障和理论支持。通过宣传党的路线方针政策和先进的科学技术,农村思想政治工作指导农民群众正确树立发展观念和价值观念,推动传统农业向现代农业转型,促进农村经济的可持续发展。

第二,农村思想政治工作激发了农民群众的劳动积极性和政治热情,振奋了农民群众的精神状态。通过组织各种形式的宣传教育活动,农村思想政治工作增强了农民群众的民族意识和爱国情感,培养了农民群众的社会责任感和文明素质,让农民群众充满信心和勇气。

第三,农村思想政治工作防止了各种腐朽作风和错误思想对农民群众的腐蚀,使农民群众朝气蓬勃,充满活力。通过组织各种形式的文化活动、传承优秀传统文化等手段,农村思想政治工作引导农民群众树立正确的市场观念和竞争意识,提高他们的创新和竞争能力,促进农民群众转变观念,推动传统农业向现代农业转型。这样,农民群众就能以昂扬的斗志迎接新的挑战,为农村发展和社会进步作出更大的贡献。

二、乡村产业振兴建设离不开农村思想政治工作

在乡村建设过程中,我们可以通过思想政治工作来保障党的大政方针执行的准确性,制定促进农村经济发展相关工作的统筹规划,为美丽乡村建设提供充分的政策和技术支持。乡村产业振兴要求加快构建现代农业产业体系、生产

体系和经营体系。乡村振兴的主体是农民,乡村振兴的最大后劲和内在动力也在农民自身。在推进农业由增产到提质的过程中,农民的个人积极性和主体性是不可忽视的重要因素。只有农民群众精神上有了动力,在生产活动中才有自主自觉的活力,才能充分调动乡村生产在微观层面上的积极性和主动性,实现乡村产业振兴的现实目标。首先,农村思想政治教育具有的激励作用可以调动起农民的生产积极性和主动性。其次,农民作为乡村生产和生活的主体,其思想道德水平的高低对乡村文化资源质量的高低有很大程度的影响。乡村地区文化产业的开发核心不在纪念馆、纪念雕像等建筑上,而在人身上,在农民群众身上。农民群众思想政治教育效果越好,其思想道德水平就越高,乡村所具有的内在文化资源就会更易于高质量开发,乡村的文化产业就会更加做大做强。物质文明是指人类社会在生产、流通和消费等方面所创造和积累的物质财富、科技成果、物质文化遗产等物质文明成果。它是人类社会发展的基础,也是美丽乡村建设最终要实现的目标之一。

为此,需要在农村发展与建设过程中加大思想政治工作,确保农村物质文明建设不能与社会主义方向相背离。实践表明,农村物质文明建设与思想政治工作息息相关,即使思想政治工作不能直接生产物质产品,但是可以通过农民群众思想水平和素质的提升,而强化农民群众的创新意识和自我发展能力,并最终为农村物质文明建设提供了有力的支持和保障。

● 三、乡村文化振兴与农村思想政治工作紧密联系

农村思想政治教育是乡村人才振兴的思想保障,也是文化振兴的内在动力。

人才振兴方面:首先,农村思想政治教育是乡村道德建设的重要内容。乡村精神文明建设主要包括科学文化知识的普及宣传和思想道德修养的重视提高这两部分内容。农村思想政治教育在高素质农民的培育过程中起着不可替代的作用,它是提升农民群众自身道德修养的重要内容和手段。要充分发挥农村思想政治教育教人育人的作用,打造乡村本土优秀人才队伍,培养一批既具有能力素质又具有境界格局的新型农民,为实现乡村人才振兴提供保障。其次,农村思想政治教育所特有的思想引领作用可以显著增强农民群众的政治意识和提升其思想道德修养水平,帮助农民群众抵制社会不良思想以及有害思想的传入。农村思想政治教育的基本内容是国家政策和党的思想,同时也包括社会主义核心价值观等内容。这些内容都具有很强的政治性和思想引领性,在帮助加强农民群众自身思想道德修养上发挥着重要作用。

文化振兴方面：乡村文化振兴主要包括科学文化知识的普及以及乡村思想道德建设两方面的内容。农村思想政治教育在乡村精神文明建设和乡村思想道德建设的全部工作中居于生命线地位，是乡村精神文明建设和思想道德建设中必须把握的关键内容，也是乡村文化振兴的内在动力。首先，农村思想政治教育可以通过正面引导的方式，使当地农民群众充分认识到乡村精神文明建设的重要性。有针对性地开展党史国史教育、群众路线教育、社会主义核心价值体系教育等活动，可以充分调动乡村群众学习科学文化知识和加强自身思想道德修养的积极性、主动性和创造性，为乡村精神文明建设提供活力。其次，强化农村思想政治教育的育人开发功能，可以提高村委会、党支部践行群众路线的工作能力和动力。通过农村思想政治教育的作用发挥，可以帮助党员干部更好地把握新形势下乡村群众工作的特点和规律，不断改进乡村群众工作方式和领导方法，提高群众工作的针对性和实效性。

四、农村精神文明建设与农村思想政治工作紧密联系

在新时代农村建设与改革过程中，农村思想政治工作能够充分体现社会主义农村精神文化风貌，突出社会主义制度优势，因而建设乡村精神文化离不开思想政治工作。首先，加强农村思想政治工作是实现农村精神文明建设的主要条件，农村社会主义精神文明并不会自动形成，而是经过思想政治工作的有效开展，从而激发村民自觉建设所形成的。其次，思想政治工作可以影响农村文化建设的方向。建设乡村文化，关键是要提高农民群众文化素质，培育农民群众高尚情操，这样才能为农村现代化建设贡献力量。对此，农村要加强思想政治工作，以此确保党的各项方针政策在新农村建设中得到很好的贯彻落实。

五、农村思想政治工作是推进农村改革和科学发展的保证

随着农村改革的不断深入，各地区农村经济快速发展，农民生活水平也得到了迅速的提升。这些成就的取得，很大程度上是由于农村思想政治工作能够引导农民群众积极参与农村社会管理体制改革，从而推进农村社会治理创新。

乡村组织振兴要求建立健全现代乡村社会治理体制，确保乡村社会充满活力、安定有序。乡村组织振兴，需要切实加强基层党组织作用，发挥乡村党组织的主心骨作用，也需要构建全方位的矛盾化解调整体系。

首先，农村思想政治教育是强化基层党组织建设，提高基层干部能力，加强基层党组织作用的重要环节，也是乡村组织振兴的重要环节。基层干部是乡村振兴的主力军，也是乡村组织振兴的主力军。农村思想政治教育作为提高思

想道德素质和坚定政治立场的重要工作，在教育干部牢记自身责任和使命，建设乡村和实现乡村振兴过程中发挥着重要作用。

其次，农村思想政治教育作为改变农民思想认识的重要手段，在乡村生产活动和日常生活中起着重要的协调作用。农村思想政治教育具有强大的共识凝聚、引导和协调功能，在协调、化解村民间矛盾、村民与村委会矛盾以及乡村与外界矛盾中起着不可替代的作用。农村思想政治教育在实践过程中，通过理论、政策法规的学习以及道德风气建设功能的发挥，可以让农民群众切实领会和理解村委会和党组织的相关工作，这既是让农民群众实际参与民主决策的过程，也是拉近农民与基层干部之间距离的过程，可以有效化解农民群众个人利益和政策推进的各种矛盾。因此，农村思想政治教育为乡村各种矛盾的化解提供了重要的内在支撑和科学方法。

农村思想政治教育是生态振兴的思想支撑。乡村生态振兴要求坚持绿色发展，加强农村突出环境问题的综合治理。乡村生态振兴首先需要农村生态环境系统的平衡，也就是水域、耕地、森林和草地等生态系统的综合平衡，这个过程需要乡村当地农民群众自觉爱护环境和重视生态平衡意识的形成。农村思想政治教育在乡村生态意识的培育上可以起到重要的思想引领和价值导向作用，是乡村生态振兴的思想支撑。相关部门可以通过宣传和宣讲活动的开展来培养农民的环境保护意识、生态消费意识，从而在乡村真正形成"绿水青山就是金山银山"的意识。在农村思想政治教育的内容中融入生态道德素质和自然道德责任感的相关内容，开展以保护乡村环境为主题的农村思想政治教育活动，在思想层面把对农业生产系统健康状况的关注和重视落实下去，这些都可以潜移默化地增强农民的生态保护意识和资源节约意识，为乡村生态文明建设奠定坚实的思想道德基础。

第三节　农村思想政治工作存在的问题

一、农村思想政治工作的资金投入有待增加

近些年来，党和政府对农村社会的发展进步非常关注，制定多项政策推动美丽乡村建设，在美丽乡村建设过程中思想政治工作发挥着至关重要的作用。但是，从当前农村思想政治工作的实际情况来看，农村思政工作的开展还远远不够，存在着较多的问题和不足。相关政府部门在农村思想政治工作方面的资金投入明显不足，导致思想政治工作场地建设比较落后，缺乏相关教育书籍和

资料,许多农民没有学习思想政治的渠道。有些农村虽然有类似"党员活动中心"一类的场所设置,但没有图书资料、音响设备等,使得思想政治工作开展起来非常困难,进而影响美丽乡村建设,形成了农村振兴发展事实上的绊脚石。

造成上述情况的主要原因有以下几点:

第一,在农村社会发展过程中基层党组织以及各级政府虽然将快速发展农村经济作为重点工作来抓,并投入了大量资金和精力进行多样化的经济建设,但是对思想政治工作较为忽视,没有在此方面投入相匹配的资金,致使农村思想政治工作陷入窘境,无法有效发挥其对农村全体居民思想观念以及价值观的引领作用。

第二,农村地区经济发展水平相对较低,财政收入有限,导致政府无法给予足够的资金来支持农村思想政治工作的开展。此外,农村地区基础设施和公共服务相对薄弱,也需要政府投入大量资金,使得政府在资金分配上需要进行权衡和抉择。

第三,基层政府和村干部未能在思想上充分认识农村思政工作的重要性。一些地方干部认为没有必要对全体村民进行思想政治教育,他们认为普通村民一般不会过多参与农村工作,他们对美丽乡村建设能否顺利进行影响不大。有些人觉得思想政治教育属于"软任务",不如经济建设、基础设施建设等工作重要,因此在资金分配上也不予重视。

第四,农村思想政治工作的范围宽泛,涉及的工作内容也比较多,需要在村级、乡级、县级等多个层级开展工作。然而在一些地方,农村思想政治工作的任务较重,资金预算却无法满足需求,导致工作难以开展。

第五,部分农村在资金管理和使用方面存在不规范情况,导致资金的浪费和滥用,使得既有资金没有得到有效利用,这也是导致农村思想政治工作资金投入缺乏的原因之一。农村思想政治工作资金投入缺乏的原因有多种,需要政府相关部门加强农村思想政治工作,加大对农村思想政治工作的资金投入,使得工作能够得到有效的开展。

● 二、农村思想政治工作的人才投入不足

农村思想政治工作人才不足是农村社会工作领域面临的一个重要问题。目前,很多农村地区,在思想政治工作开展方面都存在人才投入不足的问题,这对农村思政教育的落实与实施造成极大的影响。具体体现在以下方面:

第一,由于农村思想政治工作的特殊性,其主要责任就是有效处理农村特殊群体的问题与村民思想观念的引导,所以,开展思政工作的人员需要拥有丰

富的经验、多方面的知识和技能。然而，农村的工作环境相对较差，待遇较低、工作条件不佳，一些有能力的专业人才往往会选择到城市工作，导致农村思想政治工作人才的流失。另外，一些农村对思想政治工作人才的管理不规范，无法保证人才的培养和发展，导致一些急需人才的流失。

第二，农村工作人员来源复杂，整体素质低下，具有一定理论素养和懂政策、懂市场、懂农村、懂管理、懂法制的全面人才屈指可数。由此形成了农村思想政治工作"硬件不硬，软件很软"的工作环境，也就导致了农村思想政治工作困难重重的境况。

三、农民存在政治修养水平偏低的问题

随着我国美丽乡村建设运动的不断推进，农民的生活水平得到了明显的提升，乡村环境得到了显著的改善。然而，由于农民的受教育程度普遍较低，政治意识相对淡薄，政治修养水平不均衡，相较而言他们普遍更加关注经济收入。如今虽然有各种信息传播途径，包括网络和各种新媒体，但是农民比较关注的是其中的娱乐资讯，政治性的资讯较少受村民关注。农民政治意识淡薄的主要表现是政治观念的淡化和理想信念的不坚定。通过对一些农村居民进行调查，我们能够发现许多村民没有意识到政治参与的重要性，认为政治事务与自己无关，不愿意参与政治活动，也不愿意参与村民议事会等重要的集体决策活动，甚至都不愿意参与到以村民选举为代表性活动的村民自治中来。

有部分村民缺乏政治知识乃至政治常识，不了解自己的权利和义务，不了解政治制度和法律法规，也不了解政治活动的基本流程和方法。同时，这些村民对党和政府的认识也存在不足或片面性，出现这种问题的原因主要是农村地区的教育资源相对匮乏，许多村民受教育程度较低，再加上政治宣传力度相对较弱，党和政府的一些决策在落实过程中缺乏透明度和互动性。当然，不同地区农村存在着不同的习俗传统，有些村民对政治制度和体制不够熟悉，进而影响了他们对政治参与的积极性[①]。

四、农民群众思想呈多元化发展趋势

随着全球化的发展，中国也不可避免地成为影响世界各个领域的重要力量。同时中国本土文化和传统思想也会受到外来思潮的冲击和影响。这些外来

---

① 叶秋辰. 我国农村社区治理的问题与社会工作视角下的优化路径 [J]. 国际公关，2022（22）：103-105.

思想与本土传统文化相异,在某些时候会逐渐占据农民的头脑,而使得原有的优秀传统文化慢慢退却。因此,全球化进程是世界发展的必然结果,给我国的发展带来了前所未有的机遇,但同时也给传统文化带来了严峻的挑战。

在这个过程中,西方文化的渗透成为一个重要的威胁。在现代社会中,西方的节假日,西方的习俗、衣着、住房风格等日常生活的方方面面都体现着西方社会的痕迹。从 20 世纪 80 年代直至如今,西方文化对人们生产生活的影响逐渐加深,甚至使得许多年轻人对我国自己的传统文化和道德伦理没有正确的认知或者知之甚少。我们虽然不应一味排斥外来事物,但是同时也应保留祖先创造并传承下来的历史文化,要传承和培育民族自豪感和民族自尊心,让民族自豪感和自尊心在我们心中占据主导地位。

因此,我们需要有选择地吸收外界的好东西充实自己,这对城市和乡村来说都是适用的。但由于前述原因,农民群众整体素质不高,缺乏较强的辨别能力,这导致农民群众在面对多样化文化时无法作出有效且准确的辨别。

当前,随着市场经济的不断发展,我国农村正处于社会转型过程中,农民群众的就业方式、利益分配形式、组织形式日益多样化,导致农民群众的观念更加复杂多样,因此农村思想政治工作比以往更为亟须。在这个过程中,需要采取措施来加强农民群众的思想道德水平,提高他们的辨别能力和文化素养,让他们能够更好地面对外来文化的冲击以及市场经济变革带来的后果。同时,我们也应该加强对农村传统文化的传承和发扬,让农民群众更加自信地继承和弘扬中华优秀传统文化,形成自己的文化特色。只有这样,我们才能够最终实现中华民族伟大复兴,实现国家的繁荣昌盛。

五、思想政治工作队伍素质参差不齐

农村思想政治工作的服务对象为全体村民,该工作能否顺利开展受相关队伍素质的直接影响,一般农村思想政治工作队伍成员为农村党员干部,其中少部分是专职,大部分为兼职。当前,农村思想政治工作队伍普遍存在素质参差不齐的情况,具体表现为以下方面:

第一,农村思想政治工作队伍的整体素质和文化水平相对较低,主要是因为我国农村民众受教育水平普遍不高。比如农村在进行村干部选举时,多数村民对参选者的文化水平并不关心,而主要关注他们是否具有带头致富的能力,或者以他们在村民中的威信力,或者以其所在宗族中的房支派系为投票标准,这就导致许多农村干部的文化水平不高、政治素养也有所欠缺。这些农村干部的工作重点主要在农村经济发展方面,而对村民素质发展和思想政治教育是不够重视的,甚至使得农村思想政治工作流于形式化。另外,部分专职从事农村思想政治的工作人员配置较为随意，没有经过专业的学习和培训，难以准确把握和理解党和国家相关政策以及各种文件精神，很容易造成相关政策宣传不到位或者宣传内容偏离主题等问题，降低农村思想政治工作的有效性。

第二，农村思政队伍结构不够合理，工作作风尚需进一步改进。如前所述，一直以来，乡镇干部兼职农村思想政治工作人员，较少在农村地区设置专业的思政工作者。这种情况使得农村思政工作呈现"专干不专"的状态，从而降低了思想政治工作的专业性。

第三，农村行政工作比较繁杂，加之基层干部人数偏少，一些基层干部在完成本职工作之外，还要承担农村思想政治工作。同时又由于这些人员没有接受过专业训练，对思想政治工作本身存在着不正确的认知，进而导致农村思想政治工作出现思想僵化、工作方法简单、形式主义等问题，降低了思想政治工作的实效性。

第四，一些政工干部未能做到严于律己，并不能很好地发挥模范作用，甚至有借助职务便利吃喝嫖赌、贪污受贿等违法犯罪行为，让村民对工作人员产生不信任感，从而失去了在农民群众中做思想政治工作的资格。

六、思想政治工作的机制不健全、体系不完善

思想政治工作机制是指思想政治工作系统内部各要素之间相互作用、相互制约的内在联系，包括统一组织机构，形成相应的调控机制、激励机制和客体接受机制等。其通过制定规章制度来规范思想政治工作的主体、内容、方法和结果等，以确保思想政治工作的有序开展。目前，农村思想政治工作机制建设滞后，不能满足当前农村思想政治工作发展和创新的需要。因此，需要加强机制建设，建立统一的组织机构，形成相应的激励机制、调控机制和客体接受机制，提高工作质量和效率，为农村社会的稳定与发展作出贡献。

组织机构不健全是影响农村思政工作的重要原因。在农村思想政治工作中，各部门、各单位之间缺乏协作和配合，工作难以有序开展，很难形成合力。缺乏统一的组织机构，各部门、各单位之间的工作容易出现重复、缺位等问题，导致工作效率低下，无法达到预期效果。

农村思想政治工作是一个复杂的系统工程，需要建构思想政治工作调控机制，以适时对其过程加以调控，保证工作方向正确，顺利完成各项任务。然而，当前很多农村地区并没有建立起较为健全的调控机制，使得农村思想政治工作逐渐走向疲软化、无序化，陷入盲目性和随意性的局面。具体表现为目标管理不强和反馈体系不完善两个方面。这种情况会加剧农村思想政治工作形式主义之风，不仅不能满足广大农民群众美好生活的需要，更会弱化其在农村发

展建设中的作用，使农民群众对思想政治工作产生抵触心理。因此，必须加强农村思想政治工作调控机制建设，完善目标管理和反馈体系，确保农村思想政治工作有序开展，为农村社会稳定和发展作出贡献。

良好的激励机制能够调动思想政治工作者的工作积极性，提高工作效率和质量，反之则会削弱其工作热情，影响工作效果。但是只强调精神激励，没有适当的物质激励，此种激励机制的作用也是不完全的。另外，评价与反馈存在不公正的情况时，农村思想政治工作队伍的积极性受到严重影响，进而阻碍思政工作的实效性。

在农村思想政治教育的接受机制上，要实现乡村振兴战略的真正高质量推进，必须充分发挥广大农民群众的主体作用。当前，在农村思想政治教育的实际开展过程中，基本还是以基层党组织外源灌输为主，农民群众只是单纯地作为被动的客体参与到农村思想政治教育的过程中。这种传统模式带来的往往是基层干部主体没有动力，农民群众客体没有兴趣，效率低下，成效不佳。

思想政治工作体系的内容要点包括思想政治工作以及日常工作落实中所需要的明确目标和部分工作方法。思想政治工作是一项需要持续开展，且应当结合各主体实际情况循序渐进开展的重要工作。因此，形成联动性的思想政治工作体系非常重要。由于在面向基层群众开展思想政治工作的过程中，不同主体接受思政教育的反馈有所不同，所以，思想政治工作在实践中需要结合不同主体做好跟踪观察，确保思想政治工作能够在真正意义上帮助基层群众转变思想观念，并且以正确的思想指导其个人行为，体现出思想政治工作在基层农村的价值。

● 七、思想政治工作的内容与方法不合理

（一）工作内容设计缺乏合理性

农村思想政治工作实效性取决于工作内容，所以，应重视思想政治工作内容的合理设计。如今，许多农村的思想政治工作内容设置不太合理，导致该项工作既定的作用没有能够完全发挥出来。其不合理性表现在两个方面：

首先是农村思想政治工作的内容设置缺乏时效性。思想政治工作的一项基本要求是与时俱进。一段时间以来，农村思想政治工作相对来说受到忽视，所以在内容方面未能及时更新和优化，工作人员对老问题、老观点、老理论等反复宣讲，这就形成思想政治内容落后于社会发展形势，导致农民群众对党和国家的最新政策无法及时了解及学习，致使群众在理论学习上存在与形势脱节、学习内容过时的现象。

其次是农村思想政治工作的内容与农民实际接受能力不相适应。农村思想政治工作作为打通宣传教育"最后一公里"的重要方式,应对党的执政基础和地位进行维护与巩固。相较于城市,农村在文化教育水平及其他条件方面都比较落后,农民的文化水平参差不齐,尤其是其中年长的村民,文化水平非常低,如果基层工作人员不能对上级文件精神进行"本土化"的处理和转化,很多农民是并不能真正理解和领会的,这样就会使思想政治工作实效性大打折扣。

(二)思想政治工作方法和载体单一

农村思想政治工作方法的不足制约着农村思想政治工作的开展和进步,必须引起重视。只有选用适合的工作方法,配合多样化、富有特色的工作载体,才能进一步发挥农村思想政治工作的功能和作用。目前,多数农村思想政治工作在方法和载体上都存在简单化的问题,从而降低了思想政治工作的实施效果。

首先,农村思想政治工作方法传统守旧,多以灌输教育为主。长期以来,农村思想政治工作主要局限于对党和国家方针政策的灌输教育和对各级文件的传达学习,缺乏对所学内容的深入理解和转化。这使得农民群众对内容的理解和接受受到了一定的限制,同时也容易引起农民群众的厌烦情绪。因此,农村思想政治工作应该注重理论与实践相结合,将所学内容转化为农民群众能够接受的话语进行传达。

其次,农村思想政治工作载体单一,缺乏吸引力。工作载体对农村思想政治工作的发挥有着重要作用,思想政治工作方法必须配合正确的载体才能发挥最大效用。但是,长期以来农村思想政治工作主要采用传统的命令式工作方法,导致农村丰富的传统文化资源和具有乡土特色的活动未得到充分利用,使得农村思想政治工作缺乏活力和吸引力。因此,农村思想政治工作应该注重挖掘和利用农村文化资源和活动载体,形成多样化、富有特色的思想政治工作载体,以吸引农民群众的关注和参与。

(三)思想政治工作缺乏全面性与普遍性

思想政治工作缺乏全面性与普及性主要表现在以下两个方面。一是农村地区的基层群众存在年龄层次、文化水平以及职业特征方面的典型差异。尤其是随着城乡一体化建设进程的推进,农民工以及个体商户、农村知识分子、乡村干部、私营企业主都成为农村地区社会组织中的重要组成部分。因此,基于农村地区开展思想政治工作时,上述差异会给思想政治工作的落实带来客观困难，不同身份的主体在接受思想政治教育时，有不同的主观需求。二是不同主体接受思想政治教育后的个人理解，吸收效果也存在差异。如何适应新时代农村地区人员思想政治工作需求，保证思想政治工作模式的科学性，是当前需要解决的重要问题。只有形成了科学有效的思想政治工作体系，才能打破各主体之间执行落实的壁垒，提高思想政治工作的全面性，实现思想政治教育工作的普及性。

（四）思想政治工作方法缺乏创新性

面向基层群众和农村基层干部的思想政治工作，须结合其主观需求、身份差异，找到科学的方法。思想政治工作的开展主要依托理论宣传教育、实践中解决问题的过程这两方面渠道，在思想政治工作的方式方法上相对较为固定。对于不同文化层次和思想认知层次的基层群众以及基层干部来说，其对思想政治教育的同一理论内容在学习理解能力上也必然存在差异。若运用固定的集中讲座，集中宣传推广的方式开展思想政治工作，将不利于取得预期的良好成效。对于基层群众来说，固定的以说服教育为主要形式的思想政治工作，也不易被农民群众接受，预期的思想政治工作目标无法顺利达成。如何适应农村地区思想政治工作各主体的需求进行思想政治工作方法的创新优化，是现阶段面临的、急需解决的问题。

（五）思想政治工作缺乏实践引导

思想政治工作的实践引导是在完成基础的思想认知引导的同时，从基层群众基层干部的实践行为角度加强引导教育。尤其是在农村地区的经济发展、产业转型等实践工作中，如何用党的创新思想指导个人的实践行为，在追求创新的基础上保持原则，是思想政治工作实践引导的侧重点。但从目前的实际情况来看，大部分面向农村基层群众、基层干部的思想政治工作多以理论教育宣讲为形式，实践方面的引导通常会在出现问题后才落实跟进，因而实践引导力度和引导有效性都存在不足。

第四节　农村思想政治工作问题的解决对策

一、提高思想政治教育内容的针对性和精准性

在农村进行思想政治教育，对于农民群众是思想政治教育的对象这一事

实，基层干部必须清醒地认识到，所以要从农民群众的实际情况、切实需要入手，来增强乡村地区农村思想政治教育内容的针对性。要有针对性地把具有活力的乡风民俗等融入国家政策与党的思想活动的宣传，在日常生活中潜移默化，用农民群众易于接受和理解的方式进行思想政治教育。

提高农村思想政治教育的针对性就要做到内容的与时俱进。随着全球化和我国城镇化的进一步深入，受教育程度和思想道德素质偏低的农民群众不可避免地会受到涌入乡村的形形色色的不良思潮和价值观的影响。所以，在宣传和教育方面要提前防范，农村思想政治教育作为立德树人的重要任务，其内容应该加入爱情观、事业观和金钱观等，这样才有利于加强农民群众辨别社会不良思潮的能力，形成抵御这些不良社会思潮的思想政治觉悟。思想政治教育内容要精准对接农民群众的需求，思想政治教育要结合农村实际情况，实现精准对接和高度融合，使农村思想政治教育内容被农民群众自觉接受。农民群众从自发到自觉的转变过程体现了其主体作用。

（一）创新农村思想政治教育工作载体

农村思想政治教育工作载体是宣传社会主义核心价值观和主流社会思潮的重要方式，因此，必须注意在设计和运用农村思想政治教育工作载体时要保持多样性和丰富性，不能只注重僵硬的形式。在实效性方面要以农村思想政治教育的效果为出发点和落脚点。在多样性方面，可以开展各种有趣活动，如开展"五好家庭"的评选活动，发挥榜样的作用；利用各种多媒体工具提高党和国家理论学习的趣味性。网络社交工具作为一种便利的载体，把网络思想政治教育融入其中，最常见的就是在线组建的各种群聊。这些都吸引了农民群众积极主动接受和参与。

（二）增强农村思想政治教育工作服务意识

开展思想政治教育必须坚持党的宗旨和服务意识，多从农民群众角度出发去思考和解决问题。做好农民群众的思想工作，才能激发农民群众的劳动热情和积极性，在农村开展思想政治教育必须深入农民群众生活当中，了解农民群众需求，从问题根源解决矛盾。农村思想政治教育要把握好共性与个性，农民群众的思想具有个性化和差异性，并且相互之间还存在很大的差距，各级党组织要多下基层与农民群众面对面交流，坚持以农民群众的利益为出发点，认识并了解农民群众真正所需要的思想政治教育内容，使思想政治教育全面化和形象化特点得到充分展现。运用农民群众真正认可的方式开展农村思想政治教育，积极利用当地特色文化资源开展活动，比如推动特色戏曲、表演、竞技等形式和深厚的红色资源融入农村思想政治教育中，吸引农民群众积极主动接受和参与，最大限度扩展农村思想政治教育工作的覆盖面。

二、全面开展思想政治工作

思想政治工作的实践引导是在完成基础的思想认知引导的同时，从基层群众基层干部的实践行为角度加强引导教育。尤其是在农村地区的经济发展、产业转型等实践工作中，如何用党的创新思想指导个人的实践行为在追求创新的基础上保持原则性，是思想政治工作实践引导的侧重点。

（一）注重农村基层党组织政治性建构，加强政治领导功能

思想政治工作本身就具有很强的政治属性。思想政治工作的重要目标就是以社会主义、共产主义思想体系教育民众，启发人们的觉悟，提高人们认识世界和改造世界的能力。乡村振兴工作的首要原则是必须坚持党的领导。坚持农村思想政治工作的政治方向和政治属性，关键是坚持用习近平新时代中国特色社会主义思想武装头脑，统领思想政治工作，坚定政治信念、强化政治意识、站稳政治立场、坚定"四个自信"、增强"四个意识"、坚决做到"两个维护"，积极动员广大农民群众参与其中，自觉接受农村思想政治教育。

（1）加强农村基层党组织领导班子建设，落实干部责任制。提高农村基层党组织领导乡村振兴工作的能力和水平，不断加强农村基层党组织对农民群众思想政治教育工作的部署落实。上级党组织应开展党建工作的相关培训，通过加强政治理论学习，深入开展习近平新时代中国特色社会主义思想学习教育，保证其思想和行动始终围绕在党中央周围。充分发挥农村基层党组织的主导作用，发挥作为农民群众和上级党组织沟通的桥梁作用，保证乡村振兴工作中方向的一致性和正确性，不走偏路，提高新时代党领导农村思想政治工作建设的能力和水平。

（2）完善农村基层党组织工作体制，推广积分考核制。完善党领导农村精神文明建设的工作体制和组织机制，完善其各方面规章制度，推广积分考核制，用制度规范为农村精神文明建设构建"笼子"。根据农村实际需要建立农村思想政治教育考核体系，将农村思想政治教育的效果作为重要政绩考核指标。压实各级责任，发挥好制度的长远和根本性规范作用，明确每个农村基层党组织成员责任，加强农民群众对其工作的监督。现如今农村在意识形态领域出现了一些问题，如封建落后的思想还继续存在，不符合主流文化的思想在悄悄传播等，因此，各级党组织要积极承担责任，明确各类主体责任，对于考核不合格的责任主体公开进行批评和整顿，提高对农村思想政治教育工作的重视

程度，为主流文化"灌输"制定好长远目标，做好规划，纳入乡村振兴工作总规划。

（3）改革农村思想政治教育队伍结构，提高队伍专业性。坚持党对农村思想政治工作建设的领导，需要改革农村思想政治教育队伍结构，提高队伍专业性。一方面，要提高农村思想政治教育队伍成员的理论素养水平，通过开展思想政治教育理论培训、到优秀模范乡村现场观摩，以及对口帮扶和支援等方式来提升本领和素养。总结意识形态工作经验和教训，建立科学的监督和抽查制度，提升农村思想政治教育队伍学习理论的自觉性。另一方面，要坚持吸引人才返乡政策，坚持物质和精神激励相结合。选派优秀的大学生和机关事业单位中工作能力较强者到党组织软弱涣散以及贫困的农村地区参与建设，为其治理和发展提供强有力的人才保障。这些人视野更宽广，创新能力更强，更有机会和希望带领农村思想政治教育工作走出困境。

（二）强化文化承载能力，用优秀文化反哺农村思想政治建设

思想政治建设需要优秀传统文化的支撑，优秀传统文化可以更好更深层地根除落后封建文化，使农民更好地接受思想政治教育。"文化是人为的，也是为人的。"要丰富农村思想政治教育的内容必须挖掘中华优秀传统文化所蕴含的思想资源和文化资源。农村基层党组织要善于运用优秀传统文化资源，以中华优秀传统文化蕴含的思想观念和道德规范为切入点，利用乡村的大舞台，组织各种文艺活动，有效地把社会主义核心价值观融入其中，以便于提高思想政治教育的实效性。

第七章 农村社会工作开展思想政治工作的措施

第一节 加大思想政治教育基础设施建设

农村思想政治教育工作实效保证的条件之一就是完善的教育基础设施，这也是开展思想政治教育工作的基础。就实际情况来看，目前大多农村的思想政治教育场地和基础设施建设不足，很大程度上限制了思想政治教育工作的实施、开展。为此，目前正在高校接受专业教育的、以后可能要从事农村工作的学生们，应注意在如下方面加强农村思想政治教育基础建设：建立农村思想政治教育资源库，多方面收集和整理相关的教材、视频、音频等资源，让农村思想政治教育工作者可以通过资源库选择合适的内容，以提高农村居民思想政治学习的效率。在介入农村社会工作后，工作人员要指导农村思政工作者利用互联网、新媒体、微信等平台开展思政教育工作，必要时建立微信公众号并定期发布一些思政知识、时事政治、党政思想等，逐渐熏陶村民的思想，提升农民政治水平。政府相关部门可以对农民使用现代技术设备给予一定补贴，鼓励、吸引价格合理的网络设施进入农村，大力推动农民加入互联网络，以期推动和实现思想政治工作的远程教育。

完善的教育基础设施的存在，不仅为开展思想政治教育提供了物质条件，更是确保教育效果能够深入人心、持久影响的重要基石。针对前述很多农村地区面临思想政治教育场地和基础设施建设不足的问题，我们要在各个方面加强研究和探索。我们有必要要求今后从事相关农村工作的学生深入思考并付诸实践，从多方面加强农村思想政治教育基础建设。他们需要充分认识到建立农村思想政治教育资源库的重要性。这不仅仅是一个简单的资料整理过程，更是一个系统性和前瞻性的工作。深入农村、了解农民需求，广泛收集和整理与农村生活紧密相连的教材、视频、音频等教育资源，可以为农村思政工作者提供丰富多样的教学素材。

在建立资源库的基础上，我们还需要特别重视利用现代科技手段提升农村思想政治教育的效果。前述互联网、新媒体、微信等平台，以其便捷、高效、互动性强的特点，为农村思想政治教育提供了新的可能。如今广大农民群众在日常生活中就能接触到最新的思政知识已成为可能与现实，从而在潜移默化中提升他们的政治素养和思想觉悟。

此外，政府相关部门也应积极发挥作用，为农村思想政治教育基础设施建设提供政策支持和资金保障。可以通过设立专项资金、提供税收减免等方式，鼓励社会资本进入农村教育领域，推动农村网络设施的建设和普及。同时，还可以加强对农民使用现代技术设备的培训和指导，确保他们能够充分利用这些工具获取思想政治教育资源。

除了政府和专业工作者的努力之外，社会各界也应积极参与到农村思想政治教育基础设施建设中来。企业可以捐赠教学设备、提供技术支持；专家学者可以深入农村开展调研、提供咨询服务；媒体可以加大宣传力度、营造良好氛围。通过全社会的共同努力，我们一定能够不断完善农村思想政治教育基础设施，为农村社会的和谐稳定发展提供有力保障。

综上所述，加强农村思想政治教育基础建设是一项系统工程，需要政府、高校、社会等多方面的协同合作和持续努力。只有这样，我们才能确保农村思想政治教育的实效得到充分发挥，为培养新时代的新型农民、推动农村社会的全面进步奠定坚实基础。

第二节　丰富农村思想政治教育内容

一、合理设置思想政治教育内容

（一）加强理论引导

从农村社会工作角度出发，加强思想政治教育的理论指导是非常重要的，需要在坚持马克思主义引领的原则下和坚持党对意识形态领导权的基础上合理设置理论学习内容。因此，在"农村社会工作"课程实践教学中，在大学生们今后可能要从事的农村社会工作中，我们应加强对农村居民的理论引导。

首先,农村社会工作者要指导思政教育工作人员使用适宜于向农民进行宣传的主题类型和模式。例如,在以"不忘初心,牢记使命"作为宣传主题开展宣传教育活动时,社会工作人员要协助思政工作者建立微信公众号,帮助他们学会使用公众号进行线上宣传,打造集中学习与个人自学相结合、线上学习与线下学习全覆盖的良好学习条件。同时社工人员要帮助思政工作者全面详细理解各种文件与政策的内容和要求,并探寻正面和反面典型案例,通过对一些典型案例的分析,更好地引导村民了解和认识社会现实,理解国家政策和法律法规的基本精神,形成积极和科学的价值观、人生观和世界观,从而提高理论素养。

其次,为了让农民群众更好地树立起爱国主义精神,农村思政工作相关部门不仅要对相关理论进行原汁原味的宣讲,而且要结合村民日常生活将新时代爱国主义的基本要求体现其中,这就需要社会工作者协助思想政治工作人员组织形式多样的活动,比如,以爱国为主题开展红歌比赛、诗歌朗诵等。同时,社会工作者和思政工作者要共同对村民进行动员,鼓励他们积极参加活动,使村民在活动中增强爱国主义意识和民族自豪感。

(二)培育新型农民,增强整体素质

乡村的主人是农民群众,他们同时也是致富奔小康、建设美丽乡村的主体。因此,培育新型农民是农村思想政治工作的急迫任务。要提高农民群众的素质,首要任务是把农村基础教育摆在重要位置。我们在开展农村社会工作时,应关注农民群众整体素质的提升,这就要求增加对农村基础教育的投入,加快农村义务教育的改革步伐,提高农村中小学生的补助经费,并保证经费的可持续性。

此外,还应该合理利用资金,贯彻好农村地区的九年义务教育政策,做好继续免除课本费、杂费及生活费等工作。同时,农村社会工作者应结合自身专业知识,为农村拓宽融资渠道提供帮助,实现财政、金融、税收等政策的合理运用,帮助农村提高社会、企业投资办学或捐资办学的力度,完善多渠道筹集资金的体制,通过一系列有效的政策让农民子女都能上得起学。

针对不同性质的农民群体,农村社会工作者要协助农村思想政治工作人员开展因材施教的教育模式。对于务农的农民群体要以农业知识的传授为主,然后进行其他辅助性副业知识的培训,构建多元化的农民教育培训体系。同时,在农民群众接受教育期间,要充分发挥多种媒体培训工具的功能,以培养新型农民为重点,大力开展科技培训,提高农民群众的务农水平和科学素养。对于适应工业化、城镇化的技术性农民工人,应该开展劳动力技术培训,丰富多工

种的技能知识，提高农民工的再就业能力[①]。

（三）注重农民的道德教育

我们不仅要注重物质文明的发展，同时还要高度重视精神文明的建设。这在今后建设美丽乡村的进程中显然也是重要的。随着社会主义市场经济的发展，旧的道德观念已经不适应新形势的发展，而新的道德观念尚未完全形成。因此，在这样一个社会转型期，农民群众的思想极易受到负面影响，需要我们不断进行调整，为新时代中国特色社会主义建设提供符合时代要求的道德基础。因此，我们要教育自己的学生，在今后的农村社会工作中，要积极开展道德教育。

首先，设计"义利观"教育内容。受之前不良社会思潮的影响，人们对自身利益十分看重，而比较容易忽视集体和国家利益。面对此种情况，社会工作者可以与农村思想政治工作人员一起设计新"义利观"教育内容，强调在追求个人利益和社会利益之间找到平衡，使之相互促进，而不是相互对立。社会工作者可以在实践中发掘社区居民的需求，发现社会问题，通过开展社区义工服务、社区教育、社区文化活动等形式，引导居民学习"义利观"的理念与实践，从而提升居民的道德素质与社会责任感。同时，社会工作者也可以通过参与相关的培训、研讨会等活动，与思想政治工作人员一起探讨如何更好地传递"义利观"的理念与内涵，让更多人受益于这种新型的教育内容。这种合作模式能够有效地促进社会和谐与发展。

其次，设计新时代生态文明理论教育内容。社会工作者可以将实践中发现的生态相关问题，有意识地向农村思想政治工作人员进行反馈，促进他们对问题的认识和探讨。社会工作者可以通过开展生态志愿服务、公益活动等形式，引导居民学习新时代生态文明的内涵，增强他们的生态意识和环保意识。此外，社会工作者还可以在农村社区居民中开展生态文化教育活动，让居民了解生态文化的重要性，增强他们的生态素养和环保意识。同时，社会工作者也可以与农村思想政治工作人员一起探讨如何更好地传递和教授新时代生态文明内容，提出实际可行的建议和方案，使教育内容更加生动、有趣。社会工作者和农村思想政治工作人员相互配合开展工作能够有效地推动新时代生态文明教育的深入开展，促进居民环保意识的增强，从而推动农村可持续发展。

---

① 叶秋辰. 我国农村社区治理的问题与社会工作视角下的优化路径［J］. 国际公关，2022（22）：103-105.

二、因地制宜设计农村思政教育活动

农村思想政治教育的生命力在其时效性，所以农村社会工作者应根据当下实际情况协同思想政治工作人员合理设置凸显时代特征、地域特色的教育内容及活动，使农村思想政治教育具备科学性、前瞻性、针对性、时效性等。

（一）凸显时代特征、地域特色的教育内容

1. 立足时代特征和地域特色，融合农村思想政治教育的各个要素

农村思想政治教育中各要素的排列组合并非杂乱无章，而是一个科学、有序、有规律的系统最优状态。对学习与农村相关专业的高校学生而言，必须懂得将各个要素有效融合，并从以下三个方面入手：

第一，突出地域特色。不同地域具有不同的历史、文化和社会背景，因此要根据不同地域的特色，结合当地的历史文化和社会现实，制定符合当地实际的农村思想政治教育方案，让教育内容更加贴近农民的生活和需求。

第二，强化时代特色。随着时代的发展，人们的思想观念和价值观念也在不断变化，因此要根据当代社会的特点，注重引导广大农民群众树立正确的世界观、人生观和价值观，提高他们的文化素质，增强其现代化意识。

第三，融合多种教育要素。农村思想政治教育应该融合多种教育要素，如思想道德教育、法治教育、科学技术教育、职业教育等，通过综合性教育，使广大农民群众全面掌握当代社会的知识和技能，提高他们的综合素质。

2. 根据新时代发展要求，剔除不适合的内容

农村思政教育与农村社会实践的发展不会是同步的，但在强调二者发展方向相同的前提下必须具备相互适应和协调的过程。在此过程中二者在一定程度上存在着不协调或者说存在"堕距"现象是客观的事实，需要人们在具体工作环节适时加以调整。因此，高校学生在日后可能要从事的农村社会工作中应带领农村思想政治工作者因地制宜地对教育内容进行适时更新，并及时剔除与乡村振兴发展要求不符的内容，这是农村社会实践实现新发展的关键。同时，需要采用前瞻性和超前性思维来弥补农村思想政治教育的滞后性，切实做到融合发展。

3. 围绕坚持党的领导来设置思想政治教育内容

强有力的领导核心是开展教育活动的重要基础，也是改进方法路径的根本

第七章　农村社会工作开展思想政治工作的措施

保证，这些落到实处就是要坚持党的领导。因此，在从事相关工作时，我们可以采用阶梯式的层次性领导模式，即每个层级都要有党的领导，下级党组织要服从上级党组织的领导。在农村思政教育方面，也需要将其落实到农村基层党组织层面，必须设法解决一些农村基层党团组织"有名无实"的问题，以确保党的领导纵向到底、横向到边。只有这样，才能保证农村思想政治教育的党性特征，才能保证党组织有效领导农村各项事业的发展。

（二）因地制宜开展农村思想政治活动

因地制宜是指根据不同地区、不同群体的实际情况和需求，设计适合当地居民的思想政治教育内容。在农村地区，由于经济条件、文化水平等方面的限制，思想政治教育活动的开展存在着特殊的困难，因此必须因地制宜，注重灵活性和实际效果。为此，我们需要在高校相关专业课程的课程思政教学中教会学生在日后可能需要的从事农村社会工作的技能，结合农村实际情况开展有针对性的活动。

（1）根据当地农民的文化程度和兴趣爱好，设计符合他们需求的思想政治教育内容。例如，可以开展一些与农业生产、农村文化、乡土历史、农村法律等相关的主题活动，以及一些与农村文化传承、民间艺术展示、农村文化素质提升等相关的文化活动。

（2）注重实际效果，将思想政治教育内容与当地的实际情境相结合。例如，可以通过开展农业技术培训、农村环保教育、农村创业指导等活动，帮助农民解决实际问题，提高他们的生产技能和生活水平。

（3）利用当地的资源和优势，设计适合当地的教育活动。例如，可以利用当地的自然环境、文化景观等资源，开展新时代生态文明教育、文化旅游等活动，让农民群众了解当地的文化底蕴和自然美景，同时增强他们的环保意识，提升其文化素质。

（4）让农民群众参与活动的设计和组织，增强他们的主人翁意识。例如，可以通过社区组织、村民委员会等方式，邀请农民群众参与活动的组织和策划，让他们参与到农村思想政治教育中来，让他们感受到教育活动的意义和价值。因地制宜的思想政治教育活动，需要注重实际效果和实际效益，同时也需要注重灵活性和创新性，以适应不同地区的需求和特点，让农民群众真正受益。

● 三、发掘利用地方乡土思想政治教育资源

农村思想政治教育体现乡土特色的关键在于合理运用乡土文化，这就需要

农村重视乡土文化资源的挖掘与保护。在利用乡土资源进行思想政治教育时可以参考"枫桥经验""塘约道路"等典型案例，充分汲取乡土知识文化中的积极经验并应用于农村思想政治教育。

（一）对传统乡规民约中优秀文化的深入挖掘和应用

乡规民约是集乡村行为规范、自治规范、社会规范、社会契约为一体的具有教化育人思想的规范，在村民道德品质、精神追求、科学文化知识普及等方面有着极大的影响。从某种意义上来说，乡规民约中关于农民道德教化的优秀思想是最早的农村思想政治教育实践，在当今乡村振兴战略中具有重要的借鉴作用。同时，乡规民约中的道德教化和行为规范等内容有不少与新时代条件下农村的思想政治教育要求相契合，属于当代农村思想政治教育的重要组成部分。因此，要教育我们的学生在以后从事农村工作时，要对农村传统乡规民约进行挖掘与应用，将其中的优秀文化应用于现代农村思想政治教育，实现传统与创新的充分结合。乡规民约中的优秀文化也可以运用到现实生活中，如在建筑、装饰、庆典等方面，体现其独特的文化内涵，让更多人了解、认同和传承。作为社会工作者，尤其需要我们利用多种方式将优秀的传统文化融入现代社会，实现传统文化的传承和发扬，让乡规民约中的优秀文化得到更好的传承和发展。

（二）巧用地方特色语言文字实现思想政治教育

语言文字是人类传递思想的主要工具，是实现人与人之间沟通交流的桥梁。在课堂教学中，语言文字起到了将思想和知识传递给学生的重要作用。在任何时代，社会语言文字都是必不可少的存在。不同地区用来沟通交流的语言具有地域特色，这就是方言。我国是一个地域辽阔的多民族国家，方言类型非常多，尤其在不同的民族地区，不同的语言文字现象更加普遍。在绝大多数地方的日常生活中均使用方言而不是普通话，导致不少少数民族农民群众对普通话和汉字的了解甚少。在这种情况下，如果用普通话和汉字对民族边疆地区的农民群众开展农村思想政治教育，就可能难以取得预期的成效。对此，我们的社会工作者要加强对当地方言的了解，并适当运用具有地方特色的语言文字开展教育活动，使农民群众更易理解和接受教育内容，可以将农民的排斥或抵抗情绪降到最低，使农村思想政治教育更加深入人心。

（三）善用地方的优秀传统风俗习惯

传统风俗习惯是乡村地区的重要文化遗产，它们潜移默化地影响着农村人民群众的思想品德、精神生活和生产生活。良好的日常生活礼节是农村思想政治教育的重要基础。农民群众在日常生活中遵循着高尚品德和礼仪礼节，如诚实守信、礼貌用语和互敬互助等，这些日常礼节礼仪可以成为农村思想政治教育的载体，对农民群众的思想品德形成积极影响，塑造农民群众良好的品德形象。同时，优秀的节日文化也是农村思想政治教育的重要途径。农村地区有许多传统节日，如火把节、彝族年、泼水节等，这些节日文化和教育内容有机融合，通过节日活动进行传递，可使农民群众受到思想政治教育的熏陶。还可以利用地方优秀传统文化中的精神传承，如师德、家风、文化传承等，让农民群众了解传统文化中的传承精神，引导他们树立正确的传承观念。此外，丰富多彩的民族服饰和图腾文化也是农村思想政治教育可资利用的重要资源，其中蕴含着丰富的教育意义。将农村思想政治教育与继承优秀传统思想结合起来，以农民群众看得见、摸得着的形式来教育农民，使农村思想政治教育既传承了传统，又具有时代的特色。对今后将要从事农村社会工作的学生来说，必须意识到，只有充分利用且善用地方优秀传统风俗习惯来开展社会工作，才能提高工作的效率，并助力实现美丽乡村建设。

第三节　创新农村思想政治教育方法

一、改进农村精神文化实践活动方式，开展实践锻炼教育

农村思想政治教育比较基本的方法就是实践锻炼，通过这种方法能够实现理论与实践相结合，非常有利于农村居民更好地理解和掌握思政理论、国家政策等内容。因此，如果能够在农村开展思想政治教育过程中合理运用实践锻炼法，既有利于丰富实践锻炼法的运用形式，也有利于农民群众"知行合一"品质的培养。

（一）注重农村文化实践活动形式的改革

当前，农村思想政治教育实践还存在着诸多问题，具体表现为活动形式单一、活动组织数量少、活动质量低等。此外，长期以来农村利用开会学习、读书看报等传统形式来开展思想政治教育实践的方式已经与时代发展不合拍，这就导致活动效果不佳。所以，农村地区亟须通过工作形式的改革与丰富，来开展具有时代特色的思政工作实践活动，以此达到更好的活动效果。比如，可以将喜剧节目下乡、建设农民休闲娱乐场所等作为载体，组织开展农民群众比较

喜爱的文体项目、精神文明评比活动，还可以以家庭为单位进行定点实践教育活动，这样就可以调动农村居民参与思想政治教育的积极性和主动性，让农民群众更好地了解与掌握国家政策、法律和社会发展趋势等，提高农民群众政治素养和道德品质，为美丽乡村建设奠定良好的基础。

（二）激发农民群众参加思想政治教育实践锻炼的动力

在组织开展多样化思想政治教育实践活动的基础上，我们还要有效调动农民群众参加实践活动的动力，这样才能发挥思想政治教育实践的意义。一般来说，多数农民群众对各种组织活动参与意愿较低，即便参与活动的那些村民，也多抱有看热闹的心理，并不会认真考虑其中涉及的思政内容，这自然会影响到农村思想政治教育的效果。为此，日后可能会从事农村工作的高校学生需要大力探究能够激发村民参与组织活动的动力及组织形式，使农民群众产生从"要我参加"到"我要参加""积极参加"的转变。农村社会工作者和思政工作人员可以采用直接物质奖励、活动积分兑换奖品以及精神奖励等方式，激发农民群众参加教育实践活动的动力。

第一，适当的直接物质奖励。对于积极参加思想政治教育实践锻炼的农民群众，可以给予一定的物质激励，如发放生活必需品或者经济补贴等。这样可以让农民群众感受到参与教育的实际收益，增强他们的参与热情和积极性。

第二，活动积分兑换奖品。在思想政治教育实践锻炼中，可以设置一些有趣的活动和任务，并为参与者计算积分，积分积攒到一定数量后，可以兑换一些小礼品或者其他物品。这样，可以增强农民群众的学习积极性和参与度，同时也可以培养他们的集体合作精神。

第三，精神表彰奖励。在思想政治教育实践锻炼中，可以设置一些优秀表彰奖励，如"优秀学习者""优秀实践者""优秀志愿者"等。这些奖励虽然不是物质性的，但是可以让受奖励者从心理层面得到满足，激发农民群众的自豪感和自信心，增强他们对教育活动的参与度和认同感。

（三）培养农民"知行合一"的品德

"知行合一"是指理论和实践相结合，即将学习到的知识与实际行为相结合，达到知行合一的境界。这个理念最早出现在中国传统文化中，是儒家思想的核心之一，强调学习和实践的统一。而且，"知行合一"是一种重要的思想理念，强调理论知识和实践行动相结合，只有在实践中不断发现问题、修正错误，才能不断提高自己的能力和素质，实现个人和社会的发展进步。因此，我

第七章　农村社会工作开展思想政治工作的措施

们的大学生们在今后从事农村工作时,也特别需要学会引导、培养农民群众"知行合一"的道德品质。

首先,农村社会工作者或者专门的思政人员要引导农民群众通过实践活动加深对理论工作的认识和理解,尽最大努力引导农民群众将理论融入实践,并用来指导实践活动的开展。

其次,规范管理。在农村社区建设中,加强管理规范,建立健全的制度和管理体系,为农民群众提供良好的社会环境和服务保障,促进农民群众的道德品质提升,实现知行合一。

最后,道德引导。通过开展道德引导活动,增强农民群众的道德修养,引导他们积极参与公益事业,树立正确的价值观和道德观。在道德引导过程中,需要注重将理论与实践相结合,让农民群众在行动中感受到道德的力量和价值。

二、树立榜样典型进行示范教育

榜样示范法是一种通过模仿和学习优秀榜样的行为方式,以达到改善和提高个人素质、行为习惯、道德品质的教育方法。农村思想政治教育中比较有效且经常使用的方法就是榜样示范法,即借助正面或反面榜样对村民起到激励或警示威慑作用,帮助村民形成良好的道德品质和行为习惯。

首先,借助榜样对农民实施激励示范教育。在未来所从事的农村社会工作中,我们要注意收集与整理农村生活中健康积极向上的、具有正能量的人物和事迹作为正面典型教育的例子,将其视作农民群众日常行为以及思想品德的标杆,有助于农民群众维持积极乐观及向上的心态。农村社会拥有很多优秀的传统文化,其中不乏可以运用的典型例子,比如我们可以结合成语"饮水思源"的故事,教育村民"饮水思源"的道理,使农民群众明白"该做什么""该怎么做"。此外,我们还可以利用当代的农民榜样开展教育工作。例如,山西省临县王小帮开办网店,销售原生态绿色产品,带动乡亲发财致富;广西上林县拉岜庄村民苏达谋,自学技能,创建公司,响应政府号召,返乡发展特色养殖,带领大家共同奔向致富路;等等。通过这些真实的案例,让村民了解劳动模范的事迹,更好地认清勤劳致富的道理,逐步熏陶农民群众的道德品质。此外,还可以选择一些家庭氛围和家庭关系非常和谐融洽的家庭,讲好他们如何经营家庭的故事,树立好儿媳、好儿女、好公婆等榜样来规范农村的家庭关系、社会关系,以榜样的力量加强农村社会规范和农民个体品德塑造,促进农村思想政治教育发展。

其次,利用反面典型案例对村民开展警示教育。实际的农村社会中不仅有许多正面典型榜样，也有不少反面案例，其对农村社会与思想产生了非常消极的负面影响。但是我们可以"变废为宝"，将这些负面案例作为开展农村思想政治教育的重要资源。相关部门对当事人的处理结果，会对广大农民群众产生警示作用，让他们认识到这类行为的错误和后果。比如张某是一个嗜酒成瘾者，常常在家里醉酒后打妻子李某，甚至殴打孩子；李某多次向村委会、派出所求助，但由于农村社会对家庭暴力认识不足，村委会干部和社会工作者也未能及时介入，导致家庭关系破裂。通过这类反面典型教育，可以让农民群众明白哪些行为是不可取的甚至是犯罪行为，使农民群众自发形成思想道德行为的底线，不敢做出越过这条底线的行为，不断促进农村良好道德风尚的建立。

三、鼓励农民群众通过大众传播载体进行自我教育

大部分农民尤其是青年农民一般都能够与时俱进，接受符合农村发展要求的新式传播载体，利用这些传播载体村民们可以更好地了解农村发展情况、国家政策、法律法规等，促进乡村文化振兴、提升农民群众科学文化素养和道德品质。自我教育是指农民群众按照相应的要求，通过自我学习、自我反思等方式提升自身的理论水平、优化个体思想品德、端正个人行为规范。随着大众传播载体在农村地区的普及，农民群众通过电视、广播、互联网等大众传媒进行自我教育成为可能。这些新式手段不断改善了乡村振兴中农村思想政治教育的途径，提高了农民群众的文化素质和思想道德水平。

其一，农民群众可以通过现代传媒尤其是自媒体实现自我教育。声音、图像、视频等是自媒体的主要功能，利用自媒体进行思想政治教育时，可以使教育内容更加生动形象，相较于传统灌输和说教的方式，其更容易让农民群众接受。通过多媒体进行自我教育时，农民不再依靠传统教育主体，而是通过视频和图像观看的方式达到思想政治教育的目的。相关机构会对农民群众多媒体自我学习的文字、视频和图片等内容进行审核与把控，将其中有悖思想政治教育主流价值观的内容去除，确保农村思想价值观、精神风貌等不受负面影响。

其二，农民群众利用自媒体开展自我教育。随着科学技术的高速发展，自媒体逐渐成为农民群众娱乐、休闲和学习的重要方式，农民群众也走进了"人人都是自媒体、个个都有麦克风"的网络媒体时代。自媒体是一把双刃剑。它使得农民群众之间、农民群众与外界之间的信息交流沟通越来越方便快捷，尤其如微信、抖音等平台的出现，更是带来了巨大的变化。农民群众利用自媒体进行自我教育，不仅可以增加自身知识技能，提高自身素质，而且也可以帮助他们更好地了解社会、了解政策、了解市场，提高他们的创业能力和获得成功的机会。同时，自媒体也容易混杂一些负面的信息，如不健康的图片、视频、

语音等，给人们的精神世界带来困扰，阻碍了农村思想政治教育的发展。因此，我们应该鼓励农民群众通过自媒体积极展开自我教育，但同时也要对农民群众进行自我教育把关，确保其和主流价值观保持一致。我们应该引导农民群众正确地使用自媒体，对于一些不合理、不合法、不道德的内容，要及时加以屏蔽和删除，保持自媒体健康、积极、向上的形象。同时，也要加强农民群众思想道德教育，提高他们的网络素养和自我保护能力，让自媒体成为农村思想政治教育的重要工具和载体。

其三，随着我国农民群众的可支配收入不断提高，电子产品在农村的普及率也日益提高，尤其是手机、iPad等智能设备已成为农村生活中的必需品。这些现代电子设备功能强大，特别是其中的教育功能也越来越突出，能够对农村思想政治教育产生重要影响。在乡村振兴进程中，充分发挥大众传播载体对农民群众的自我教育作用，是当代农村思政教育必不可少的手段和方法。通过手机等载体开展自我教育，能够让农民群众随时随地获取信息和知识。农民群众可以通过各种应用程序（App）、网站、视频、音频等途径，了解各种信息、政策、技术等内容，提高自己的知识水平和技能水平，更好地适应新时代的发展需求。同时，这些载体也能够帮助农民群众更好地了解国家和社会的发展，增强他们的文化素养和国家意识，促进农村思想政治教育的全面开展。

其四，政府可以通过互联网开展在线教育，为农民群众提供学习机会。通过互联网开展农村电商、安全生产、环保等方面的在线培训，让农民群众了解最新的知识和技能。

其五，农村可以通过大众传媒载体传递精神文化，包括宣传社会主义核心价值观、中华优秀传统文化等，让农民群众了解社会价值观和历史文化，提高他们的道德和文化素质。同时，还可以对包括健康知识、安全知识等在内的综合性内容进行传播，让农民群众了解生活常识等，增强他们的健康意识和安全意识。

第四节　创造良好的农村思想政治教育条件

农村实施思想政治教育需要一定的基础条件作为支撑，而且在相应条件基本具备时才能更好地达到教育预期目标。农村思想政治教育的主要对象为农民，而特定的农村社会环境是农民生存和发展的依靠，所以，农村思想政治同样要在特定的环境中才能完成，并辅之以相应的其他教育形成协同效应。因此，农村应结合乡村振兴战略的要求，对人居环境进行整治，为农村思想政治教育路径的创新发展创造良好环境。

一、加大对农村人居环境的治理

乡村振兴战略是我国当前推动农村发展的重要战略方针，而改善农村人居环境是最基础的工作之一，这也是农村民众的期盼，因为农村人居环境对农民群众的粮食、蔬菜及水资源等方面的质量会造成直接影响。治理"脏乱差"的农村村貌是乡村振兴战略对农村提出的迫切要求，农民群众只有在优美的生活环境中才会去追求精神的满足，从而切实发挥农村思想政治教育的功能。

（一）加大农村生活垃圾的治理力度

农村社会中对人居环境造成负面影响的主要是生活垃圾污染。各种不同类型的生活垃圾是村民日常生活的产物，如果无法合理处理这些生活垃圾，会对村民的生活质量和身心健康造成严重伤害。面对这个问题，农村社会工作人员应该辅助村庄干部收集村民自己对垃圾处理的建议，并根据村庄具体情况制定具体的统一堆放或集中处理的方案。例如，一个村庄可以根据实际情况设置几个垃圾投放点，村民将垃圾统一投放到这些点上，然后由专人进行集中处理。

要严格执行垃圾分类制度。按要求，垃圾投放点分为"可回收""厨余""有害""其他"四类，这样可以使生活垃圾得到有效处理和高效利用。这样的分类处理不仅可以减少垃圾对环境的影响，还可以促进垃圾资源的回收和再利用。对农村思政教育而言，治理农村生活垃圾可以为其创造良好的空间环境，同时也可以培养和巩固农民群众的垃圾处理意识，促进良好生活习惯的养成。在实践中，可以通过创新农村思想政治教育路径，加强对农民群众的教育宣传，增强其环保意识，从而推动农村生活垃圾的有效治理。

（二）加强农药化肥污染物的治理力度

合理规范使用农药、化肥是促进农业生产力发展的重要手段，但过度使用这些化学物品会对农村的人居环境造成污染，阻碍美丽乡村建设。农药和化肥的过度使用已经导致了严重的土地污染问题，这对农民群众的身心健康和农产品的安全生产构成了威胁。因此，必须整治农村农药、化肥的使用频率，严格规范其购买程序、使用范围以及对包装废弃物的处理等，减少不合理使用。在整治和规范农药化肥使用的过程中，农村社会工作人员可以通过开展宣传教育，向农民群众普及科学合理的农药、化肥使用知识，增强农民群众的环保意识，提高农民群众的科技素养。同时，农村社工人员还可以协助政府有关部门建立农药化肥的购买、使用及对包装废弃物的回收处理制度，监督农民遵守规定，防止不合理使用和废弃物乱扔乱倒。这需要我们通过开展实践教育活动，将科学种植技术、生态农业新理念引进农村，推广绿色农业生产方式，减少对农药、化肥的依赖，从而减少环境污染。

（三）增强农村家庭院落环境治理力度

农村家庭院落环境是农民生产生活的最基本条件，家庭院落环境的治理直接关系着美丽乡村建设的进程。为了深化对家庭院落环境的治理力度，需要采取以下措施：

首先，要重视治理家庭卫生环境，因为部分农民家庭的卫生环境意识不强，不注重家庭卫生。因此，治理家庭院落环境是生态宜居建设的重中之重，必须加强对家庭卫生的宣传教育，增强农民群众的卫生健康意识，让他们了解到良好的卫生环境对人类健康的重要性。

其次，要彻底革除部分农村地区人畜混居的现状，保证家庭院落环境的规范有序和干净整洁，实现人畜分离。人畜混居不仅会给家庭院落环境带来卫生问题，还会对农村生态产生破坏。因此，必须加强对人畜分离的宣传教育，让农民群众认识到该项工作的必要性和重要性。

再次，要加强整治和规范农村家庭厕所设置及其使用，开展彻底的"厕所革命"，改善家庭院落环境。根据实际情况新建或者改建厕所，让农民群众了解良好的卫生环境和保持厕所卫生的重要性，增强农民的卫生健康意识。同时，还要加强对家庭厕所的清洁和管理，确保其整洁干净，减少与之相关的卫生健康问题的发生。

最后，营造优美的家庭院落环境，为农村思想政治教育提供整洁干净的院落环境。要加强对乡村环境的整治，增强农民群众的生态环境保护意识，让他们认识到环境整洁和美丽乡村的重要性。同时，还要加强对家庭院落环境的管理和维护，让农民群众了解如何保持良好的院落环境。

（四）完善农村污水治理

针对许多农村尤其是西部地区农村缺水严重的现状，在进行农村污水治理过程中，需要结合其自身发展现状与需求，制订梯次治理方案，做到分批次推进。针对县城周边的农村，应该实现污水管网的延伸覆盖，实现周边村庄与县域污水处理系统的互联互通，实现污水的综合处理。对于距离城市较远的乡村，由于受到地理条件和经济因素的制约，不适宜进行生活污水的集中处理，此时应因地制宜地选择和发展生活污水分散式处理及就地处理技术。此外，加强科学技术的应用，结合农村无污水处理的具体情况，应用一些先进的污水处理技术，提高农村污水处理的效果。总之，在农村污水治理过程中需要做到因地制宜，结合不同农村的实际情况，合理地借助现有的设施，实现污水治理成本的有效控制，促进治理效果的改善。

（五）注重产业融合推动经济发展

目前，严重制约农村人居环境发展的关键因素在于，农村经济仍然不够发达。所以，在建设宜居舒适的农村人居环境时，应继续大力发展农村经济。

首先，坚持发展农村集体经济，政府应支持与鼓励有能力的村委会干部成立农民专业合作社，带领农民群众改变传统发展观念，引入新型农业产业发展理念，利用城郊农业优势，创建特色农业，并朝着城市居民"菜篮子"以及"后花园"的目标发展，从而可以提升农村经济水平。

其次，农村地区周边具有优美风景时，可开设农村休闲旅游项目，并且规划一片农田打造采摘园或农作物种植实践田，让自身对耕种感兴趣或是有意识对孩子开展劳动教育的家长，可以租一块农田亲自种植，让游客感受乡村旅游独有的特色。经过产业经济的不断发展，农村居民的收入有所提升，这就为农村建设增加经济支撑，并有益于促进乡村振兴战略的实施。

二、加强对农村人文环境的治理

农村社会生产生活和乡风文明建设会受到农村人文环境的影响，所以农村人文环境治理也是构建乡村文明新风尚、满足农民群众精神文化需求的有效途径，为乡村振兴战略的实现以及农村思政教育的落实奠定重要基础。

（一）立足于自治，提供农村人文环境的自我规范

乡村振兴过程中必须继续完善村民自治组织建设，其中一个重要环节是注重村庄农民群众主体意识的增强，激励村民积极参与农村公共事务管理工作。想要管理工作有效开展，村民需要对自身农村公共事务有充分了解，同时按照相应的程序参与到决策当中，并按照自己的意愿选出值得信赖的当家人。同时，在基层党组织的监督和指导下，弘扬农村社会的公序良俗，营造文明有序的农村人文环境，促使自我规范意识不断增强。这样，农村村民自治组织建设就可以更好地推动乡村振兴进程，为乡村社会的繁荣发展作出积极贡献。

（二）立足于法治，规范农村人文环境的法治建设

作为一种基本的社会规范，法治对国家和社会治理起着至关重要的作用，只有法治社会才能体现出法治化、规范化的场景。农村人文环境治理同样离不

开法治，良好的法律规范可以保障农村社会安全稳定。因此，农村社会工作者和农村干部为了加强人文环境治理的法治规范化，需要采用以下方法：

首先，农村思想政治工作者可以在社会工作者的帮助下向村民开展法治教育，提高农民群众的法治观念和素养，培养村民成为知法守法用法的新型农民。

其次，社会工作者辅助村庄干部加深理解和认识法律对公民合法权益的保护意义，并在处理农村各项事务时正确运用相关法律制度，保障处理结果的合法性。

再次，建立法律服务体系。在农村地区建立法律服务站、法律援助中心等法律服务机构，为农民群众提供法律咨询、法律援助等服务，帮助他们解决实际问题，增强法律意识。

最后，推进农村法律服务网建设。在农村地区建立法律服务网，通过互联网、短信等方式，向农民提供法律咨询、法律援助等服务，方便快捷，提高服务效率。同时，加强农村地区的法律监督和执法力度，严厉打击各种违法犯罪行为，维护社会正义，提高农民对法律的信任和尊重。

（三）立足德治，加强农村人文环境的道德规范

在传统中国农村的社会治理中，德治是一种非常重要的手段和方式，直到现今仍然继续发挥着重要作用。从德治层面出发，加强农村人文环境道德规范的方法如下：

第一，要发挥道德的教化作用，将道德规范内化于心、外化于行，促进良好道德风尚的形成。

第二，建立和发挥农村的道德激励约束机制，激励积极有益的道德行为，约束规范农村社会道德发展中的负面行为。

第三，不断推进农村地区移风易俗，转变不良的农村社会风俗习惯，促进文明新风尚的形成，净化农村人文环境，为农村思想政治教育营造环境。

（四）形成"三治合一"的农村人文环境治理

单纯依靠一种力量是无法实现全方位的农村文化治理的，需要将多种力量进行融合，这就需要将自治、法治、德治结合起来，将三种治理方式的优势全面发挥出来，从而才能把乡村人文环境治理好。在乡村振兴进程中，要不断促进自治、法治、德治的融合，为美丽乡村建设的人文环境营造条件，也为农村思想政治教育路径创新夯实基础。

三、促进农村思想政治教育与其他教育形成协同效应

农村社会发展过程中思想政治教育工作并不是单独存在的,它可以与其他教育形式形成协同效应。比方说,教育学、心理学、政治学等知识和理论可以和农村思想政治教育进行融合,这意味着它们既有特殊性也有普遍性,高校正是农村思想政治教育与其他学科协调发展的重要依托。农村农民教育工作中的各学科协调发展,是形成合力、发挥最佳教育效果的前提。

(一)找准切入点,促进农村思想政治教育和其他类型教育的融合

要想农村思想政治教育顺利有效地衔接其他教育形式,就需要找到其与不同学科之间融合的切入点。在农民教育问题上,农村思想政治教育与其他教育有许多共同点,而最明显的特征则体现在农民思想政治教育、德育教育和法治教育的区别上,这也正是必须准确找出农村思想政治教育和其他教育共同切入点的原因。另外,培养符合社会发展需求的公民是农村思想政治教育和其他教育的共同点,在这个共同点的基础上进行融合,才能有效形成协同效应。

(二)创建农村思想政治教育长效发展机制

建立长效机制需要体现出长期性、稳定性、常态性、超前性等特征,并在此基础上形成常态化、相对稳定的持续状态,确保农民群众有良好的心理状态以及乡村振兴战略的长久发力。农村未来发展的方向会通过农村社会新生事物和社会结构的变化反映出来,比方说,社会经济发展进入新常态、乡村振兴战略的实施等,这些变化一定会对农村各种因素产生相应的影响,并促使其发生改变或者重组。

第五节 健全农村思想政治教育工作运行机制

农村基层工作事务多、任务重,而且非常复杂,这给思想政治教育工作带来很大的困难。如果没有一个比较成熟的机制,一旦发生问题只能临时被动解决,这就会导致基层工作失去主动性,从而影响各项工作开展的质量。因此,今后将要参加农村相关工作的高校社会工作专业学生应该学会与村庄干部一起构建一套有效的思想政治工作机制,以便实现专人专事、按照规章制度来开展

工作。该套工作机制还应该具有与时俱进的特点，通过对工作机制的不断更新，提升农村思想政治工作的时效性和生命力。

一、对农村思想政治工作的组织机制进行创新

农村社会工作者等需要借助自身的专业知识，协同农村思政工作者对现有组织机制予以改进或完善，将党组织主导作用发挥得更加全面。这样，农村思想政治工作的价值才能有效体现。农村党的组织是美丽乡村建设的天然领导。农村基层党组织在对农民群众进行思想政治教育工作、宣传与落实党在农村的各项政策、推动村民积极参与美丽乡村建设活动等工作中起着主导作用。

近年来，各级基层党组织带领党员同志全面积极投入到美丽乡村建设工作中，共产党员的先锋模范作用非常突出，得到了人民群众的赞赏和拥护。然而，也有少数基层党组织特别是基层党支部对思想政治教育工作不够重视，而且组织管理能力较差，在美丽乡村建设过程中未能充分发挥主导作用，导致所辖地区农民群众未能积极主动地投入建设工作，进而影响美丽乡村建设的总体进度。党员干部和群众对这种现象是不满意的，这对思想政治教育工作的开展造成了极大的负面影响。为了解决这个问题，要针对乡镇一级和村一级的基层党组织建设进行创新，农村社会工作者要帮助上述基层党组织找问题并制定相应的完善党支部议事规章、流动党员管理制度，以及党员联系户、党务公开等制度，为农村党员活动实现制度化、规范化、正常化提供良好的支撑。

注重对农村党员进行技能培训，通过基站培训、参观培训等方式提升农村党员的综合能力与素质。还要对流动党员管理方式加以创新，组织流动党员开展"牵手"活动，以利于解决管理方面的问题，提升党组织的活力。同时，在对党员干部管理制度进行完善时，可以借助创建省级"学习型党组织建设示范点"的机会，重视干部知识更新，并加强考核评比工作，这样就可以调动干部工作的热情，强化村委会干部服务基层、服务农村、服务村民的能力。此外，还可以充分利用换届选举的契机，通过机关下派、村际交流、以强带弱、跨村兼职等形式，严把村干部入口关，优化村干部结构。

二、对思想政治工作的责任机制进行创新

农村思想政治工作的有效开展不能仅仅依靠村庄层面的村级党员干部，而应该上升到乡镇党员干部层次。可以明确成立由乡镇党委书记任组长的工作领导小组来开展工作，其成员分别有人大、政府、政协，以及工青妇、科教文卫、各行政村主要干部。在农村思政工作开展过程中可以实行"科级领导挂

片、普通干部包村、村干部联系群众"的方式,这样就可以实现工作有人抓、事情有人做、件件有落实的效果。

在未来从事农村社会工作时,我们可以通过帮助农村思政工作者建立长效的责任落实制度,将工作目标、责任主体、任务分工、时限等内容明确到位,确保每个责任主体都能够明确自己的职责和任务,并按时按质完成工作。同时,还要建立问责机制,对工作不达标、不负责任的责任主体进行严肃问责,确保责任主体按照规定的标准履行职责,保证农村思想政治工作的顺利开展。此外,所有农村要在设置专门思政工作人员之外,探索将美丽乡村建设辅导员和大学生村官纳入进来,建设一支多触角、多成分、多功能的思想政治教育工作队伍,提高责任主体的思想觉悟,增强责任主体的责任意识,让责任主体认识到自己的工作是为了服务农民、服务农村和服务农业。

三、加强思想政治工作考核机制的创新

首先,量化考核指标。为了更好地考核农村思想政治工作的质量和效果,可以采用量化的考核指标。如采用问卷调查的方式,了解广大人民群众对工作质量的评价;收集数据,分析工作的进展情况和成果;在科级干部、村(站、所)岗位责任和任期目标中增设农村思想政治工作的细化量化指标,还要签订工作责任状,并在固定周期内实行百分制考核,把思想政治工作的质量和效果作为衡量村级党组织和领导干部执政能力的重要标准。

其次,通过定期的检查和督导,查看工作的落实情况,以此量化考核指标,更加客观全面地评价相关工作。这些量化考核工作能够使思想政治工作与经济工作真正做到"四个统一"(统一部署、统一实施、统一检查、统一考核),使基层思想政治工作由"软"变"硬",由"虚"变"实",使考核机制真正发挥效果。

四、对农村思想政治工作的激励机制加以创新

激励机制是一系列相互影响和相互制约因素的运行方式,旨在激发人的动机和引发人的行为,以实现调动、引导人的工作积极性和创造力。在农村思想政治工作中,激励机制需要全面考虑农村思政工作主体人员和广大农村思政工作对象的情况,并针对其本职工作的完成情况,采取多种形式激励措施,即通过精神层面的表彰和批评,或者物质层面的奖励和惩罚,以推动农村思政工作队伍和广大农民群众更加积极主动地参与到农村思想政治教育工作中。这样可以更加有效地调动人民群众的积极性和主动性,提高农村思想政治工作的质量和效率。

（一）坚持物质激励和精神激励相结合

在具体实践工作中，应特别注重激励机制的建立，并遵守物质激励和精神激励相结合的原则。精神激励能够更好地满足人们的精神需求以及获得自我荣誉感的需求。物质激励则更加实在，看得见摸得着，可以直接满足人们的物质需要。科学地将精神激励与物质激励结合起来使用，在满足人们精神层次需求的同时，为人们提供一定的物质支持，这样可以加强激励，让人们更加积极地参与到各项工作中来，并起到良好的示范作用。

另外，要制定科学客观的奖励考核标准，才能将激励机制的最大效果发挥出来。在对农村居民进行考核时，需要将村民支持和参与思想政治工作的情况、家庭与个人的思想政治素质情况、对集体的贡献度等都融入考核体系，对综合考核指标表现良好的个人及家庭，颁发"最美家庭""最美儿媳""文明创建之星"等荣誉并给予相应的物质奖励。就农村思政工作而言，其考核依据主要为思政工作任务的完成情况、完成效果、他人评价等，结合工作态度、其他表现进行排序，根据排名结果给予相应的奖惩。要坚持奖惩结合，赏罚分明的原则，以达到激励先进、鞭策后进、督促中间的效果，营造良好的工作氛围。

（二）注重情感激励与环境激励相结合的运用

通过创造良好的工作和生活环境来激发人们内心的动力和情感，这就是环境激励；而情感激励则是指，借助正当的情感交流，让人们在情感上获得尊重以及爱，从而满足人们的心理需求。农村思政工作的激励机制，可以说是情感激励和环境激励的融合使用。

关于环境激励：农村地区应该尽可能对相应的配套硬件设施进行优化与完善，为农村思政工作队伍提供能够满足日常需求的环境条件，达成激发工作人员积极性和主动性的目标；同时，还要对农村公共文化设施进行完善，组织多样化的精神文明建设活动，构建优质的思政工作环境，增强村民的参与意识。

关于情感激励：在施加环境激励的同时融入情感激励，全面掌握和分析农民群众情感变化规律，向农民及时传输"正能量"，将负面情感转化为正面情感，满足农民群众积极性的情感需要，进一步激发他们的积极性和创造性。对于农村思政工作者而言，可以通过情感激励提升其对工作的认同感和归属感，加强内在动力并将其投入思政工作，提升农村思想政治工作队伍的凝聚力。

五、创新思想政治工作的教育机制

建立由党校、党员活动室、群众文化活动中心、社区活动站点等组成的群众思想政治教育阵地，使之真正变成对民众进行素质教育和陶冶情操的有效场所。外出务工人员和本地区流动人员要合理编入组织并进行有效管理，使他们也能有效地纳入思想政治教育和管理体系，从而建立起各类组织相配套、纵向横向有机结合，横向到边纵向到底的思想政治教育网络。为此，需要我们积极参与和推进如下创新教育机制工作。

第一，农村教育培训基地的建立。加强以基层党校、文化技校、乡镇图书阅览室为培训基地的建设，积极招聘乡村党校的工作人员，建立一批符合当前乡村改造形势与发展要求的专兼职教师，并配置必需的教学设备。

第二，信息宣传网站的建设。完成村办频道、宣传栏和大喇叭广播等信息宣传渠道的建立，把中国传统方法与现代教育手段相融合。在传播内容上要求创新、求活、求实，并由宣传员定期编发全国统一的宣教期刊，设置时事政治、法律法规宣教、社会典型事件简介、农业实用常识等内容，以提高传播信息内容的时代感、实用性和指导性。

第三，宣传队伍网络的形成。在"有人抓宣传，有人搞宣传"的基础上，建立"人人抓宣传，人人搞宣传"的工作格局。坚持以农村专业干部为基础，以农村业余团体为辅助，建立统一指挥组织、共同协作领导，具有健全的资讯传播、法律宣传、科学传播、文艺传播的宣传队伍网络，同时以其作为先进文明的宣传者和为人民排忧解难的工作人员。

六、农村思想政治工作的相关监管考核制度建设

监管考核制度是农村思想政治工作有效实施的保障，但是当前由于相关工作人员缺乏相应知识和工作经验，导致监管考核制度的制定不够全面，影响了农村思想政治工作的有效开展。因此，农村社会工作者应帮助农村干部积极探索，开展制度建设工作。

第一，在乡村年度综合考评中融入思想政治工作开展情况的指标，将精神文明建设情况和思想政治工作效果作为村级干部的政绩考核条件。

第二，构建完善的监督体系。组织监督小组，并定期对乡村思想政治工作进行检查与监督，以此提升该项工作的效果。监督人员可以由老党员、村代表等组成，充分发挥他们的作用，并予以物质激励，使他们有动力融入进来，参与监管。

第三，在乡村年度工作总结中开展对主要领导的满意度测评，推动思想政治工作的全面落实。村庄主要负责人需要如实地将工作完成的实际情况及个人履职尽责情况进行全面报告，让群众评判，并提出建议和需要改进的问题。

第四,明确考核机构和岗位职责,建立专业化、权威性考核机构,明确考核人员的职责和权力。要在农村社会工作者的帮助下,根据工作需要,确定考核周期和频次,使考核结果及时反映工作情况。另外,还要制定考核流程和方法,包括考核调查、考核评估、结果反馈等环节,以使考核工作规范、科学、公正。

第八章

未来课程思政实施的展望

第一节 课程思政实施的发展趋势

一、多元化的课程思政实施途径

未来课程思政实施的发展趋势,将会更加注重多元化的途径和方式。教育部门将会通过各种渠道和手段,向学生灌输正确的价值观和思想。就包括"农村社会工作"在内的所有课程思政教学而言,我们必须让学生深入了解农村社会,加深对农村社会的认识,提高自身的社会责任感。

(一)结合社会实践开展课程思政教学

教师通过组织学生参与社会实践活动,引导学生深入了解社会现实,增强学生的社会责任感和使命感,从而提高学生的思想政治素质。高校组织的大学生社会实践活动一般包括社会调研、社区服务、社会义工、企业实践等。在活动中,学生们深入了解社会现实,了解社会热点问题和社会发展趋势。同时还要鼓励大家积极参与社区志愿服务活动,为社区居民提供一系列服务,如健康咨询、环保宣传、文化交流等。

通过社会实践活动与课程思政教学的结合,学生们深入了解社会现实,增强了社会责任感和使命感,提高了思想政治素质。同时也加强了学生的实践能力和创新思维,注重团队协作和合作能力,提高了学生的反思和总结能力。这些实施途径需要指导教师的积极引导和支持,才能达到更好的效果。

（二）以课程教学为载体实施课程思政

教师在课堂教学中，通过深入探讨和思考课程内容，引导学生树立正确的价值观，培养他们的社会责任感和使命感，从而提高学生的思想政治素质。在课堂上通过讲授一些具有思想性的案例，引导学生思考正确的价值观和人生观，培养他们的道德观念和人文精神。比方说，在学习黄树民教授《林村的故事》这本专著时，可以通过书中案例主人公叶文德的人生经历来理解时代的变迁，教会学生正确并积极地看待历史，树立争做符合新时代要求的青年。在课堂教学中通过鲜活的案例教学，可以帮助学生们更好地理解和掌握课程内容，并提高他们的思想道德素养。同时，也可以引导学生思考和反思，培养他们的思考能力和创新精神。

（三）以互联网技术为支撑，实施课程思政

互联网技术的发展为课程思政的实施提供了新的途径。通过网络教学、在线讨论等方式，可以让学生更加便捷地获取知识、交流思想，增强社会责任感和使命感。

第一，利用互联网平台和工具实施课程思政教学。随着互联网技术的发展，各种在线教育平台和教学工具层出不穷，这为课程思政实施提供了便利。例如，可以利用在线教育平台实施课程思政教学，通过互联网直播技术进行网络直播授课；利用微信、QQ 等社交工具建立学生与教师之间的互动平台，促进课程思政教学的实施。

第二，利用互联网技术开展课程思政教学资源共享。在互联网平台上，这些共享资源包括教学视频、教材、课件等。这样，无论是学生还是教师都可以随时随地获取这些资源，从而提高课程思政教学的效果和质量。

第三，利用互联网技术开展在线思政教育。互联网技术可以支持在线思政教育，包括在线思政课程、在线思政论坛、在线思政辅导等。这种方式可以让学生更加自主地掌握思政知识，提高思政教育覆盖的广度和深度。

第四，利用互联网技术开展创新性思政教育。互联网技术可以支持学生开展创新性思政教育。例如，学生可以利用互联网搜索引擎进行课题研究，利用社交网络进行学术交流，利用在线平台进行作品创作等。这样可以激发学生的创新意识和创新能力，提高思政教育的实效性和创造性。

二、大众化的课程思政实施形式

以"农村社会工作"课程思政为例，本书主要探讨了农村社会工作的基本

理论、方法和实践，旨在推进我国农村社会工作的发展和完善。结合本门课程的核心内容，大众化的课程思政实施形式如下：

首先，普及化的课程设置。在课程设置方面，应该从大众化的角度出发，设置适合"三农"相关专业学生的课程，包括农村社会发展、乡村治理、农村社会服务等，以便更好地满足学生的需求。

其次，线上线下相结合的教学模式。在教学模式方面，采用线上线下相结合的教学形式，包括在线教学、视频讲解、学习笔记等，利用互联网技术和多种教学资源，使得学生可以在任何时间和地点学习、交流。

再次，实践化的课程教学。在课程教学方面，应该注重实践教学，让学生通过参与社会实践、社区服务等方式，了解农村社会工作的实际情况，增强他们的实践能力和社会责任感。

最后，社会化的教学资源共享。在教学资源方面，可以利用社会化的方式进行资源共享，包括社会组织、政府部门、企业等为农村学生提供更加全面和实用的教学资源，促进包括农村社会工作在内的各项工作的发展。

三、个性化的课程思政实施需求

"农村社会工作"课程要求，农村社会工作的实践需要具备高度的个性化和差异化，因此在该门课程的课程思政教学实施方面需要考虑到个性化的需求。

第一，注重地域特色。不同地区的农村社会工作发展状况不同，因此在课程内容设置方面需要注重地方特色，制定符合当地实际情况的课程内容，以便更好地适应当地实践需求。

第二，强化针对性。针对不同学生的个性化需求，既包括生源地域特点，也包括办学地域特点，来制定不同的教学方案。例如，为有特定就业去向的学生结合未来职业特点开展针对性教学，为有特殊爱好的学生开设专门课程，以便更加全面地满足学生的需求。

第三，建立个性化学习档案。为了更好地了解学生的个性化需求，建议建立个性化学习档案，包括学生的学习成绩、学习特点、家庭情况等方面的信息，以便更加有针对性地指导学生的学习和发展。

第四，推广个性化教学模式。为了更好地满足学生的个性化需求，应该推广个性化教学模式，例如小班教学、一对一辅导等方式，以便更好地满足学生的学习需求，提高课程思政教育的实效性和可持续性。

第二节　课程思政实施的未来展望

一、推动社会主义核心价值观的传播

未来课程思政实施的发展，将更加注重推动社会主义核心价值观的传播。课程思政实施将会成为一个重要的工具和平台，帮助学生深入了解社会主义核心价值观的内涵和意义，引导学生树立正确的世界观、人生观和价值观。

（一）通过文化活动传播社会主义核心价值观

当代大学生是个性鲜明的一代人，在如今这个信息大爆炸的时代，往往更容易受到各种社会思潮的冲击，形成畸形发展的思想方向。这需要通过传播社会主义核心价值观来帮助学生培育正确的思想道德品质，而高校开展的丰富多彩的文化活动，为社会主义核心价值观的传播提供了多元化平台。高校可通过开展各种学术讲座、运动竞赛、文艺汇演等活动，在丰富学生业余生活的同时，将社会主义核心价值观渗透到学生的思想之中。

我国作为体育大国，在历届奥运会上都有优秀的表现。通过开展体育竞赛，可以促进学生们的体育锻炼，养成良好的体魄，还可以激发学生们的拼搏精神与竞技精神，使学生们在未来社会发展的浪潮中激流勇进、迎难而上。这对将社会主义核心价值观刻印在学生头脑中起到了积极的促进作用。文艺汇演是学生自我展现的舞台，在这个舞台上学生们可以展现出作为社会主义建设接班人的风采。培养学生积极向上的业余爱好，远离低俗低级趣味，就为学生们优良思想道德品质的养成打下了基础。除了以上几种形式，当代高校有效的校园文化活动形式还有很多，这些都极大地丰富了学生的课余生活，同时也培养了他们积极、上进的思想道德品质。

（二）通过社会实践传播社会主义核心价值观

读书的目的是"学以致用"，学到的知识最后还是要通过实践来加以验证。因此，高校开展传播社会主义核心价值观的工作，需要通过带领学生积极参加社会实践活动来推动。在参加社会实践的时候，可以让学生实实在在地接触到社会的现实情况，并通过与书本知识的对比，对自身未来的发展之努力方向形成更加具体和清醒的认知，也能够更加清晰地意识到自己应尽的责任。在社会实践过程中，教师们要围绕社会主义核心价值观来引导学生，让学生用积极乐

观的心态看待社会现象，不要让学生产生对步入社会的恐惧感。这样，学生才能逐渐形成积极向上的思想道德品质，在面对困境时才能努力想办法克服，锻炼出坚强的意志品质。

二、培养社会责任感和公民意识

未来课程思政的实施将更加注重培养学生的社会责任感和公民意识。教育部门将会通过各种方式和途径，让学生更好地了解社会，关注社会问题，积极参与社会事务。

首先，强化社会责任教育。社会责任教育是培养学生社会责任感的重要途径。课程思政应该注重社会责任教育，引导学生认识社会责任的重要性，培养学生的社会责任感。在课程设置方面，可以通过开设社会实践、志愿服务等课程或活动，让学生亲身参与社会实践，了解社会问题，增强社会责任感。

其次，加强公民意识教育。公民意识是指个人对自己社会地位和社会角色的认同、对自己在社会中的权利和义务的认识，以及对公共利益的认识和关注。课程思政应该注重公民意识教育，引导学生了解公民权利和义务，了解国家法律法规等方面的知识，培养学生的公民意识。在课程设置方面，可以通过开设法治教育、公民教育等课程或活动，让学生了解法律和政策，增强学生的公民意识。

最后，强化道德教育。道德教育是培养学生社会责任感和公民意识的重要途径。课程思政应该注重道德教育，引导学生了解道德标准和道德规范，培育学生的道德素养。在课程设置方面，可以开设道德教育、心理健康教育等课程或活动，让学生了解道德标准和道德规范，努力提高自身的道德素养。

三、培养创新精神和实践能力

未来课程思政的实施将更加注重培养学生的创新精神和实践能力。教育部门将会通过各种方式和途径，激发学生的创新意识和创新能力，提高学生的实践能力和创新能力，为学生的未来发展提供更多的机会和支持。

第一，强化创新教育。创新教育的主要目标是培养学生创新精神。课程思政应注重创新教育，引导学生探索新的思路和方法，培养学生的创新意识。在课程设置方面，可以通过开设创新教育、科技创新等课程或活动，让学生进一步了解创新的重要性，提高学生的创新能力。

第二，加强实践教育。实践教育是培养学生实践能力的重要途径。课程思政应注重实践教育，引导学生积极参与实践活动，提高学生的实践能力。在课程设置方面，可以通过开设实践课程或开展实践活动，让学生亲身参与实践，了解实践中的问题和挑战，提高学生的实践能力。

第三，强化综合素质教育。综合素质教育主要聚焦于培养学生的综合能力。课程思政应注重综合素质教育，引导学生全面发展，提高学生的综合素质。在课程设置方面，可以通过开设综合素质教育课程，让学生了解综合素质的重要性，提高学生的综合素质。

第四，推进产学研结合。产学研结合是为了培养学生实践能力和创新精神。课程思政应注重产学研结合，推进校企合作，让学生参与实际项目，从实践中获得提高。在课程设置方面，可以通过开设产学研结合的课程，让学生参与实际项目，提高学生的实践能力和创新精神。在这些课程的教育下，学生们的创新精神和实践能力会得到明显提高，为今后献身国家和社会发展事业并作出更大的贡献打下坚实的基础。

结 语

一、课程思政的实施效果与意义

（一）课程思政的实施效果主要表现

（1）持续深化了教学内容和教学方法的改革，真正做到把"水课"变为有难度、有深度和有挑战度的"金课"，需要重点鼓励各个专业的主干课程先行先试，以已有的一流课程、课程思政样板为抓手，探索模式、积累经验。这结合了学生的专业兴趣和学习热情，有助于提升课程质量。

（2）形成了独特的"专业课教师＋思政课教师"有机结合的教学模式，打造思政教师和专业教师互动发展、互相协作、课程交叉共建的"成员互助"合作发展模式，实现"1＋1＞2"的教学效果。这种模式有利于提升教师的课程思政教学能力，提升教学效果。

（3）围绕学校办学特色与各个专业特色，积极拓宽教学实践路径，注重把学生作品创作与学科竞赛相结合，同时以学生作品作为基础，持续开展相关的专业汇报、主题展演活动。通过获奖作品弘扬正能量、传播主旋律，提高学生荣誉感、获得感，强化学生的价值观体系。实践教学有助于开拓"课程思政"边界，同时也能够提升学生的综合素质和创新能力。

（4）突出"讲好中国故事"，有计划、有组织、有针对性地开展课程思政教学和各类特色培训活动，提升教师实施课程思政的能力，增强立德树人的育人实效。"讲好中国故事"，增强学生的文化自信。

（二）课程思政的实施意义

（1）落实立德树人根本任务，提升了学生思想政治素质。通过课程思政的实施，可以帮助学生树立正确的世界观、人生观和价值观。通过将思想政治教育融入课堂教学，引导学生正确看待世界、理解人生、判断价值，使他们树立正确的人生目标和价值追求。例如，在文学作品解析课程中，可以通过学习优秀文学作品，培养学生的审美情趣和人文关怀；在数理课堂上，可以通过对实际问题的解决，培养学生的创新思维和合作精神。

（2）提升了人才培养质量，增强学生的社会责任感和使命感。通过课程思政的实施，可以引导学生关注国家和社会的发展，培养他们的社会责任感和公民意识。例如，学生在课堂上可以学习到关于全球性问题和可持续发展的知识，从而激发学生对环境保护的责任感，以助于培养具有社会责任感、创新精神和实践能力的高素质人才。

（3）推动了教师队伍素质提升。课程思政要求教师不仅要具备专业知识，还要具备较高的思想政治素质和育人能力。通过实施课程思政，促进了教师队伍素质的提升，增强了教师的育人意识和能力。

（4）促进了高等教育的发展。课程思政是高等教育发展的先进理念，也是深入探索高校育人模式的创新实践。通过实施课程思政，可以推动高等教育改革创新，促进高等教育的内涵式发展。

（5）培养了社会主义建设者和接班人。课程思政的根本目的在于培养社会主义建设者和接班人。通过将思想政治教育与专业知识教育相结合，可以引导学生树立正确的世界观、人生观和价值观，培养具有社会责任感、创新精神和实践能力的高素质人才，为社会主义现代化建设提供有力的人才保障。

二、对"农村社会工作"课程思政实施的建议

（1）强化"农村社会工作"课程的思想内涵。在教授"农村社会工作"课程的同时，需要加强其思想内涵的挖掘和深入，让学生更加深入地理解农村社会的现实情况和问题。

（2）结合农村社会工作实际，强化实践环节。"农村社会工作"课程需要结合农村社会的实际情况来强化实践环节，注重实践应用，使学生能够学以致用，让学生通过实践了解农村社会的实际情况，增强他们的实践能力和创新思维。同时，应该注重培养学生的社会责任感和人文关怀意识，使其能够更好地服务于农村社会。

（3）发挥教材的思想政治教育作用。教材是课程思政的重要载体，需要发挥其思想政治教育作用，引导学生树立正确的价值观，培养他们的社会责任感和使命感。

（4）强化课程思政的育人功能。"农村社会工作"课程思政应强化其育人功能，通过案例分析、角色扮演、小组讨论等方式，使学生能够更好地理解和

掌握理论知识和实践技能。同时，也要注重培养学生的综合素质和职业道德，使其能够更好地服务于农村社会。

（5）推进多元化的教学方式。"农村社会工作"课程思政应该推进多元化的教学方式，例如采用情境模拟、田野调查等方式，使学生更好地在实践中掌握理论知识。

（6）建设高素质的教师队伍。"农村社会工作"课程思政的实施需要建设一支高素质的教师队伍，要求教师不仅具备农村社会工作的专业知识和实践经验，还要具备较高的思想政治素质和育人能力。同时，应该注重教师的师德师风建设，使其能够更好地引导学生树立正确的世界观、人生观和价值观。

总之，"农村社会工作"课程思政的实施需要注重实践应用、强化育人功能、推进多元化的教学方式，加强实践教学环节以及建设高素质的教师队伍等，这些措施能大大提高"农村社会工作"课程思政的实效性。

参考文献

[1] 陈洪捷,施晓光,蒋凯.国外高等教育学基本文献讲读[M].北京:北京大学出版社,2014.

[2] 黄贵英,毕扬.高职院校思政课生态课堂建设:内涵意蕴与实施策略[J].河北大学成人教育学院学报,2023,25(01):54-60.

[3] 罗晓燕,钟华.乡村振兴视域下涉农高职课程思政的探索——以试验设计与统计分析课程为例[J].特种经济动植物,2023,26(03):189-191.

[4] 顾化杰.增能发展人文关怀:乡村振兴背景下农村社会工作的功能定位[J].智慧农业导刊,2023,3(05):149-152.

[5] 李秋丽.课程思政的教育哲学审思[N].中国社会科学报,2023-03-10(006).

[6] 刘超,蔺兵兵,徐正芳,等.课程思政视域下的课程教学改革研究与实践[J].继续教育研究,2023(04):90-94.

[7] 李富臣,徐杰,周晓进.高校加强"课程思政"建设进路研究[J].才智,2023(08):24-28.

[8] 高德毅,宗爱东.课程思政:有效发挥课堂育人主渠道作用的必然选择[J].思想理论教育导刊,2017(01):31-34.

[9] 苏成杰,施宇军,范亚军.高职院校课程思政育人的问题分析[J].才智,2023(07):98-101.

[10] 王东红,吴永祥.以课程思政推动高质量人才培养的实践路径研究[J].对外经贸,2023(02):136-138.

[11] 龚丹娅,权麟春.乡村振兴战略视域下农村思想政治教育路径探析[J].特区实践与理论,2023(01):121-127.

[12] 张太宇,王燕红.高职院校课程思政高质量发展的逻辑理路探析[J].教育理论与实践,2023,43(06):37-40.

［13］赵林林，邹瑄，董菁．教师"课程思政"育人能力模式研究［J］．公关世界，2023（04）：144-146．

［14］徐姗姗．乡村振兴战略背景下农村社会工作人才队伍建设的研究［J］．农业经济，2023（02）：118-120．

［15］潘懋元．中国当代教育家文存：潘懋元卷［M］．袁振国，主编．上海：华东师范大学出版社，2006．

［16］毕翔，胡江伟．媒体融合视角下的课程思政建设创新路径研究［J］．新闻世界，2023（02）：93-96．

［17］史艳玉．新媒体背景下高校课程思政路径探究［J］．经济师，2023（02）：163-164．

［18］谢添．立德树人视域下的高职院校课程思政建设策略思考［J］．才智，2023（04）：9-12．

［19］童敏慧，熊亚丹，郭伟．课程思政教学评估：必要性、主要内容及实施要点［J］．对外经贸，2023（01）：150-152．

［20］李萍，古炳玮．"课程思政"建设的现实困境及未来取向［J］．南宁职业技术学院学报，2023，31（01）：12-19．

［21］孙文中．创新"农村社会工作"课程思政建设的路径［J］．集美大学学报（教育科学版），2022，23（02）：1-7．

［22］易艳阳．社会工作专业课程思政建设的"生态化协同"路径与策略［J］．重庆科技学院学报（社会科学版），2023（01）：90-96．

［23］刘冲，任爽．课程思政融入专业建设的理念与路径［J］．课程思政教学研究，2022，3（02）：16-28．

［24］杨杰，王思雨，罗骏．我国课程思政研究的现状、热点与发展趋势［J］．课程思政教学研究，2022，3（02）：53-69．

［25］王阳春．高职教师课程思政能力提升策略探究［J］．黑龙江科学，2022，13（23）：109-111．

［26］邹娣，黄佳豪．乡土文化现代性变迁下农村思想政治教育环境探析［J］．农村·农业·农民（A版），2022（11）：45-48．

［27］向琴．乡村振兴背景下改进农民思想政治教育途径探析［J］．农村·农业·农民（B版），2022（10）：59-61．

［28］马文宇，刘峰．乡村振兴战略下我国农村思想政治教育紧迫性探析［J］．农村经济与科技，2022，33（17）：276-278．

［29］韩芳．农业院校研究生培养中课程思政教学路径的探索与实践——以农村社会工作为例［J］．大学教育，2022（08）：35-38．

[30] 岳君. 课程思政融入农村干部开放教育教学的实践探索——以农村社会学课程为例 [J]. 江西电力职业技术学院学报, 2022, 35 (07): 125-127, 130.

[31] 李莹. 我国农村社会工作的伦理困境与对策研究 [J]. 农村经济与科技, 2022, 33 (11): 143-146.

[32] 田园媛. 课程思政的育人功能研究 [D]. 长沙: 长沙理工大学, 2021.

[33] 张录全. 全面建成小康社会进程中的农村思想政治工作研究 [D]. 天津: 天津师范大学, 2019.

[34] 刘震. 新时代我国农民思想政治教育研究 [D]. 济南: 山东大学, 2018.

[35] 范雅娜. 情境嵌合: 乡村振兴过程中农村社会工作的价值实现路径 [J]. 探索, 2022 (6): 120-133.

[36] 陈睿冰. 社会工作参与促进乡村经济发展的思考 [J]. 山西农经, 2022 (15): 60-62.

[37] 叶秋辰. 我国农村社区治理的问题与社会工作视角下的优化路径 [J]. 国际公关, 2022 (22): 103-105.

[38] 吴琛杭. 乡村振兴背景下农村社会工作的历史沿革、现实观照与发展路径 [J]. 乡村论丛, 2022 (06): 12-20.

[39] Myfanwy Maple, Helenmary Jarrott, Ahmed Bawa Kuyini. Blended Learning in Rural Social Work Education: Reflections from a New Australian Bachelor of Social Work Course [J]. Social Work Education, 2013, 32 (3).

[40] Ilardo Joan, Zell Angela M, Haque Raza, et al. Education and Consultation Needs of Social Workers in Practice with Rural Older Adults. [J]. Health& Social Work, 2022.

[41] Odo Casmir, Onalu Chinyere, Nwatu Uche, et al. Factors associated with the prevalence of diarrhoea among children in rural areas of Enugu State, Nigeria: Practice considerations for social workers [J]. International Social Work, 2023, 66 (2).

[42] Wang B, Yu H L, Sun Y S, et al. An Effect Assessment System for Curriculum Ideology and Politics based on Studentsâ Achievements in Chinese Engineering Education [J]. International Journal of Advanced Computer Science and Applications (IJACSA), 2023, 14 (1).

附 录

附录 A　法治思维下的宗族涉村

　　生长于"钢铁丛林",关于乡村,实在鲜有记忆。对它最深刻的印象便停留在回乡祭祖所见的厚重古旧的族谱册,猎猎飞扬的姓氏旗,以及村里或老或少、或熟悉或模糊的面容,那是自孩童时代就年年见到的景象。在父亲和其他长辈的介绍下,年幼的我才懵懂地意识到,原来有这么多人与自己共享同一个姓氏,我们的身体内流淌着相似的血液。古往今来,置身于血缘和地缘重合的场域中,居住于同一地域并且血脉相连的人们往往顺理成章地结成集体,并与地域内其他人自然形成内外之分,这便是宗族。即使不处于同一区位,受血缘羁绊而独身在外的人们也会对宗族产生情感认同。相较于城市社区,此现象在乡村之中更为明显。先赋性集体给人以强烈归属感,这也是宗族组织几经更替仍植根于乡村社会并经久不灭的缘由所在。

　　在党的二十大闭幕之后,我开始重新思考宗族之于乡村的意义。二十大报告明确指出,坚持法治国家、法治政府、法治社会一体建设,在法治轨道上全面建设社会主义现代化国家。然而,用当代乡村法治的视角来看乡村中宗族组织的存在,它是兼具两面性的。我们既不能否认自古以来宗族在乡村治理中发

---

　　① 本部分为近两年来本书著者所上课程的学生课程作业,充分体现了相关专业课程的课程思政成果。

　　② 作者:余莉莉,中南民族大学 2022 级社会工作专业硕士研究生。

挥的重要作用，又无法忽视其背后恶人治村、操纵选举等负面效应。因此，如何顺应时代发展浪潮以实现宗族组织的现代化转型，是当前法治背景下无可回避的重要命题。是以，我在此浅谈自己的一得之愚。

先议思想。

前文已述，宗族涉村过程中不乏族内人干扰选举、上位者资源倾斜，甚至边缘化其他弱小宗族等现象。究其根本，症结在于对"私"的认知。何为私？族内人希望掌权者出自己宗是私；上位者假公济私区别对待是私；强宗打压弱宗抢占利益也是私。以自身为圆心，所联结的社会关系如水波纹推开般愈远愈弱。费孝通先生提出的差序格局时至今日仍能完美印证的中国社会结构。私的概念有多大？除了囊括己身外，每一个人的答案不尽相同。但如果将"私"的概念扩大化，或许能为解决宗族组织"利己主义"问题开辟新的出路。己、家、宗、村乃至国家，宗族成员不妨把更外圈的水波纳入其中，不仅注重家庭与宗族的利益诉求，更要以乡村共同体和家国一体的视角去参与公共事务。从利己出发，达致利家、利国，也是利他的和谐社会。此外，社会公众尤其是乡村居民仍需加强现代公民意识，摒弃过去的传统偏见，辩证地看待宗族组织在乡村治理场域中所发挥的实际效用。既不全盘接受其文化价值影响，也不能批判宗族制度为全然腐朽，而是要以社会主义核心价值观为方向，在宗族文化代际相传的过程中有选择性地淘汰与乡村文明建设相悖的陈旧思想。在此过程中，基层政府可适当加以引导，实现传统宗族文化与社会主义核心价值观的互契。以浙江兰溪的《童氏族规》为例，族规包含"八倡"与"八禁"，其中"八禁"提到，族内人员要"杜奸淫、禁赌博、弭偷盗、解斗殴"，这与社会主义核心价值观中的"法治"内涵指向一致。再如诸多族规家训中都列明的"忠君爱国"一项，结合当下的时代背景，可涵化为爱国爱党，为实现中华民族的伟大复兴而不懈奋斗。诸如此类，使得族内和族外人员从思想观念上先行转变。

再叙执行。如何做？

其一，可参照城市社区的垂直型网格化管理经验，对宗族组织实行网格化管理，考虑从留存信息、规范活动、设立网格员三方面入手。首先，将宗族组织内成员、族产、常踞场地等基本信息登记造册，形成纸质及电子文档留存村委会及基层政府处。其次，国家政府须明确规范宗族组织活动内容涵盖、规章程序、开展形式和限制之处，以使宗族活动能在合理合法的情况下有序开展。最后，以地理区位、家庭宗亲等标准为划分依据选派代表人，通过民主选举的方式择定宗族网格员人选。对外易于乡村基层政府高效管理，对内也利于宗族内部自我管理与自我约束。

其二，推选"新乡贤"，重塑乡村精英的村社威望。当前社会的现代化进程打破了乡村的固有模式，"乡贤"角色不再拘泥于德高望重的乡村老人，经济、文化、道德、贡献等方面的卓越者均可成为乡贤。此举意在鼓励人才回流，优化人力资源，助力乡村振兴。选举"新乡贤"的过程本身也是在推动乡村居民参与公共生活，增强居民的公共参与意识与能力。倘若"新乡贤"出自宗族，不仅组织内部形成良好的示范效应，更重要的是颠覆以往的"长老权威"。"谓贤能而有长者之风"，受此刻板印象的影响，我们潜意识里常把"贤者"默认为"长者"，实则二者并不截然同一。一方面，适当引入新鲜血液能为村治注入活力与创新，提供多元化发展方向；另一方面，"新乡贤"群体的再造标志着宗族开始摆脱传统论资排辈的桎梏，从贤者而非长者，尊长幼但更重能力。

后论制度。

这要求国家政府在其中发挥引领作用，持续完善健全乡政管理制度，以宗族组织的法治化转型保障政治基础。党的二十大报告提出"完善社会治理体系，健全共建共治共享的社会治理制度，提升社会治理效能"的要求。宗族作为集内生性与公共性为一体的乡村传统组织，有效填补了乡村居民与国家政府间的组织空白，为新时代意识形态建设添砖加瓦。因此，国家须尽快明确宗族涉村管理的限度与范畴，以及对宗族管理权限合法性之认可，加快宗族制度化、法治化进程。

实际上，伴随着理性化和人际疏离的社会现代化进程，宗族组织的传统性日趋淡化，但其在乡村治理中依旧承担着与基层政府互补共存的非正式治理者角色。若说政府权力是为乡政村治奠基的刚性力量，那么宗族组织则是推动乡村自治、法治、德治的柔性补充，亟须以法治化制度建设来规范二者并轨运行。在中国历经演变的乡村土地上，宗族始终承载着共同的情感与期盼，于千万个大大小小的村落里，日复一日地自由演化或无声零散，给予每个人得以栖身的精神家园。

附录 B　家人眼中的家乡社区变迁——重庆市秀山县孝溪乡纱帽村[①]

B.1　阶段一（1949—1978 年）

房屋："大家都穷，立房子（修房子）都是用木棒。"根据父母长辈说的，我家现在的宅基地上的房屋就是祖屋，应该有一百多年历史了。所谓的祖屋其实也就是普通的木房，只是房间比较多而已，院子比较大。房屋基本都是土石构成，结构比较简单，分布比较集中。

基础设施：还没有大马路，所有路都是羊肠小路，宽度不超过一米，"都是些小路，没得（没有）好宽点"，最窄处可能只有半米。上下坡处有石头阶梯。因为地理位置偏僻，交通落后，很少有什么交通工具，大多数人也没有经济能力去购置。1949—1978 年这一阶段是还没有通电的，现在家里都还有一个以前用的煤油灯。此外，也没有自来水，村里只有两口水井，生活用水基本都是自己去挑，所以每家基本都有一个蓄水池或者水缸，洗衣洗菜也得跑到井边去，比较麻烦。

物质生活：从多数老人的口里得知，大概就是说，1949—1978 年这一阶段虽然有了和平安稳的生活环境，但大多数人还是不能吃饱，尤其是三年困难时期，基本上家家户户都揭不开锅。"在吃红薯的时候都不剥皮，皮削了太可惜了。"因为没有通电，所以都是靠点煤油灯，那时候连煤油灯都是很珍贵的，"晚上不敢晚睡，怕浪费了煤油，如果出门的话都是点松树皮"。听他们说，那时候手里有一个电筒就算得上非常富裕了。在穿着上也非常窘迫，"衣服真腻是（真的是）补了又补，哪像现在你们有浪多（那么多）衣服穿"。到了冬天，一套衣服可能好几个月都不换洗，因为大多数人身上就只有一套衣服。因为需要用钱买粮，所有人都去砍树卖钱，久而久之山林就变成一片光秃秃的山地了，没了树于是跑到更远的地方砍树……这样就形成了恶性循环，造成所有人

[①]　作者：向旺滔，中南民族大学 2020 级民族学本科生。注：秀山县孝溪乡纱帽村位于渝东南武陵山脉中部地带，海拔 700 多米，地形以低山丘陵为主，气候温热，冬暖夏凉，属于典型的亚热带季风性气候，农作物以油菜、玉米、马铃薯、水稻为主，经济作物主要有油桐、油茶。以武陵山区西南官话作为语言，民族以土家族、苗族和汉族为主，向、王、林、杨、满姓居多。村内现分四个大组，四百余户，户籍人口八百余人。

越来越穷。应该说这一阶段在物质条件上是他们最心酸的一段回忆吧，那时候的村子和每家每户，相对今天而言除了"穷困"，找不到第二个合适的词了。

人口和教育环境：虽然穷，不过那时候都流行多生育，也就是我的爷爷奶奶或者爸爸妈妈那辈所处时期，他们大多数有三个及以上的兄弟姐妹，人口较多，村里的小孩都是一群一群聚在一起玩的，非常热闹。可能源于传统的思想，大多数长辈都认为多生就是为家里增加劳动力，同时也是香火延续的必要条件。重男轻女现象比较严重。

人口是多了，不过大多数人基本没上过学，我爷爷的爸爸，也就是我的曾祖父据说是当时最有文化的人，不过也只是会写字记账等简单的操作，并没有接受过系统的教育。而即便曾祖父有一定的文化，我爷爷也还是大字不识，当然更不用说我爷爷那一辈其他的老人了。应该说那时候受传统观念的影响，大家都更加注重劳动，渴望更多的是吃饱饭这样的基本生活需求得到满足。在这偏远的一个小山村，即便是想上学学习文化知识，也很难找到老师和学校。

社区网络关系："秀山原来是土匪窝，我们都是土匪的后代呢。"从小到大，这句话我不知道听了多少遍，听老人说过，听父母说过，也听历史老师说过。小时候听的时候只当是一句调侃的话，后来才知道我们脚下的土地在旧中国和新中国成立之初确实是土匪窝，那时候的秀山也确实是土匪横行、恶人当道的一个地方。

新中国成立后，解放军大举进驻西南地区进行剿匪，到1953年前后，西南地区的土匪势力基本被扫清，秀山地区也开始搞建设了。

总的来说，那时候的社区，是同姓的一些家族或者多个不同姓的家族因为躲避战乱或者压迫而聚在一起，是自然形成的村落。很多人都来自不同的地方，因为诸多差异，矛盾冲突比较多，所以在初期，"社区"内的人，大多都不太有来往。一是迫于经验教训，各自提防心较重，二是迫于混乱治安，偷盗抢劫比较多。土匪势力被消灭后，这种隔阂和误解逐渐被打破。一是因为不用再担心有土匪而害怕，二是因为解放军打倒了地主，给所有人分配土地，农民最大的希望都在庄稼上，有了土地就有了希望，大家心里面自然高兴。三大改造等经济政策让村里出现了集体所有制，村民集体劳作，人与人之间交流多了，关系也比较自然正常。

娱乐：几乎所有老人都表示，从来没有玩过我们现在的玩具。"我们从小都是编棕叶子啊，瓦片子啊这些。"但是，我并不觉得这些老人就失去了什么。因为他们几乎每个人都会做一些精巧的玩具，哪怕是一片树叶，一截竹子都可以经过他们的手变得趣味十足。那时候他们的玩伴很多，每个家庭几乎都有好几个孩子，一群孩子一起玩的乐趣应该是最值得回味的。那时社会上的娱乐活动相对比较单一,最典型的应该就是露天电影了,无论距离多远,无论人们在干什么,如果听到什么地方有电影看,他们一定会带着小木凳跑过去。"人好多哦,去按(晚)了就看不到了。"然后就是过年过节的一些仪式活动,比如祭祀、舞龙等。

B.2 阶段二(1978—2013 年)

房屋:这一阶段整体上都在变好。1997 年之前的道路和房屋基本没发生什么变化,1997 年后政府把路拓宽了,运砖瓦的卡车能进来了,村里人开始修砖房。我家在 2008 年修了围墙龙门,周围邻居及村里面开始有人在自己宅基地上盖起了砖房,没有盖房的也会买来水泥和砖块,把自己的屋子修得平整宽敞,村里的特困户得到国家的政策,房子也被免费翻修了一遍。房屋修建开始有了水泥做材料,不过大多数还是木房。

基础设施:基本没有发生太大的变化。1997 年的时候政府出资把各村的路拓宽了,但还是土路,并没有铺上水泥,一到下雨,路就成了一摊稀泥。1997 年之后一段时间,村里也只有摩托车和拉矿车在走,很少见到轿车。村里除了电线杆,基本没有其他的设施建筑,也没有垃圾箱,走在路上垃圾到处都是,村民也都习以为常了。村里应该是 1993 年通上电的,那时候还是黑白电视机,不过对于从没看过电视机的我们来说,有一台黑白电视机就已经非常珍贵了。这一段时间也还是一直没有通自来水,大家都还是自己去井边打水,每年遇到天旱的几个月里,大家就不得不跑到更远的地方去打水,但通常是比较艰难的,水井只有那几口,而取水的人却很多,用水一直比较紧张。于是,家里和另外几户人联合买了水管,在很远的山上挖出水源,希望能引入"自来水",但地形比较复杂。地势的原因使水经常"来"不了,另外,水管经常破裂和堵塞,水源地也常常干涸,这个事最后就这样不了了之了。

物质生活:父母是饿过饭的,小时候每次饭不吃完他们都会给我讲他们自己小时候的故事。所以,他们及他们的上一辈人都很珍惜粮食。

听父母他们说,20 世纪 60—70 年代的时候还是过得比较艰苦,因为多数人家里的孩子都比较多,但劳动力有限,经济状况也并不好,所以过得比较清贫,平时吃的多是红薯、玉米等粗粮杂粮。1978 年,家庭联产承包责任制开始出现,1979 年推行到全国后,我们村子里的土地也开始下户到每家每户,土地耕作不再属于集体的事,大家劳动积极性明显提高了,到了 20 世纪 80 年代,袁隆平爷爷成功研究出杂交水稻并开始向全国推广过后,家家户户的生活都得到了改变,过上了能吃饱饭的生活。也是在这一时期,东部沿海地带经济迅速活力四射,吸引了包括我父母在内的大批年轻人外出打工。据他们说,1978 年改革开放后下海风潮兴起，大家都出门打工，虽然工资不高，但看着国家经济发展形势觉得很有盼头，"1989 年的时候只有几十块钱一个月，到了 1992 年的时候就有一百多块钱一个月了"。尤其到了 2000 年过后，家里生活就基本改善了，家里又喂了几头猪，偶尔还能吃上肉。虽然 2006 年才正式废止农业税，但党和国家一直在重视减轻农民负担并下发了一些指令，在 1997 年我们乡镇就停止了交公粮。此后，农民的生活水平更进一步。

人口和教育环境：1977 年高考恢复，教育领域也开始了巨大的发展。为了适应众多人口的教育，我们村寨自办了一所学校，因此我父母辈多数人都是有小学学历的，不过听父亲说那时候我们村的村小比较简陋，只有两间漏雨的教室，一间是用石头修建的，另一间是用木头搭建的。老师也不多，只有几个人，但学生却非常多，当年的村小还设了初中部，当年他们读书念初中的时候都是一群人结伴去学校，每个班有好几十个人，具体的班级数量虽然记不清了，但父亲说他们上学的时候同学挺多的，尤其在 1985 年前后人数最多，整个学校少说也有三四百个学生。

1994 年在乡政府支持下，村里对学校进行了翻修，到了 2008 年左右，隔壁两个村因为搬迁原因陆续迁走，学校剩下的多是本村学生，人数每个班只有约二十人。不过学校修得更好了，有围墙，有栅栏，还修了水泥地操场。

社区网络关系：村里的多数人这一段时间有很多人出去打工，所以留在村里的年轻人不是很多，但是过年过节的时候所有人返回的还是这个小山村，因为那时候还没有买房的趋势，所有人也都没有买房的意识，尤其过年的时候每个外出打工的人都会回家和老人孩子团圆，亲戚之间甚至邻里之间都会互相拜年，见见许久不见的熟人。我的有印象的记忆主要在 2005 年过后，主要感受到的就是村里普遍比较和谐，平日里种庄稼，大家也会把牛借出去，忙不过来时会叫人帮忙，大家基本也不会拒绝。除了闹过矛盾的几户人家，大家都是相互尊重的，比如过年的时候村里养猪的几户人家会提前叫周围的人来帮忙杀猪清理，同时还要嘱咐帮忙的一家人前来吃饭，一家一户，先后进行，也就是说基本上每一户的家里周围的人都去了一遍，同时在这个过程中大家共同聚会吃饭聊天，既帮了邻里的忙，又增进了与各家各户的情谊。邻里关系也比较好，只是相对于前一个阶段，大家见面没有以前那么频繁，各自的生计变得更加忙碌了。

娱乐：这一时间段应该说是活动比较多。2013 年之前，村里多数人都还没有搬出去，村里比较热闹，还有就是网络通信和智能手机还没有普及到偏远地区，过年回家后没有像现在一样大家都在忙着看手机，基本上都有大把的闲暇时间。

附录

1978年开始直至20世纪90年代，村里、乡里固定放映露天电影。"都是看战斗片，一个月看一回。"多是以塑造战斗英雄为主的红色电影，一般选在学校或者村头的宽阔地带。与前一时期不同的是，由于国家改革开放及经济建设的开展，国人的思想开始变得开放，乡镇开始出现了很多"个体商户"进村叫卖，尤其到了1997年左右村里路拓宽后这段时间，经常会有人进到村里做生意。比如卖爆米花的，再比如挑着担子或者骑着摩托卖麻糖的，一到村里大家都会跑来看热闹，看着看着小孩都馋了，叫着要吃，大人们就纷纷回到家里拿出玉米或者大米到现场炒，留作小孩的零食。卖得最火爆的应该是凉菜，记得卖凉菜的都是开着三轮车拿着喇叭在农家院子里叫卖，一开始村里人从没吃过，都是跑来看热闹，然而尝过之后大家就变得非常积极了，后面卖凉菜的每次叫卖，不过半个小时准会卖光。有时候也会来一些表演队伍，比如少林寺功夫和尚进村表演，到了晚上周围的人全都会过来围观，对于很少看到表演的村里人来说，这是非常具有吸引力的。虽然这些活动也没有什么不同寻常之处，但对于一个偏远闭塞的小山村来说，这是我们为数不多的通往外界的联系方式。

B.3 阶段三（2013年至今）

房屋：2013年过后，很多在外打工的年轻人存了一些钱然后回到家里，觉得住的地方太偏远，就开始陆续在镇上买房，于是买房成了一股热流。大概在2013—2016年这段时间，国家又开始实施复垦政策，把宅基地变为土地，同时还可以给住户一笔钱，就这样没过几年，村里陆陆续续都搬了出去，有的只有老人留下，有的只留着空房，还有些就只留下拆迁过后的一片土，有些剩下的木房也都改建成砖房了。不过，在政府的支持下，村里进行了新农村规划建设，选在一处宽敞的地方修了几十栋"洋楼"，提供给留下的更加偏远和拆迁的村民，同时还修建了自治村委会办事处以及图书馆。路修好后，更多的人开始从镇上运回水泥和砖块把自家的老房子也重新翻修了一遍，大家的居住环境更加清洁、卫生。

基础设施：2018年前后，国家加强落实乡村振兴发展战略，村里到镇上的路经过修建变成了平整宽敞的水泥路，真正实现了大路通到了家门口。大家出行更方便了，村里来往的车更多了，摩托车、面包车、小轿车等也比较常见了。许多老人可以直接坐车去赶集，同时，住在镇上的子女或者村民回老家的频率也更高了，常会回家看望家里老人。另外，村里还增设了篮球场、垃圾箱，以及乒乓球台和一些健身器具。在村里卫生宣传和制度执行下，大家的环境保护意识明显增强了，路边的垃圾基本都看不到了。应该是2014年左右，在政府的资金和政策支持下，村里修建了饮水水库，同时统一安装了水管，把"自来水"迁到了各家各户，再也不用跑到井边洗衣服洗菜了，2019年村里又进行了水管更换，同时对水管进行了埋设处理。不仅如此，在政府的扶持下，村里还牵来了网线，修建了信号塔，我记得大家知道村里能够上网后都乐得合不拢嘴，这也让住在镇上的村民们刮目相看。在家里也能随时上网、刷剧，这在十年前是所有人想都不敢想的事。此外，由于村里环境变得好了起来，一到暑假很多人就会回来避暑消遣。

物质生活：我记得上小学后，大家的生活就有明显的改善了。其一，相邻的一个锰矿石加工厂正在迅速发展，没有外出打工的劳动力都跑去那里做工，工资也不低。其二，交通改善带来的便利。"要致富，先修路"的理念在我们这个村得到了真正的体现：一是很多设备和树苗可以直接运进来，村里计划依据地理环境发展种植业，先后种植的白术、金银花、水蜜桃等为每家每户提供了一定的生活来源，还有的人看到了商机，开始投入养殖业，发展竹鼠、山羊、水牛等养殖；二是路修好后大家出门方便了，只要有车随时都能去赶集购物，很多人也开始把自己摘的竹笋干菜等拿到镇上去卖，换一点钱补贴家用。有的时候也会有各种各样卖东西的货车会来到村里叫卖，平日里需要上街去购买的工具或者一些生活必需品，基本都有卖的。还有，就是在国家政策的支持下，村里的老人们基本上都有了社保金，每个月自己也能拿到一些钱。生活上的改变，大概就是从这些方面开始并得到了提升吧。

人口和教育环境：我小学毕业后，很多人开始在镇上买房，学生人数变得更少了，但是条件也变得越来越好了，学校中午不仅可以吃到米饭，还可以喝到牛奶吃到面包。学校陆续增添了教学设备。除此之外，学校还重新装修了一遍，大门换新，教室也安装了完整的窗户玻璃，有的教室还吊了顶，木头黑板换成了白板，还安装了多媒体电视，操场也新添了乒乓球台和篮球架。学校还开设了英语课，每年都会有大学生来支教。在国家的大力宣传和倡导下，学校逐渐被更多的人所看到和了解，还得到了企业和个人的捐助，他们给学校捐了一些体育器械，还给学生们捐了很多文具和衣服。另外，教育经费的增加也让老师们可以借助网络开展新型教学，提供更多的教学资源。

社交网络关系：我是在2017年搬到县城的，所以小学毕业后的两年还是住在村里，不过具体情况我了解得并不多，这是因为上中学每两周才回一次家。但听父母描述的就是，好像多数人都搬了出去，或者很多人都外出打工。虽然村里各种关系都很融洽，但因为都忙着外出挣钱，交集并没有以前那么多了，不过有时候也正因为这个原因，大家在见面的时候会觉得很亲切。

2015年、2016年国家互联网技术发展起来过后，智能手机迅速普及，村里也接通了网络，村里很多长辈也开始接触网络和智能手机。我发现很多人都活跃在社交平台上，尤其是相互认识和熟悉的一些村里人，他们会建立微信群、家族群、老乡群，在里面聊天开玩笑、抢红包等。还有抖音，快手等App也成了他们交流联络，叙旧寒暄的平台。虽然时代的变化发展让大家各处一方，但也让彼此的联系更加便捷。

娱乐：大家都陆续搬走后，村里就只剩一些老人和孩子了，不过在道路、网络等基础设施的支持下，网络文化生活发展起来，多数老人孩子虽然不会玩手机，但通过跟年轻人学习，也掌握了微信，抖音等基本操作，尤其是抖音，几乎每个人都在玩，虽然拍得不见得有多好，但却非常真实地把他们各自的生活状态展现了出来。此外他们还通过网络、电视了解了更多的资讯，观看如《西游记》《新白娘子传奇》等更多的经典影视剧。村里还安装上了两台大喇叭，每到中午就会播放一些大家耳熟能详的红色歌曲，同时还会用我们本地的方言插播宣传一些党和国家的政策，比如清明上坟进山的防火提醒、电信防诈骗的情景宣传、养成卫生习惯、共同抗击疫情的医学知识等，形式非常丰富。

● 感悟

感叹家乡巨大变化的同时，我也看见了国家的发展。家乡的真实变化让我更加深刻地感受到了党和国家把人民群众利益放在第一位，把人民生活放在第一位的核心宗旨，正如习近平总书记所说的那样："人民群众对美好生活的向往，就是我们的奋斗目标！"我坚信，在党的英明领导下，人民群众的幸福生活越来越好，中华民族伟大复兴一定会实现！

附录 C　那龙煤矿的变迁[①]

广西壮族自治区南宁市那龙矿务局，成立于 1958 年，在经历一段辉煌历程后，于 2000 年宣告破产。那龙矿务局下有多个煤矿，笔者的外公外婆均为煤矿工人，他们相识于此，笔者的母亲生长于此。母亲长大后也成了煤矿的一名工人，并于同为工人的父亲相识于此地。在我出生后，幼年时期也生长于此。那龙煤矿承载着我们一家三代人的成长经历，我们也见证着它的辉煌与衰落。

我将从我们一家三代人的不同视角出发，记录不同时期的那龙煤矿，回忆不同阶段的矿区生活。为了收集资料，我对我的父母进行了 5 次电话采访，为了使家里人能够放松地回忆起过去的生活，我并未直接告诉他们我正对他们进行采访，也并未在电话采访结束前透露此篇文章的存在，我们间的采访更像是长辈对晚辈讲述回忆录。我对外公外婆分别进行了一次采访，但由于他们年事已高，许多事情都已记不清，好在我小时候随他们生活时没少听他们讲的故事，因此，他们的故事主要由母亲和我一起拼凑。

● C.1　20 世纪 70 年代的那龙煤矿

20 世纪 70 年代，正是煤矿的辉煌时期，这个时期的煤矿吸引了周边许多农村的劳动力，我的外公外婆就是其中的两个。外公很早就失去了父母，同时还肩负着抚养年幼妹妹的重任，因此外公选择了到煤矿工作，他因为年轻力壮，成为最辛苦的井下矿工。外婆也是从外地到煤矿谋生的，她是当时被称为"妈妈队"的煤矿托儿所的员工，负责照顾煤矿工人年幼的孩子。外公外婆在同一个煤矿分矿工作，他们因此相识、结婚，然后在 1975 年生下了我的母亲，后续又有了我的小姨与舅舅。据外婆回忆，她当时的工资是每个月 36 元，外公的工资比他多一点，但是也不超过 40 元。两人的收入不足百元，但是家里有三个孩子要抚养。后来外公因为在井下工作太久，得了职业病"硅肺病"，就换到了车间工作，车间的工资不如下井工作的工资，但是外公在车间学习了一手精湛的焊接技术。外婆虽然在"妈妈队"工作，但并不舍得把孩子送进这个花钱的托儿所。据母亲回忆，她在 5 岁时，就要踩着凳子，给全家人煮饭。

[①]　作者：罗昕，中南民族大学 2020 级民族学本科生。

当时没有电饭锅，电也是奢侈能源，5岁的母亲练就了一手熟练的生火技术，以及铁锅煮饭这项必备技能。6岁时，母亲得到了上小学的机会，当时义务教育的政策还未开始实施，每个学期还要缴几块钱的学费，几块钱虽然不多，但在当时也算一笔巨款。在母亲的回忆里，他们一个班将近有五六十个学生，但是老师却很少，许多老师学历也不高，只上到高中就回来教小学。学生们的课业也不繁重，他们更关心的是放学后怎么能抢到更多的猪草回去喂家里的猪，这是每一个小学生最重要的任务。回家喂完猪后，女孩子们，一般是长女，还要给家里人煮好饭菜，等待父母下班回家一起吃饭。吃完饭后，天一般也已经黑了，这时候我母亲就要争分夺秒地完成当天简单的作业，因为家里的灯不能开太久，外婆会心疼电费。写完作业，母亲就能开始晚上的娱乐生活了。这个时候，每个矿区内只有几台公共的电视机，有专人管理，定时开、关，大家会聚到一起观看电视节目。

　　这样的情况持续了几年。1978年12月，十一届三中全会召开，中国开始实行改革开放的政策。1979年，党中央、国务院批准广东、福建在对外经济活动中实行"特殊政策、灵活措施"，并决定在深圳、珠海、厦门、汕头试办经济特区。沿海地区首先享受到了改革开放的政策红利，几年之后改革开放的春风终于吹到了内陆。1983年，外公家里添了第一辆自行车。那是一辆"二八"的永久牌自行车，母亲当年还在上小学，每天最开心的事就是骑着车到处跑，虽然她当时的身高并不足以驾驭这么大的车，但是在物资匮乏的年代，新"玩具"克服困难也要去玩。紧接着，外婆从亲戚家借了票去买了一台缝纫机，家里孩子们的衣服上的补丁也终于更结实了。慢慢地，每天等在公共电视机前的人越来越少，人们已经开始往家里添置电视机。在公共电视机坏掉之后，外公开始考虑往家里也添置一台电视机，免得家里的孩子总是蹲在别人家的窗口下"蹭"电视。此时正好又一批电视机到货，外公抓住机会，拿票去买了一台，然后"分期付款"，每月从工资中扣除一部分用于购买电视机的款项。和电视机同时期到货的还有电风扇，家里的三台多丽牌电风扇至今还能正常工作。

　　根据母亲的回忆，这时候的矿务局仍处于鼎盛时期，那龙煤矿产的煤质量非常好，远近闻名。矿里有海、陆两条运输队，将煤炭远销外地，船队还曾将煤炭运往香港。在这样的情况下，煤矿工人的孩子也向往着长大能像父母一样在煤矿有一份稳定的工作，许多人就朝着这个方向前进，我的母亲就是其中之一。母亲在初中毕业后，想尽早工作补贴家里，就放弃了高中，选择了一所煤矿技术职业学校，1995年毕业后，如愿以偿被分配到了那龙煤矿工作，成为车间的一名工人。我的父亲也和母亲有着相同的经历，父亲来自广西壮族自治区的另一个煤矿，同样为了尽早工作赚钱，放弃高中，选择了和母亲一样的技术职业学校，然后比母亲早两年分配到了那龙煤矿工作。后来他们经人介绍认识，相知相恋，然后结婚。此时的煤矿已经走向衰落，母亲每月工资只有 191 元，相较于其他赶上改革开放浪潮的朋友们，母亲的工作除了稳定，并无其他优势。

  2000 年，辉煌一时的那龙煤矿终于走到了尽头。1998 年，全国着手开始进行国企改革，那龙矿务局在一番挣扎后也没能避免破产的命运，我的父母、外公外婆成了当时最能引起讨论的"下岗工人"。除了改革旧的僵化机制，煤矿破产还有一个重要原因，那龙的煤矿资源在近 50 年的开发后，已经接近枯竭。那龙煤矿破产后，给工人们按照工龄发了一笔失业补助后，就将他们遣散了，同时也设立了一个留守处，解决下岗工人、退休工人的种种问题。被遣散的工人们又要到别的地方去谋求生路，我的父母带着还是胚胎的我回到了父亲的老家，父亲在老家开始做起一些小生意，母亲则在那里生下了我。我出生于新世纪之初，"世纪宝宝"和 21 世纪一起到来，我们的生活和祖国都将翻开新的篇章。

● C.2 2000 年之后的那龙煤矿

  我和母亲一起在父亲的家乡生活了三年之后，又一次回到了那龙煤矿。这三年间我们一家也多次回到煤矿探望外公外婆，他们在 2002 年时从分部搬回来总部定居。在多次商讨之后，我的父母决定，父亲留在老家经营生意，母亲去广西壮族自治区的首府南宁市打工，他们将我暂时托付给外公外婆。我们一家人开始了长达 4 年的分离生活，我跟随外公外婆定居那龙煤矿。我在那里上了两年的幼儿园。那时候矿部还挺繁华，小小的矿里就有两所幼儿园、一所小学、一所中学、一个较大的医院和一个小诊所，菜市场也分为肉类和蔬菜两个大区。听说还有私人在开采当年剩下的煤矿，但是我们住的地方远离矿井，所以我并没见过。矿部没有大片耕地，但是当地的居民会利用一切土地，种植蔬菜和零星几颗果树，外婆常常带我去认识的婆婆家吃他们自己种的番石榴，香香软软、甜甜蜜蜜，是我无法抗拒的美味。傍晚时分，我经常陪外公外婆给我们家的蔬菜浇水，忙完之后，我们会在大院门前的阶梯上，或是凉亭里乘凉，外公还能用大院门口的棕榈树做成漂亮的蒲扇，让我们乘凉时用来扇风。家家户户都会养鸡鸭，还有的人家会养猪，但由于我们家分配到的房子没有足够的空间，所以只是在院子里养了一些鸡鸭。院子里除了鸡鸭还有一颗桂花树，到八月份就会开花，但是这棵树不知道是什么品种，开出的花并没有香味。外公在这棵树上抓到了一只漂亮的画眉鸟，把它放在树下养。家门口还有两片鱼塘，但是鱼塘并不是我们家的，是邻居承包的，我那时候的爱好就是让外公外婆带我到边上看鱼。那时候，民风淳朴，白天大家一般都开着木门，只留一扇不上锁的铁门，晚饭也吃得很早，一般在我下午四点放学后，回到家里可能就开始吃饭了。这时候外公外婆都已退休，每个月都有退休工资，我们的饭桌上也很丰盛，一般是一道荤菜，加上骨头汤或是鸡汤，以及自己种的一种或两种青菜，饭后还有水果，虽然称不上非常丰盛，但是温馨又有营养。我的父母还给家里装上了固定电话，他们俩这个时候也有了手机——诺基亚和小灵通，每到晚上七点，妈妈就会准时给我打电话，问我那一天的生活，和我聊聊天。到了赶集日，外公外婆就会带我到镇上的集市去赶集，集市很热闹，有很多矿部里没有的东西，比如小笼包，我每次赶集都要去吃一份。我幼年的生活就是这般平淡又温馨，矿里的居民有好几千人，但似乎彼此都认识，外婆带我上街时，一路上总能和好多人打招呼。矿里还有一个负责办理各种手续（比如低保、独生子女证之类）的留守处，留守处像是居委会和政府部门的结合体。我温馨平淡的幼年生活在2006年就结束了，在我上小学之际，父母决定把我接到他们身边一起生活。

● C.3　2010年至今

虽然我回到父母身边上小学去了，但是每年寒暑假我都会回到那龙矿探望外公外婆。每年回来，都会听说某某某邻居又搬走了。在2010年后，外婆家逐渐添置了电冰箱、微波炉等现代化的电器，家里的固定电话也不用了，我父母给外公外婆添置了老人手机，便于随时联系。外婆家的电视也换成了液晶屏的，越来越多现代化的电器进入了家里。但是矿里的人也越来越少了。最近问起外婆才知道，矿里只剩下两三百人了，大多都是老人，矿里的幼儿园都停办了，小学只剩下十几个学生，医院也和镇上的医院合并了，矿部越来越"荒凉"了。矿里的人都去哪儿了呢？都到市里了。那龙煤矿并入了南宁市西乡塘区，留守处的政府职能由西乡塘政府接手，留守处只负责为退休职工提供服务，比如给外公家修理水管。南宁市从1998年开始陆续推出住房保障政策，比如推出经济适用房、廉租房、公租房等，矿里的居民大多符合申请条件，大家都根据自己的需求在市里申请了房子，在房子到手后都陆续搬到了市里。现在留在矿里的大多是不愿搬离的老人或是还未拿到房子的居民。

煤矿的衰败是历史潮流大势所趋，那龙煤矿在几年之后或许将不复存在。

附录D 枫木屯的社会变迁[①]

D.1 改革开放之前：爷爷小时候的生活（1978年前）

衣：当时，枫木屯民众所穿的衣服很朴素，大都是些浅色衣服，衣服上有很多补丁，主要原因是新中国成立时间不长，生产力水平低下，物资匮乏，服装店很少，一般都是用布票换取布料自己做衣服，每家人可以领取的布料是有计划规定的。一件衣服通常穿好几年，自己穿不了了就传给其他兄弟姐妹穿。主要追求保暖。

食：有一段时间，屯里实行大包干和人民公社，大家一起劳动，一起吃饭，吃的一般都是大锅饭。后来，更多的是依靠国家发的粮票购粮食，大家自己在家烹煮一日三餐，主要粮食是大米、面粉、红薯、木薯、土豆。依旧是因为生产力水平低下，很多村民当时一日三餐是吃不饱的，一些村民会去采野菜来为自家"加餐"。主要追求"温饱"。

住：当时村民们住的大都是泥坯瓦房，还有一些人住的是草房或者木房。房子大都分布在山脚下，房子之间的距离较近，一间房子常常住的是一大家子的人，几代人同居一屋。

行：改革开放前，屯里还没有通大道，村民外出走的是田间小路。去较近的地方大都是步行，去较远的地方会用到马车或者牛车，自行车很少有，一般是顶有钱的人家家里会有那么一辆。

消费方式：当时中国实行单一的公有制，由国家分配各类资源，村民几乎没有消费可言。

环境：改革开放前村里的自然环境优美，真的可以用山清水秀来形容，但是村民在卫生方面做得不是很好，屯里没有统一的垃圾倒放地点。当时的厕所都非常简陋，据我的了解，它就是一间用篱笆和茅草围成的小屋子，里面有一个大坑，坑上架着两块木板，人们就直接站上两块木板然后大小便，安全性和卫生性都极差。还有一些人家根本就没有建厕所，直接就在房子附近的隐蔽空地大小便。由此可见，山清水秀下也掩盖着污秽。

[①] 作者：龙佳慧，中南民族大学2020级民族学本科生。注：枫木屯隶属广西壮族自治区柳州市融安县长安镇安宁村，依山傍水，是一个美丽的小屯子，全屯面积未知。现今，枫木屯共44户人家，常住人口203人。

工作：改革开放前，屯里实行大包干，大家一同劳动，主要工作就是种植、培育农作物、建设屯里的公共"工程"、开荒等。实行的是记工分制度，村民的劳动收入就是他们的工分。人民公社大集体时期，生产队社员参加生产劳动被称为"上工"，工分就是那时生产队会计记录社员每天上工应得报酬分数的简称。年底，生产队会计根据社员工分数总和计算出全年分红。感觉跟现在的绩效工资差不多。记工分是人民公社化以后农村生产队成熟的分配体制。生产队是人民公社时期由生产大队、小型农场、林场直接管辖的农业生产作业单位，同时也是当时农村地区最基层的"行政编组"，其直接管辖的对象为农户。生产队作为一种组织，具体存续的时间为1958年至1984年。

种植物：村民们集体种植农作物，主要有水稻、红薯、木薯等。

教育：据我了解，当时村民们的文化水平都不是很高，人们对教育也不是很重视，教育环境也很恶劣。当时国家为了扫除文盲，也曾在屯里办过夜校，村民们白天干活，晚上可以去上夜校，但是去上夜校的人并不多。

医疗：医疗基础设施极差，十里八村才有一个诊所，而且不是很专业的那种。村民们生了小病，熬熬就过去了。生了严重一点的病，就会去寻找村里年纪较大的老人家帮忙看病，老人家会开一些中药，有些喝着喝着就好了，有些越喝越严重。生大病的村民很少去医院，一是因为没钱，二是因为一般人也"熬"不到去医院。迷信方式治病的传统依旧存在。

婚姻：1950年婚姻法规定的法定结婚年龄为男二十岁、女十八岁。当时人们的结婚年龄普遍不大，女子一般在十七八岁出嫁，男子也一般在二十岁成家。男女双方一般都是通过亲戚朋友介绍认识的，结婚对象一般都是附近村庄的人，那时候结婚主要看的是人品，对聘礼方面的要求较少。结婚要凑够"36条腿"，大概是指床、大厨柜、五斗橱、床头柜、桌子各一件，椅子四把，根据自家需求凑够"36条腿"的家具就好。

孩子：当时宣传人多力量大，鼓励多生多育，一对夫妻生五六个孩子很常见。也许是生的孩子较多吧，男孩、女孩都很多，所以重男轻女现象不是很明显。

屯文化：当时屯里的人们崇尚劳动和艰苦朴素，为自己的农民身份而自豪。

屯里的主要管理方式：人民公社、生产队。

D.2 改革开放以后

D.2.1 父亲小时候的生活（1978—2000年）

衣：改革开放后，随着生产力和多种所有制经济的发展，人们的穿衣风格有了很大的变化，款式开始增多，颜色也更加鲜艳。但是，当时还是一个偏远山区小屯的枫木屯，生活还是很落后。据我的调查，村民们一年到头就过年的时候能有件新衣服，平时都是穿别人送的。在穿暖的基础上追求衣服的质量和款式。

食：随着家庭联产承包责任制的推行，屯里开始分田到户，每家每户都有了自己的田地，村民们可以种植自己所需要的农作物，所吃的食物种类变多，数量增加，但是吃肉的次数很少。只有"双抢"的时候才有肉吃，平时两到三个月有一次，吃得最多的是头菜，村民们的"名言"就是"我要吃肉"，主要从追求温饱到追求品类。

住：老房子住了几代人，屯里大多还是泥坯瓦房，也有一些人建起了半砖半泥坯瓦房，很少一部分人建起了砖瓦房。茅草房和木房子已经慢慢消失。

行：出门近的都是走路，有自行车的也舍不得骑，去街上都是乘坐三轮车，那时候才5毛到1块钱的车费。拉货用拖拉机和牛车比较多，屯里开始出现摩托车。

消费方式：改革开放后，国家开始引进外资，发展多种所有制经济。国民经济得到发展，人们的消费方式增加，主要以生活资料消费为主。

环境：环境是"妥妥"的大自然气息，虽然当时的卫生没有现在搞得好，不过几乎每户人家都配置了厕所，随地大小便现象大大减少，垃圾倒放地点也是几户人家集中放在一个地方，但采用堆放和焚烧的方式来处理，一定程度上对屯里的环境还是造成了不良影响。

工作：随着人民公社、大包干、生产队的解体，村民们从繁重的劳动中解放出来，拥有更多的个人时间供自己安排。这时候村民们的主要工作就是种植自家的土地，在务农之余也会去打一些零工，比如到附近村庄的砖厂、木材厂、丝绸厂里打零工，帮助政府建设公共工程，或者上山采摘野菜、草药到县城里贩卖。也有一小部分年轻人敢于尝试，到工作机会更多的江浙一带打工。

种植物：改革开放后开始分田到户，实行家庭联产承包责任制，村民们拥有了自己的土地，生产积极性大大提高。主要种植粮食作物水稻，也会种植一些当季果蔬拿去市场上买卖。

教育：九年义务教育是从1986年开始实施的，2006年，《中华人民共和国义务教育法》正式通过。也就是说，2006年前的教育可以说是参差不齐的。据了解，那时候每两三个村庄就会设立一个小学，枫木屯隶属安宁村，所以小孩子们会到5公里外的安宁小学上学，稍微大点的孩子会到20公里外的大巷中学（现在的长安镇第一中学）上初中。小学的基础设施不是很完善，教师也只是一些识字多一点的各个村庄的先生，师资缺乏。初中的基础设施也不是很完善，但是在师资方面还是可以的，教师最少也是高中毕业。响应国家的号召，村民们对教育的重视程度上升，再怎么不济也会送自己的孩子去读小学，小学学费可以用粮食顶替，一个学期一担米。但是，尽管提供了较好的教育环境，当时的孩子们也大多是读完小学就不读了，极少数的人会继续念初中。

医疗：屯里的小商店会卖一些应急药物，比如止痛药、感冒药之类的，村民们有一些小病可以到商店购买药物。距离枫木屯 10 公里外有一个木寨村诊所，村民们也可以去那里看病。大病要去县城里的医院治疗，因为昂贵的医疗费，很多村民会放弃到医院治疗，而是到大山里寻找一些所谓的老中医治病，缺乏安全性。

婚姻：1980 年婚姻法规定的法定结婚年龄是"男不得早于二十二周岁，女不得早于二十周岁"。屯民们在这一阶段的结婚年龄大都是按照法律的规定，结婚双方依旧是通过双方亲戚朋友介绍认识，双方家庭的距离较近，一般都是邻村屯的。也有一小部分人是通过自由恋爱结婚，还有一部分是与外出打工相识的外地人结婚，婚姻开始突破地域限制和关系网制约。改革开放后，很多家庭的条件也见好，当时最流行的结婚必备物品为"三转一响"，分别为手表、自行车、缝纫机、收音机；更为讲究的是要上海牌的手表、蜜蜂牌的缝纫机、永久牌的自行车，这样的婚礼才算是"上档次"。结婚时会建新房子或者是重新装修房子，屯里的女子时兴近嫁。

孩子：计划生育在 1982 年 9 月被定为基本国策，20 世纪 80 年代以前的家庭子女数一般是 3～5 个不等，"90 后"基本是每个家庭 1～2 个。因为孩子少的缘故，存在重男轻女现象。

屯文化：改革开放后，中国每一寸大地都经受了"新"文化的洗礼，枫木屯的村民也不例外，特别是一些外出打工者，见过"世面"的年轻人，他们将"新"文化带回家乡。那时候村民们崇尚的是挣大钱、当大官，崇尚权势。一些村民的内心浮躁，邻里之间互相攀比。

屯里的主要管理方式：1983 年 10 月 12 日，中共中央、国务院发布《关于实行政社分开建立乡政府的通知》，实行"乡政村治"的治理新体制。乡村的治理主体是村民委员会，负责维持农村社会治安、组织农民开展农田水利建设等工作。

D.2.2　我小时候的生活（2000—2013 年）

衣：2000 年后，中国社会主义市场经济体制逐渐成熟发展，市场经济的繁荣发展给人们带来了更多的选择，人们的穿衣风格多样，人们不仅追求衣服的质地，还追求衣服的款式和品牌。枫木屯的村民们也融入了这股浪潮，在琳琅满目的衣物中选择自己喜欢的。

食：随着科学技术的进步，粮食产量大大提高，人们已经从追求温饱到追求食物的质量和均衡营养。温室大棚的出现可以使人们吃到各个季节的果蔬，冷藏技术的出现，可以使人们可以吃到来自全国各地，甚至是世界各地的食物。食物种类丰富多样，天天都可以吃肉。

住：随着经济的发展，大城市缺乏劳动力，村民们到大城市打工，一般打工一两年就可以赚到一笔钱在屯里建一层的砖房。我家是在2008年建的三层砖房，是我们屯那时候为数不多的砖房，之前我家住的是两层的瓦房。2008年之后，村民们开始渐渐拆掉瓦房，建砖房。大多数人一开始是建一层砖房，之后再挣钱了，建两层或者三层。到2013年底，村里已经基本普及了砖房。

行：近的地方步行、骑自行车，远的地方坐三轮车、摩托车，小车在2011年后渐渐出现，拉货一般用拖拉机或者货车。

消费方式：社会主义市场经济体制确立并得到发展后，国民经济有了进一步发展，国民的人均收入提高。在此背景下，枫木屯村民的消费方式更加多样，且逐渐向发展资料消费和享受资料消费转变。

环境：生态环境较好，自然风光秀丽，但是卫生情况还有待加强，那时候村民们都喜欢把垃圾扔在距离自己家较近的一个坡地里。2010年，屯里进行厕所改造，政府规定每家每户必须建立拥有沼气池的厕所，并给予一定的补贴。由此，村里进行了厕所大改革，确保每家每户都有厕所，随地大小便现象就此消失。2010年屯里的主干道铺设了水泥路，交通更加便利。2013年，国家倡导建立美丽乡村。记得那时候屯口贴着标语"建设美丽乡村·共度美好未来"。屯里配备了三个垃圾池，屯民把垃圾集中丢到垃圾池，每隔几天会有垃圾车来清理。

工作：有外出打工的，主要是到广东、浙江一带打工，进大工厂做流水线工作，或者投身于服务业。有在家务农的，种植当季的果蔬到市场上出售，种植经济作物赚钱。有一些村民经过职业技校的培训，掌握了一门技术，在县城里开店自立门户的。还有的人在村里开厂子，给常住在屯里的村民提供了工作岗位。

种植物：主要种植粮食作物，一些农户开始种植经济作物（甘蔗、山药、杉树树苗、沙田橘）等，刚开始是自己在自家地里种植，后来发现收益不错，一些人开始承包土地，扩大种植经济作物的面积。政府也鼓励这种行为，对种植经济作物的农民给予补贴。

教育：九年义务教育制度已经深度普及，孩子们最少也是初中毕业，只要孩子愿意，无论是高中还是职业学校，家长都会送孩子去读书。随着计划生育的持续推行，农村孩子减少，很多村的小学开始合并学生和教育资源，教育资源开始改善。孩子们大多步行上学，离学校较远的地方的孩子实行住宿制，或者承包校车。家长对教育的重视程度大大提高，很多村民坚信知识可以改变命运，可以让自己的孩子走出大山。

医疗：每个村开始建设一个卫生所，政府会配备专门的医生值班。村民们生小病会到5公里外的安宁村卫生所看病，生大病还是要到25公里外的县城人民医院看病，如果病情很严重的话，会转到柳州市的大医院里继续治疗。随着生活逐渐变好，人们更加重视自身的健康，"有病就去看医生"已经深深地印在屯民的脑子里。一些迷信的老方子也在不断的实践检验中或消失或保留下来，保留下来的一般都是对人体无害的。

婚姻：屯里的结婚率有所下降，大龄男青年增多，离婚率有所上升。结婚年龄依旧按照法定年龄，即婚姻法确定的男二十二周岁、女二十周岁。随着消费观念的改变，衡量家庭条件的"三大件"逐渐变为房子、车子、票子，这三件物品似乎成了结婚之必备。我想屯里很多男青年结不了婚的很大一部分原因就是这个。这时候结婚双方多以自由恋爱为主，也有少部分人通过相亲恋爱结婚，屯里的女子时兴远嫁。

孩子：计划生育政策推行后期，政策的强制性在枫木屯这种偏远的农村地区逐渐减小，村民们大都还是会冒着被罚款的风险要两个孩子，特别是一胎是个女孩子的时候。有些人家还会要三胎，只是为了要个男孩。由此可见，重男轻女现象在这个阶段还是比较严重的。但是，也有一些人家单纯想多要点孩子，让孩子们有个伴，也存在养孩防老的念头。

屯文化：以挣大钱、读书、当兵、当医生、当老师为荣。以挣大钱为荣主要表现在一些村民已经不再满足于在家种田，我有几个叔叔就学了一门技术，在县城里开了门面，开始做生意，主要是发廊和安装门窗。我的父亲也在2010年开了一家木材厂，屯里的很多人开始放弃种植农作物而转向种植经济作物（甘蔗、山药、蜜橘、金橘、草药、杉树、桉树、紫荆花等）。以读书、当兵、当医生、当老师为荣，主要表现在村民们重视教育，送自己的孩子去读书，并希望自己的孩子从事上述职业。

屯里的主要管理方式：1998年，我们国家的基层群众自治制度正式确立，《中华人民共和国村民委员会组织法》正式实施，推进了村民自治的进程。所以，这个阶段屯里的主要管理方式是基层群众自治制度。

D.2.3 我们现在的生活（2013年至今）

衣：任何时候都可以买衣服，而且大都是在网上购买衣服。快递业和互联网经济的发展，满足了了人们对穿衣的各种需求。

食：随着科学技术的进步，食物的种类越来越多，量也越来越大，可供人们吃的食物太多了，村民们餐餐都有肉吃，流行多餐少量进食，追求口感、营养和健康，一年中吃的食物比较均衡，看个人喜好而定。

住：应政府的要求，2020年村里的瓦房已经全部拆除，政府给予补贴。其实早在2018年，村里已经实现了砖房全覆盖，每家每户都建起了砖房，或一层，或两三层。而且，村里面2013年之后建的房子风格更加好看，装修也更加充满设计感。在满足居住实用性的同时，也满足了观赏性。近几年，村民们喜欢兴建小院子。

行：可供村民选择的交通方式增多，2013年到2017年，村民外出可以选择三轮车、摩托车、自家的小车、电动车等。2011年村里出现了第一辆小车，之后小车数量逐渐增多，摩托车和电动车现在几乎每户人家都有一辆。2017年，公交车通到村路口，给村民们的出行带来更大的便利。2020年，水泥路已经通到每家每户门口。

消费方式：随着互联网经济的发展，村民们的消费方式和消费结构都得到了升级，消费类型更加丰富，消费更加便利。

环境：2009年到2017年，是三柳高速公路的建设阶段。三柳高速公路刚好从枫木屯穿过，我家后面就是三柳高速公路。在三柳高速公路建设时期，屯里的自然生态环境遭到了严重破坏，雨天会出现山体滑坡现象，大风的晴天常常漫天黄沙，生态环境达到了全屯有史以来最恶劣的情况。不过，高速公路通车后，政府开始大力恢复高速公路沿线的自然生态环境，屯里的自然生态环境开始慢慢恢复，只是依旧回不到我小时候那种样子了。屯里卫生方面做得也更好了，2017年屯里安装了垃圾分类专用垃圾桶，在政府大力宣传环保的背景下，村民的环保意识增强。

教育：九年义务教育之后，村民们都会送孩子继续读书，更有一些村民会送自己的孩子去参加其他培训班，比如跳舞、画画、唱歌等，希望孩子全面发展。教育设施完善，环境良好，但还是缺乏教师资源，所以一些村民会送自己的孩子到县城里师资力量更雄厚的学校读书。几乎没有孩子步行上学了，都是家长接送上学的。校车曾运行过一段时间，但是由于安全问题和资金问题而停止运行。

医疗：每个村庄都有诊所，配备专业医护人员。县医院每个月都会派医护人员到有老人的家庭中进行义诊，帮助老人量量血压之类的。农村医疗基础设施逐渐完善，给村民们带来很大便利。2020年新冠疫情期间，村诊所也在疫情防护和宣传健康卫生方面发挥了重要作用。

婚姻：离婚率和结婚率都有所上升，以前屯里的男人一婚娶的女方一般也是一婚的，但是现在屯里男的一婚娶的女方有二婚的，三婚的，甚至是女方带着孩子一起嫁过来的。在这个男多女少的时代，这种现象的出现也比较正常。屯里出现两极分化，二十多岁的年轻男性不愁结婚，三十多岁的男性全家都在为他的婚事发愁；女人不愁嫁，男人愁娶。年轻夫妻较容易离婚，中年夫妻因为有孩子的牵挂，离婚较少。为了降低离婚风险，男性村民一般是等女方有了孩子之后再结婚。跨入21世纪，进入高科技发展的新时代，家庭消费也随之向科技化和高消费迈进。结婚说得最多的当数"房子、车子、票子"了。房子、车子恐怕没啥争议，另外提得最多的无非是保险、子女教育、旅游等，归根结底，都是票子。现在结婚的彩礼一般是5万块钱。

孩子：2015年10月开始实施二孩政策，所以每家每户一般都生两个孩子，也出现三孩的情况。随着经济社会发展，可供分配的资源增多，重男轻女现象逐渐减少，村民们对自己的每一个孩子都很好。而且，近年来枫木屯似乎还出现了重女轻男现象，因为女孩子比较乖，而男孩子大多很调皮。

种植物：2015年11月29日，国家提出要全面建成小康社会，实行脱贫攻坚计划。《中共中央国务院关于打赢脱贫攻坚战的决定》是中共中央、国务院于2015年11月29日颁布的指导脱贫攻坚的纲要性文件。在国家大力进行脱贫攻坚的背景下，枫木屯村民享受国家优惠政策，在政府的带领下放弃种植粮食作物，开始全面种植经济作物，近几年最火的经济作物是沃柑和脆蜜金橘。我们家也在政府的号召下开始种植脆蜜金橘。政府请专门的农业人才到屯里指导，并辅以现代先进农业技术，村民们开始走上了专业化、科学化的农业种植道路。

屯文化：2016年，枫木屯通网，其实之前通网过一段时间，但是因为费用问题而停网。互联网走进每家每户，村民通过互联网可以接收到更多新文化和新信息。村民们更讲文明了，不会再随便说粗话，特别是家中有孩子的村民，更会注意自己的言行举止，给孩子树立良好的榜样。村民们依旧以读书、当兵、当医生、当老师、当官为荣。

屯里的主要管理方式：党中央提出实施乡村振兴战略，强调"党政军民学，东西南北中，党是领导一切的"，农村基层党组织是落实政策、做好"三农"工作的重要组织基础。因此，在乡村振兴的大背景下，农村基层党组织理所当然地成为乡村治理的牵头主体。

D.3　结论与反思

从新中国成立到改革开放这个阶段，主要是我爷爷那一辈的经历。通过调查发现那时候屯里的衣食住行、教育、医疗都还很落后。这和国内的大背景有关，当时新中国刚刚成立，在"一穷二白"的基础上，国家重点发展城市，农村较落后。但是，那时的村民们相信劳动可以创造财富，认为劳动最光荣，在国家的带领下艰苦奋斗。

从改革开放到党的十八大这个阶段，主要是我的父辈和我亲身经历的阶段。通过调查发现，从改革开放到2000年，枫木屯的各个方面都有所发展，衣食住行的水平提高，温饱问题基本解决，教育和医疗业有所发展。从2000年到党的十八大，枫木屯的各个方面发展迅速，基础设施逐渐完善，交通更加便利，温饱问题彻底解决，村民们开始追求更高质量的生活，消费方式更加多样化。教育和医疗的发展也很快，村民们的文明意识和健康意识都有所增强。屯里的卫生问题也得到有效改善，村民们朝着建设美丽乡村前进。

从党的十八大至今，枫木屯踏上了一个发展的新阶段。农业科学技术的发展使村民们走上了农业现代化道路，互联网的覆盖让村民们及时获取最新消息，及时了解国家的重大政策和世界大事，互联网技术的发展可以使孩子们学习到更多的知识。交通的便利使人们不再畏惧出行，环境的改善使人们更加热爱生活。教育基础设施的发展为孩子们提供了良好的教育环境，给更多孩子创造走出小县城的机会。医疗的发展，可以使村民足不出户地接受医护人员的上门治疗。脱贫攻坚使屯里的贫困户得到发展，政府在各村屯兴建娱乐设施，例如乡村大舞台、篮球场、健身设施、乒乓球桌，丰富村民们的生活。

通过调查我们发现，从改革开放到现今，枫木屯村民的衣食住行是不断提高的，屯里的教育、医疗、基础设施、管理方式也是不断发展的。屯文化呈曲线发展，时好时不好，不过目前看是挺好的。村民们的婚姻状况发展得也不是很稳定，离婚率和结婚率时高时低。屯里的自然环境没有以前的好，但是人文环境却大大发展。村民的消费结构更加平衡，消费方式更加多样。

枫木屯的面积在几十年的发展中几乎没有什么变化。计划生育之前，屯里的人口不断增加，计划生育之后，屯里的人口渐渐减少。二孩政策放开后，屯里的人口呈缓慢增长趋势。随着现代社会生活的发展，枫木屯作为一个地方社会的社区，其地方性的差异逐渐减小。

枫木屯作为一个社区，在几十年的发展中，它越来越让居民产生心理归属感，枫木屯的村民结构在新中国成立前已经基本稳定，村里有两大姓氏——莫姓和龙姓，还有一些小姓氏，例如王、左。村民们具有共同的区域身份、某些共同的看法、相关的利益和比较密切的交往。在枫木屯内，村民遵从自己的组织和制度，时常在共同的场所或固定的活动中心活动，形成一定程度的共同语言、风俗和文化，由此产生共同的结合感和归属感。

枫木屯的"乡政村治"越来越能满足居民各种实际需求。管理方面：协调处理生活在社区的人群的社会生活事务。服务方面需求：为村民们提供社会化服务。例如，生活服务（家电维修、洗熨衣物、电视电脑网络管理等）；文化体育服务（组织文艺表演、举办体育活动、组织外出旅游、组织青少年校外活动等）。保障方面：救助和保护屯内弱势群体，卫生保健服务（设置家庭病床、指导计划生育、免疫接种、打扫公共区域等）。教育方面：提高村民的文明素质和文化修养。安全稳定需求：化解各种社会矛盾，保证村民生命财产安全，治安调解服务（守楼护院、调解家庭和邻里纠纷、法律咨询、办理户口，等等）。

社区是区域社会成员利益共同体和区域社会自治管理载体。社区居民一般都关心社区成员代表大会的选举规则及过程，也关心它的运行机制和一些重要事项的结果。村委会作为处理社区具体事务的执行机构，它发布的一些政策法规约定也是居民关注的重点。

中国城镇化速度不断加快，农村地区受城镇化的影响巨大。城镇化在给农村地区带来发展机遇的同时，也带来了一些不良影响，比如：自然生态环境的破坏，农民们的浮躁攀比之风，人与人之间的关系逐渐淡化、利益化，等等。作为一个农村孩子，我可以很明显地感到这些变化，也意识到在不断的发展中，枫木屯的一些东西只能存在回忆里，不会再出现了。枫木屯在这几十年的社会变迁中渐渐成长，它现在依旧在不断成长，作为其中一员的我，希望它发展得更好。

附录 E 重庆酉阳发展的前后对比[①]

随着经济的快速发展，人民群众的生活水平显著提高，国家的改革政策，家乡的变化也越来越大了。我的家乡重庆酉阳，是一个贫困县。我从小生活的地方，是酉阳县的一个小镇。我出生以后，印象中的家乡一直都比较贫困，不过，近十年来发展变化就比较大了。

五十年前，也就是我奶奶年轻的时候，人们主要是以农业为主，经济收入来源主要是通过种粮食变卖，所以那时候的山基本上都没有树，放眼望去都被农民们开垦完了，到处都是光秃秃的一片，还可以看到山上不断有农民们辛苦劳作的身影，当时掀起的人民公社化运动，"一大二公"（规模大，公有化程度高）和"一平二调"（绝对平均分配，无偿调用公、私财产），以高指标，瞎指挥，浮夸风和"共产风"为主要指标的"左"倾错误严重泛滥，我的家乡也深受影响。据我奶奶描述，那时候强制要求所有人进社，权力高度集中，基层生产单位没有自主权，虽有按劳取酬的政策，但农民实际上得不到公平的待遇，这极大地挫伤了农民的积极性。施行"大锅饭"，所有人同吃同干，但由于人数太多，粮食产量也不是很高，很多人都吃不饱饭。"大跃进"造成很多人吃不上饭。五十年后的今天，酉阳经济中的一、二产业所占比重不断下降，第三产业所占比重不断上升。我们那个小镇上，现在大多数年轻人选择外出务工，在家的大多都是老人小孩。但是，也有很多留在家乡发展的，他们主要以发展产业为主。油菜、茶叶、青蒿等特色主导产业成效显著；房地产开发、服务业、旅游业的发展，对家乡经济的增长也作出了巨大贡献。这些都是酉阳县从贫困县逐渐脱贫的原因，如今城乡居民收入稳定，生活水平得到明显改善。

五十年前，家乡的文化水平和教育观念比较落后。那时候重男轻女思想严重，我的奶奶就是一个典型的例子。她只上到小学二年级就被迫辍学，照顾家里的老人和两个弟弟，只有八九岁的她已经学会了所有家务活，辛苦了大半辈子。那时候的家庭至少都有三个孩子，认为孩子越多越好，也没有计划生育的控制，国家鼓励生孩子，家长都没有多高的文化水平，只要可以养活就行，而且不管家里有了几个孩子，如果没有男孩子就还会继续生，有那种传宗接代的传统。父母也不会把教育看得很重，如果孩子不想读书或者学习成绩不好就不

[①] 作者：田娜，中南民族大学 2020 级民族学本科生。

会让其读书了，父母都忙着生计，孩子不愿读书就只能跟着种地。现在的我们，读书是我们的首要任务，就算不喜欢读书，父母也会把我们送到学校，他们想让我们有一定的文化，对我们以后的发展有所帮助。但由于现在的父母大多不在家，都是由爷爷奶奶带大，所以接受父母教育的机会很少，爷爷奶奶和我们的思想观念大多不契合，会有很多分歧，父母的教育在我们长大的过程中是相对匮乏的。

接下来，我就来说一下家乡这么多年的外在变化。五十年前，这里大多数的房屋都是木屋、竹屋、瓦房，而且经常会出现漏水的情况。听我爸爸说，他读书的时候在家做作业都没有电灯，用的都是煤油灯，那时候根本没有交通工具，基本靠徒步，而且都是泥土路、石子路。比较快速的交通工具可能是家里自制的一种木板车，但主要为当时拖运粮食而用。之前的耕种工具主要是牛耕，一直到21世纪头几年都还是这样。后来，在家务农的人少了，家里的田地基本上都是荒置的，有人包地进行大片区的耕种，主要就是采用机器耕种。现在的酉阳，县城里面高楼大厦已经修了一栋又一栋，就连我们那个小镇上，基本上都找不到木屋、竹屋了；公路更是四通八达，已经看不到泥巴路了。道路也变宽了，就没有车到不了的地方。现在的交通工具也是丰富多样，酉阳的火车于2005年开通，虽然还没有开通高铁，但是近年来一直在修建高铁站，可能不久就开通了。公路也非常方便，去任何地方都可以，以前的徒步变成了现在的公交车，大大节省了人们的时间。环境也在逐渐变好，现在的山上都是绿油油的一片，现在去爬山根本找不到路，都长满了草、树，而且政府倡导大面积植树造林，也很少有人上山耕作了。

最后，我说一下家乡生活方面的变化吧。从衣食两个方面看：衣服方面，我奶奶在二十世纪九十年代都还在穿开襟衫，我父母也经常说那个时候的一件新衣服只有过年的时候才有，才可以穿，而且经常捡别人的旧衣服穿，有一件新衣服对他们来说就是最快乐的事了，平时穿的衣服都是洞补洞的。现在的我们基本上都不会捡别人的旧衣服穿，新衣服更是随时都在穿，而且现在的年轻人都讲究穿名牌，根本就没有从前"吃不饱穿不暖"的情况出现了。在"食"方面，无非就是柴米油盐，我爸爸小的时候特别穷，那时候吃得比较多的就是红薯，炒菜时放的油也特别少。平时基本上都吃不到荤菜，只有过年的时候才吃得到，吃饭大多数都是苞谷饭，也是苞谷居多。现在我们基本上是不会缺饭吃的，还经常会有浪费粮食的现象，荤菜也基本上每餐都有，还提倡吃素，用来保持健康。家乡不断发展变化，人民的生活水平也发展了翻天覆地的变化，我的家乡在不断向前。

随着科学技术和经济的不断发展，我感觉到了时代跳动的脉搏，听到了社会前进的步伐。我相信酉阳的明天会更好，我们也更应该努力地学习，为祖国的建设作出贡献。展望未来，我们有理由相信，中国的明天会更好，我们的祖国将会有巨大的腾飞，我们的生活会越来越富足。

附录 F　立志走出农村农民的一生[①]

　　三合村是湖北省仙桃市杨林尾镇下辖的一个小行政村，在改革开放以前这里还被称为"三百亩"，后来改名为三合村。1958年的深冬，三合村村民老黄迎来了他的第一个孩子，是个男孩。老黄喜不自胜，给长子取名为"山"。接下来几年，"山"陆陆续续有了一个弟弟和三个妹妹。三合村村民与当时中国的大多数农民一样，以耕种土地为生。五个孩子接连出生，老黄欣慰的同时也不免生出担忧，每天一家七口人要吃饭，得更努力地种地才行，不能让孩子们饿了肚子。因此，未曾踏入过学堂，大字不识只会种地的老黄更加勤勉，每日里披星而出，戴月而归。

　　父母农务繁重，"山"记事起就很少在白天见到父母，父母的大多数时间都花在了能让一大家人吃饱饭的那片地里，通常等回到家里时，孩子们都已睡下了。有一个清晨"山"醒得特别早，又看到父亲老黄佝偻着身子准备出门，还是穿着发黄的白棉衣和满是补丁的青色裤子，记忆里父亲老黄仿佛只有这一套衣服，每日都穿着它。看着父亲拿着锄头出了门，"山"也悄悄地跟了出去。月光很亮，他躲在一片玉米地里看着父亲在田边扒出一个红薯，随意在衣服上蹭了蹭土，便连土带皮大口啃了起来，这就是要劳作一天的父亲的早餐了。"山"的泪涌了出来，心酸得不是个滋味。如何才能让父母和弟弟妹妹们过得不再如此辛苦？此题在这个普通的清晨伴着鸡叫声在尚年幼的"山"心里扎了根。目睹父亲的种种不易且作为家中长子，"山"早早开始帮父母承担起了家庭重担，深知家庭生计艰难，更应不屈不挠充满希望地去奋斗，以期改变自己乃至家族的命运。

　　那时三合村的人们是没有什么条件上幼儿园的，在田间、地头、池塘边奔跑的"山"终于在8岁那年坐进了小学一年级的课堂，放学后和弟弟捕一些野生的鱼虾，抽一些娇嫩的藕带，挖一些白胖的莲藕——这是他能帮忙补贴家用的生计之一，也是生活在江汉平原的人们可以获得的独特馈赠。

　　1978年是改革开放的头一年，十一届三中全会在这年召开，在党的带领下中国加速了前进的脚步，欣欣向荣、百废待兴。这年，19岁的"山"高中毕业，响应国家的号召，稚嫩的他仔细考虑后决定参军入伍，希望也能为国家的建设出一份力。但种种原因，第一次入伍申请并未通过，没能如愿。1979年，

[①] 作者：黄永竞，中南民族大学2022级社会工作专业硕士研究生。

"山"再次提出申请,这次异常顺利,1979 年 12 月 4 日,他参军入伍来到了武汉江汉关,十九码头边上,成为一名光荣的军人。在与农村土地朝夕相处了 20 年后的他,终于要进到另一个完全不同的环境,他异常兴奋,暗暗鼓励自己一定要好好表现,为大家和小家都献出自己的一份力。努力都有回报,进部队一个月"山"就当上了团小组长,两年后被提拔为司务长(代理)。在部队度过单纯且快乐的四年时光后,1983 年因军队改革,"山"退伍回到家乡。

回到老家的"山"被安排到镇里的司法所工作,兢兢业业、任劳任怨,这一干便是十年。十年间工作稳定,也到了成家的年纪,"山"经人介绍认识了在镇供销社上班的姑娘凤兰,两人一见如故,顺利结婚。婚后他们很快有了一个儿子,儿子的名字是"山"取的,单字名"尉",想必是为了怀念给他人生带来转折的部队生活,也希冀儿子将来能再进部队有一番作为。

"山"还有一个愿望,是希望有一个女儿,问及他为何会有如此心愿的时候,他说在部队站岗时看到一对父女结伴而行,女儿一直贴心地搀扶着父亲,两人在夕阳下渐渐走远直至消失不见,这个场景让他印象深刻,久久难忘。但是,彼时计划生育十分严格,这个心愿也一直埋在心底。没想到在一次下班小聚的酒后聊天中,单位分管计划生育的领导问"山"想不想要一个女儿,这一下,夕阳下父女散步的记忆又浮现眼前,"山"毫不犹豫地表示想要,并给大家讲了那个"父女散步"的故事。三个月后准生证办了下来,又过了一年,元旦节这天第二个孩子呱呱坠地,还真的是个女儿。新年伊始,"山"高兴地在女儿满月那天写下一副对联——"秋风吹落叶,遍地如金黄;春雨降大地,人间添银贝"。对联并不十分规整,但足可见"山"梦想成真的喜悦。给女儿取名也颇费一番心思,因为女儿出生于元旦节,想取单名为"圆",寓意圆圆满满。后又觉得小女儿宝贝,最终取单名为"贝",小名"贝贝"。

单位薪水微薄,家里多添了一口人让生活愈发捉襟见肘。但工作顺利,儿女双全,也已是难得。本以为日子会这样平淡地过下去,不曾想女儿出生的几个月后,"山"突然被单位辞退,原因是有人举报他违反了计划生育规定,不得再继续留在单位。一儿一女平日是妻子凤兰一个人在带,带娃加上家中琐事无暇工作,家里的经济来源只有"山"的这份微薄收入。这一下唯一的收入也没了,夫妻俩日夜发愁,唉声叹气。日子还是要过下去,活人不能被饿死。从农村到武汉再回到镇上,一晃已过去了十多年,老家的地已经分给了留在老家的妹妹、妹夫们耕种,现在再回村务农已不太现实,得想点别的出路才行。

那就尝试着做点小生意吧!观察打探一番后,"山"决定做木材生意,听起来生意挺大,其实就是收一些刚被砍好的树,搬上货车运到木材厂去,赚取一些差价。做小生意不像之前在镇司法所，为了省些成本，事事都要亲力亲为，帮忙伐树、搬树、和货车司机一起运树……件件都是力气活。出些力气花点时间倒也罢了，问题是不能经常收到树，没有树收的日子，家里每天都要开支。一段时间没有收入的日子，看着本就不多的积蓄一天天减少，这时候免不了要被妻子埋怨一番。积蓄变少，到了有树的日子，又没有多少本金去收树，"山"思忖着这样下去可不行，收入太不稳定，于是便开始留意新的赚钱门路。家里有个亲戚有学历，本科毕业后在北京一家知名保健品"红桃K"公司工作多年，偶然见面听说该公司在招聘销售，"山"毛遂自荐，希望亲戚能帮忙引荐去试一下销售。这时整个家里所有积蓄加起来是100元，"山"夫妇花了大几十元钱买菜在家里请亲戚吃了一顿饭，饭后详细述说了家里的难处。好在"山"一向为人忠厚诚恳，亲戚也希望能拉他一把，便答应回北京后去公司问问。就这样，那一年四十出头的"山"成了一名"北漂"，去到了北京打拼。工作几年后，随着国内经济越来越好，各式各样的保健品公司如雨后春笋般冒了出来，"山"所在公司的产品销量逐年下滑。亲戚决定跳槽，"山"也回到了镇上再谋新的出路。

回到老家过完年后，邻居邀请"山"一起去广东碰碰运气，镇上很多人在广东从事房屋装修生意，据说做得很不错。"山"带着500块钱踏上南下的列车来到广东，这是家里除去必要开销后仅剩的积蓄。在靠近深圳的东莞黄江和别人合租了一个破旧的老房子，深圳房租太贵，这样可以省不少钱。刚开始没有经验，毫无头绪，只能边打工边学习积累些经验，顺便找找机会，一天只吃两顿饭，汗水在南方"热情"的天气中撒遍了深圳的大街小巷。好在读过书写得一手好字，又有司法所民事调解工作以及保健品公司从事销售工作的经验，口才不错、善于沟通。再加上踏实肯干、为人诚恳，"山"在这条陌生的路上竟然有了起色，接到了一些不大的生意。深圳的店铺多如繁星，店主来来去去，装修的需求不小。只要肯跑肯干、兢兢业业，生意竟还不错。这一干，就是十多年。这十多年，儿女都长大成人，儿子真的去当了兵，在部队四年退伍回家后，在政府的安排下有了一份稳定的工作，定居在仙桃市里。女儿也比较上进，工作几年后自学考上了武汉一所一本院校的全日制研究生，这也是黄家的第一个研究生，"山"笑得合不拢嘴，这大半生一路走来并不顺当，其间的坎坷与艰辛自是不少，如今一切的酸楚都被孩子们成长的喜悦冲散了，觉得这些年再怎么辛苦也值。

离开镇上在外打拼多年后，纵然有些不舍，但在女儿高二那年"山"终于决定卖掉镇上的老房，租住在了市里。这样，儿子在市里工作、女儿放假回家、自己逢年过节回家都会更方便。没想到在深圳收入不错，女儿上大学那年他们终于在市里买了房,房子还挺大,终于不用再一家四口窝在出租屋里了。2012年,女儿20岁的这一年,房子也终于装修好了,孩子们回市里都有了自己的房间,"山"每每坐在客厅,都感觉幸福和喜悦。他一直是一个感恩知足的人,时常和女儿提起感恩祖国的改革开放,使得国家高速发展,这才让普通人也有机会能拼出一番天地,让我们一家过上如今的好日子。

● 题外话

虽然已经离开了出生的村庄和打小生活的小镇很多年,"山"在逢年过节总是会回去看看。一是因为80多岁的老母亲还在村里,随在农村务农的妹妹们生活在一起,父亲老黄因为长年劳累积劳成疾,去世得早。二是他总觉得那里才是他的根,家乡还有许多老友和战友,和他们在一起吃顿饭,唠唠家常下个象棋是他一直最爱做的事情,当然还有一起回忆年少的岁月、在部队意气风发的日子以及年轻工作时候的陈年趣事。

当初因为女儿出生而被迫离开的那个镇司法所,也在高速发展的城镇化进程中渐如一位风烛残年的老人。镇上外出读书、打工的年轻人不愿再回来,他们希冀在一线城市抑或省城闯出一片天地,再不济,仙桃市也不错,离武汉挺近。于是乡镇的"空心化"越来越严重,也不知道从哪一年开始,镇司法所逐渐没了任何工作任务,毕竟镇上的人都很少了。"山"之前的同事全都赋闲在家,基本没了这份工作收入,有了和"山"33岁那年一样的遭遇,不一样的是同事们离开司法所时已是50岁出头的年纪,体力精力大不如前,在镇上生活了大半辈子,并不能很好地适应外面的生活,镇上也没有多少企业能提供工作,一下子陷入两难的境地。

当年因为生女儿丢了几乎是"铁饭碗"的工作,妻子对女儿颇有"埋怨"(即使出生并不是女儿的主动选择),现在再看,女儿的出生竟然改变了"山"后面人生所有的路。这一路走来纵然辛苦,现在他竟然是之前同事里面过得最舒心的极少数几人之一。"塞翁失马,焉知非福","山"默默地想。他总是这样"心大",或也可称为乐观。

由村到镇再到市,"山"终归是实现了小时候立下的愿望——走出农村。如今他已满65岁,人生正式步入老年阶段,虽然人早已离村很多年,户口却还一直留在三合村不打算迁出。户口于他们那辈人来说仿佛是一个根,纵使树已长成,枝干已伸展出很远到了别处,但是根一直扎在三合村这片土地上。这片土地纵使不那么富有,但是已竭尽所能,开出香的花、结出甜的果,让生活在这里的人们吃饱穿暖,长出高大的树为他们遮风挡雨,生火做饭,能让出生在这里的孩子们生根发芽、长大成人。

这是"山"自己的故事，又何尝不是中国大多数父母的缩影。一路走来的狂风暴雨，从未浇灭过他们向上向好的希望之火，这希望之火苗，他们小心呵护，世代相传。中国是农业大国，在中国农村有着千千万万这样平凡普通的家庭，靠着双手不屈不挠地艰苦奋斗，将自己的小家建设得越来越好。无数的小家合起来汇成大家，我国社会的进步与发展要感谢努力生活奋斗的每一个人。而每一个普通家庭的发展，都得益于中国社会环境的不断改善，国家更强大，小家才能更安稳幸福。

乡愁离不开、散不去。"山"希望等完全不需要再赚钱的时候，回到村里钓鱼种菜、养花下棋，城市里终归是难以体会到这种乐趣的。家是年轻时最想离开的地方，也是暮年时最想回去的地方。当年离开家乡是他自己的选择，如今回去也是。

附录 G　由历史到未来——文化哲学视角下农村社会工作发展之我见[①]

身为一个自小生长在城市中的人，农村离我很遥远；而身为一个长年学习社会学和社会工作的学生，农村却又离我很近。中国人的乡土情结凝练在农村，农村也是大多数中国人关于故土最质朴的记忆。中国是一个历史悠久的农业大国，伴随着历史的兴衰过往，基于中国的乡土社会孕育出独特的民族文化和传统哲学。中国独有的农耕文明诞生于中国乡村，只有读懂了中国农村，才能对中国的农耕文明有着更深层次的理解。

自党中央提出"乡村振兴"战略以来，社会将更多的目光聚焦在"三农"问题的解决上。"乡村振兴"战略的实施实质上是为解决城市化的发展而带来的城乡发展不平衡、不充分问题。面对"三农"问题，中国农村在新时代乡村振兴的大背景下，需要专业的社会工作者的介入。由于社会工作以利他主义为核心的专业特征，坚持"以人为本"和"助人自助"的原则，在新时代农村社会工作建设中，能够发挥增能发展和人文关怀的功能，贯彻社会工作的专业服务理念和伦理价值，为解决"三农"问题提供了重要助力。"乡村振兴"战略提出的要求，分别为产业兴旺、生态宜居、乡风文明、治理有效、生活富裕五个方面，体现了党和国家对农村经济、生态、文化、社会、民生方面的发展方向的指引，这同样也是中国农民对于美好生活的向往和期待。这也给予了我们社工人新的思考：如何在农村社会中顺利开展社会工作服务？

社会工作起源于西方的宗教活动，诞生于欧洲独特的社会背景下，饱受西方文化的影响，对中国来说则是一种"舶来品"。在社会工作传入中国时，中国正处于水深火热的旧中国动荡时期。二十世纪初，帝国主义列强的侵略、封建统治者对民众肆意掠夺、自然灾害频繁发生，中国农村遭受沉重打击，日益走向衰落。此时一些有识之士受到西方传入的社会学和社会工作思潮的影响，发起了一场以改造乡村为目的的乡村建设运动。其中，以梁漱溟在山东邹平推行的乡学和晏阳初在河北定县开展的平民教育为代表，给予近代中国民众的思想以启迪，为现代农村社会工作的发展点亮了第一束光芒。

在乡村建设运动的过程中，梁漱溟认为，地方自治应以乡村为单位，乡村问题的解决，天然要靠乡村人为主力。人是社会性的生物，人走入社会需要经

---

① 作者：沙沛轩，中南民族大学 2022 级社会工作专业硕士研究生。

历社会化的过程，这在中国的乡土社会尤为明显。社会化的过程促使农民群众的自我意识觉醒，只有自我意识得到觉醒，从关注自我逐渐转为关注群体、关注乡村，最终使农民群众对自身所在的乡村产生归属感，才能自发去改造自身的生存环境，更好地开展实践活动。梁漱溟主张改造原有的社会结构，从乡村入手建构一套完整的乡村建设理论。梁漱溟在邹平推行以村学、乡学为组织的自治制度，注重培养农民的政治素养和参与乡村事务管理的意识，以此达到乡村自治的目的。

乡村建设运动不仅在乡村治理方面下功夫，各地乡村也根据当地的实际情况进行了乡村经济市场化、工业化、现代化的积极探索。各地区通过推广新技术新品种、防治病虫害、提倡副业、推广新式农具等多种措施，一定程度上改善了农业生产技术落后、生产效率低下的状况，推动了农业现代化的发展。这一系列举措也体现出中华传统生态文明思想，中华传统生态文化蕴含着丰富的生态智慧，其内核主要有"天人合一"的生态整体观、"民胞物与"的生态道德观、"取用有节"的生态保护观、"以时禁发"的生态治理观。

面对当时民众普遍文化程度较低的状况，乡村建设运动也将乡村文化建设作为重点予以开展。乡村建设运动中，各乡建团体从教育入手，通过开展教育活动提升农民素质，借助专门培训来培养专业人才，兴办文化建设活动，革除陈规陋习，积极推进乡村文化的现代化。在提升农民素质方面，扫盲识字是一个重要突破口。乡村建设运动将中国传统的道德观融合于对村民的文化知识教育中，注重对农民人性与道德的建设，丰富农民的精神世界，最终达到整个价值系统的理想状态，反哺乡村建设。

费孝通先生将中国传统农耕文明下的人际关系称为差序格局，即以自身和家庭为中心，以亲疏远近关系形成由内向外拓展的关系网，从而形成所谓的"熟人社会"关系网。差序格局由中国人的"私"为主导而形成，而这种"私"是一种根本性的"私"，由于儒家传统文化中"克己""修身"的功夫，由于"礼"的存在而被遮蔽了，个体在潜意识中仍然会优先信任自己差序格局中最内圈的人。在差序格局影响下，农村社会工作者必须融入农村的"熟人社会"，才能与服务对象进行充分接触，取得服务对象的信任，以建立良好的专业关系。农村社会工作中的信任模式须将传统社会差序格局中的人际信任与社会工作专业制度中的信任伦理相结合。只有在这样的结合下，社会工作服务在中国农村的开展才能有用武之地，社会工作的本土化发展才能得到有效发展。

中国的历史产生了中国的文化，文化又养育了一代代中国人，形成了中国人的乡土情结。社会工作本质上是以人和人的发展为中心的专业工作，在中国农耕文明和乡土文化的影响下，维护好中国农民的乡土情结，发挥好自身的专业价值，这也需要农村社会工作既要具备"社会哲学"的素质，更要重视传统意义上的伦理与精神。在新时代"乡村振兴战略"的背景下农村社会工作必须坚持以人民为中心，把"人民对美好生活的向往"作为人民观的核心内容，实现好、维护好、发展好人民的根本利益。只有深入农村居民的社会生活，着力解决群众最关心最直接最现实的生活问题，农村社会工作才能够真正服务于农村，才能够真正解决好"三农"问题。

附录 H 从沅水到湘江——韩氏家族史调查研究[①]

H.1 祖辈的生活

1930年，笔者的爷爷祥达出生在湖南省常德市汉寿县城关镇的一户从事屠宰的家庭中，他的父亲见堂（又名建堂，笔者的曾祖父）经营着一家肉铺，生意日渐兴隆，充实的家境让一家人可以过安稳的日子，家里甚至请了佣人和长工。然而好景不长，一场灾难突如其来，摧毁了这个家庭，1937年，祥达七岁的时候，见堂也许是因为在长期的屠业生计中，吃多了油脂类的食物，中风瘫痪了，肉铺的生意也逐渐凋零，一家人的生计突然间没了着落。为了活命，家里曾用小推车推着祥达沿街乞讨，一直在家操持的祥达母亲周秋莲（笔者的曾祖母）也只能到别人家当洗衣做饭的佣人，赚取微薄的收入。

祥达十岁的时候，为了补贴家用，他就开始出去贩菜，一大早把菜卖出去，才能去买早饭用米。那时候他两个弟弟一个六岁、一个三岁，年幼的他担起了养家的重担，到了十二三岁时，他又开始贩鱼的行当，正值抗战时期，县城实行宵禁，他每天清早天还未亮就要翻过城墙，蹚水过护城河，在城外向渔民购鱼，再把买到的鱼拿到城里的市场上去卖。

十四岁的时候，祥达经人介绍到一家南杂铺里当学徒，南杂铺相当于现在的副食品商店，卖些油盐酱醋这类的日用品。他的第一份工作是给店子开门关门，对于初来的学徒而言，这也不是简单的活。那时候没有卷闸门，门是一块块杉木板拼起来的，每块木板上都有编号，最后一块上有锁门的销子，门框上下有固定木板的槽。早上开门的时候，要从店内把销子打开，把木板一块块取出，码在角落里，关门的时候就一块块把木板按顺序滑进去，插到槽里面，把整个门封上，最后用销子把门锁上。

大约是做了两年的学徒，适逢有其他的屠行成立，由于见堂曾经也是从事这一行业，同行间较熟悉，加之祥达受父亲的影响，耳濡目染下积累了经验，因此就被招进了这家屠行，他们是股份制，还让祥达入了五块大洋的股，他在屠行里杀猪卖肉到了二十岁。

1953年，国家进行了"三大改造"，对私营行业进行公私合营，将这些屠

[①] 作者：韩礼全，中南民族大学2020级社会学本科生。

行肉铺进行国有化，在县里成立了汉寿食品公司，后来也叫肉食公司，祥达在这时就成了食品公司的职员。在计划经济时期，食品公司的职责包括了猪牛羊家禽水产等产品的购、销、存、调的工作，即从农民手中购买这些产品，储存饲养起来，宰杀后销售，还要把这些产品调运给常德、长沙、武汉这些大城市。起初，祥达就是负责调运产品，那时候运输主要靠水路，他需要把生猪赶到船上，在航程上还要负责喂养，经过几天的行程到达长沙、武汉等地，交货验收。

  肉食屠宰经营不像看上去那么简单，尤其是在国营的肉食公司成立后，还要承担起城镇及周边农村的肉食产品供应的重任，一头生猪收购时成本是多少，屠宰后肉、内脏、骨头等部分分别能销售多少钱，是否能盈利，是否能给国家带来税收，这些都是很复杂的工作学问，需要熟练的业务技能。祥达在工作岗位上兢兢业业，出生屠户世家的他又懂得行情、管过账，他会算盘，能做核算，长期以来还在跑运输业务的过程中在各大城市间建立了联系，可以说对食品系统购、销、调、存各个环节都很熟悉。在二十世纪五十年代末，食品公司在汉寿各乡镇设置二级机构食品站，祥达被任命为城关镇肉食站的站长，他在这个岗位上从1956年开始一直干到1990年退休，基层干部一干就是三四十年，这在当时是很不寻常的。

  祥达对待工作的认真态度始终如一，对待同事和下属时关照和严肃并存，这使得他在基层岗位上也获得了极高的声望，并对他的后代产生了积极的榜样作用。汉寿城区面积两三平方公里，人口只有一万多人，他一直住在他单位的仓库里，仓库到他的家里不到一公里，但他常年都是住在单位，以单位为家。每天晚上大家下班了，他却还在值班，夜深人静时，拿着电筒，巡视仓库上百头生猪，巡查是否有安全隐患，几十年如一日。其中有两次发生了火情，都是因为他在现场及时发现，组织人力扑救，才没有造成严重损失。在他的职业生涯中，获得过湖南省优秀党员、地区先进工作者等很多荣誉。

  在工作岗位上，良好的干群关系和出色的工作业绩为他赢得了良好的社会声望，同时，他所处的位置也有助于扩大他的社会关系，并为其所用，一同构成了他的社会资本。虽然祥达只是食品站的基层领导，并没有多大的行政权力，但是他在当地仍然具有一定的影响力。这是因为，在计划经济的背景下，他管理着一个地方的肉食供应，而肉食产品在当时的中国是供不应求的。因此，他拥有着稀缺资源的分配权力，在他所处的社会关系网络上具有吸引力和影响力。一些部门领导干部为了得到紧俏的物资要和祥达搞好关系；而每当逢年过节，祥达也会批几斤肉、几斤油给领导、下属和家人。这些细枝末节的关系经营，巩固了祥达的社会地位，他也从一个凡夫俗子，变成了受人尊敬的干部。但在个人作风上，祥达始终是两袖清风的，他只在紧要关头动用自己的非正式社交关系。有一次是他的一个员工出了车祸，医院都要放弃不救了，但是他坚持要救，他跑到院长家里做工作，因为平时关系的经营，院长买他的账。最后医院调动一切资源，百分之一的希望尽百分之一百的努力，把这个人救回来了。还有一次，是他的儿子阿跃被查出肺部问题，他借他领导之力在长沙找到专家教授会诊。可见，即便是计划经济时代的中国，非正式的私人关系也在社会运转中具有非常重要的作用。

祥达是穷苦人出身，深知百姓生活艰难，因此工作管理上一直是兢兢业业、两袖清风，对待职工和老百姓都十分关心，将整个城关镇的食品供应工作搞得井井有条，职工和群众都很拥护他。到了"文化大革命"，各单位领导都受到冲击，一张大字报也贴在了祥达的单位里，大字报赫然写着，"祥达把肉食站搞成了自己的小王国，针插不进、水泼不进，只有祥达的话管用"。但是，他自己心里清楚，领导作风问题也好，生活作风问题也好，还是公私不分也好，别人挑不出他的毛病；群众职工心里都清楚，祥达的威望来自职工群众对他工作的认可和拥护。后来，上级组织也曾经把他调动到县公司里担任一个业务股的股长，城关站则安排了另外的人去负责，结果那人没干三个月，或是因为业务问题，或是因为与下属的关系问题就干不下去了，最后不得不让祥达回去接手。就这样，祥达一直工作到1990年，按道理要退休了，最后上级组织还是留用了他三年，让他自己选接班人，带接班人三年，到1993年正式把工作交给下一任。

在工作之外，由于父母去世得早，祥达作为长子，早早地承担起一家之长的责任，家里所有亲戚，大大小小的事他都要照顾到。这一户好久没写信了，他就写信联络联络；那些在外地的兄弟姊妹，他时常写信联系，过年的时候给他们准备物资寄过去，他俨然成为整个家族的核心和纽带。用当地的话讲，叫作"长哥长嫂当爹娘"，而这一点也深深影响到了祥达的子女。

祥达和他的妻子文淑兰他们一共有三个女儿一个儿子，儿子排行老三。虽然祥达平日里很少回家，甚至一天只在家吃一顿饭，但他还是非常注重对子女的教育，吃饭时是他教育孩子的主要时间，在饭桌上他给孩子们讲了很多故事，说了很多道理。此外，在家短暂的时间里，他还会认真地检查孩子们的作业。正是在他的言传身教下，孩子们学到了他很多为人处世之道。

H.2 在县城

笔者的父亲阿跃于1959年出生在汉寿县城关镇的一个小巷子里；笔者的母亲阿春出生于1966年，住在毓德铺镇的乡下。此时距离他们相逢，最终结为夫妻组成家庭还有三十多年。下文将"花开两朵，各表一枝"，分头讲述他们的人生历程。

H.2.1 校园时光

尽管是在贫困的年代，但阿跃上了县里的红星幼儿园，从幼儿园到高中，经历了相对完整的教育。

1966 年阿跃进入小学时，正赶上"文化大革命"，只是乡村小学教育受到的冲击不大，课程也没有中断。阿跃从小又高又壮，他从小学开始就一直担任体育委员，组织同学上好体育课，组织课外锻炼。排球是他贯穿整个学生时代的爱好、特长，那时候学校里有集训队，阿跃练排球很刻苦，寒冷的冬天也不休息，垫球时手上冻伤裂开，排球上也满是血迹。他的刻苦训练受到了老师的表扬，排球的基本功也相当扎实。

1972 年，他进入汉寿二中。那时候是"文化大革命"的中后期，教育受到了"文革"的冲击，中学教育已经不正常了，学校课程基本停摆，更多的时候是搞一些社会活动，比如学工学农，在农田里耕作。1974 年到了快初中毕业时，正值邓小平主持工作，着力整顿教育，学校的教学回归了正常。在这一段时间里阿跃难得地认真读了两年书，他数学比较好，英语不好。最后在本校升学，继续就读汉寿二中。

进入高中后不久，发生了"反击右倾翻案风"运动，邓小平的工作遭到批判，教育再一次出现了动荡，学校老师受到排挤打击，被批斗成"臭老九"，学校停止了正常的教学工作。阿跃的高中在学工学农劳动中度过，接受贫下中农再教育，回忆旧社会的悲惨生活，那时叫作"忆苦思甜"。

懵懵懂懂的高中时光，恶作剧是同学们最快乐的相处方式。当时阿跃就是班里的小核心，他带头，一大帮人就跟着起哄。一般在第四或第五节课后就是自由活动，一下课他马上就派一个小跟班赶紧去占一个球场，之后男孩子们就大摇大摆、耀武扬威走下去打球。在那个封闭的年代，男女之间界限比较清楚，班上的男女之间基本上没有说过话，都是同性间交往，到成年后进入社会，才相互联系，如果有哪个男同学被发现和女同学说话，是要被嘲笑的。

在学生时期，发生在阿跃家里最大的悲剧是他十五岁时，他母亲因肺癌去世，这对他和整个家庭来说都是无比沉重的打击。祸不单行，高二时学校进行飞行员招考，他通过各项测试，却在体检时发现肺部有一处阴影——这与他母亲当时检查的症状一样！父亲祥达一下就慌了，这莫非是遗传？汉寿的医院无法确定病情，他马上通过自己的上司在长沙找关系，最后找到了湖南省人民医院的专家教授，经过诊断发现只是个良性的结核球，心里的石头这才落地。

但是，因为肺部的病灶，飞行员的选拔他落选了，不久之后省青年排球队的选拔他也落选了，他就这样错过了两次机会，而这个病灶还将在未来继续影响他的生活。

H.2.2　与生活斗争

阿春一家共有七个子女，她是老四。她的父亲在供销社日杂公司当采购员，长年往返于汉寿和长沙之间，母亲则在家照顾孩子。在计划经济年代，在供销社系统工作是很体面的，因此一家人的生活都还过得去。阿春三四岁时，一家人被下放到农村，后来户口回城，人却一直住在乡下。

安定的日子并没有持续很久，1975 年，阿春的父亲查出得了肝癌，次年就不幸去世了，一大家子人瞬间失去了生活来源。他们的生活费是每人七块钱一个月的抚恤金，最基本的食物和生活用品都得不到保障，比如油，每个月一个人只能分到四五两。一点点抚恤金都用来买粮食，但还是杯水车薪。

阿春的母亲带着孩子们在屋外开了一块菜地，种点红薯青菜，聊以充饥。这块小菜地的开垦也不是一件易事，在农业集体化运动中，村里组成了生产队，村里的土地都归队里有户口的人集体所有，生产队再将土地分给农民耕种。这意味着作为城镇户口的一家人是分不到土地的，本来他们的屋子就占用了村里的土地，现在又要分一片土地给他们种菜，村民们十分不乐意。但看在一家人处境太过可怜，才分了一小片土地给他们。作为寄住在农村里的城镇人口，阿春一家处于城乡二元户籍政策的夹缝地带，处在城镇单位体制和农村生产队体制"两不管"的真空地带，更是处在城乡矛盾的中心，原本意味着更好福利和更高地位的城镇户口，对他们来说却意味着难以立足。

穷人的孩子早当家，十几岁的阿春已经肩负起家庭生计的责任，自然没有余力完成学校教育。当时阿春的大姐已经出嫁，哥哥外出工作，二姐和她帮助母亲维持着家庭生计，她们清早天还没亮就要上山砍柴，粗壮的枝干是禁止砍伐的，她们只能收一些细碎掉落的。两个小女孩挑着沉重的竹篓，一路走一路休息，到家时太阳已经老高了，吃过早饭还得赶紧去上学，她们从来都是迟到的。

夏天暑假的时候，姐妹俩会到大姐住的洲口镇上去，那里靠近沅水和洞庭湖，盛产香莲，水边还有许多草药。那里有一个莲子加工站，她们在那里摘莲蓬、剥莲子，按个数赚取报酬；或者卖一点草药，解决学费的问题。秋天里，红薯收获的时候，她们就去别人田地里，等别人把红薯挖走了，再捡别人不要的红薯仔，或者别人收完之后掉的红薯。还有茶籽，山上漫山遍野都是茶树，但要让大队全部一遍遍收完以后，她们才可以捡，捡别人不要的、漏掉的茶籽。为了生存，一家人已经拼尽全力。

H.2.3　洪水无情

汉寿县位于湖南省北部，地处洞庭湖滨、沅澧两水尾闾，为两水汇入洞庭湖之处，水网密布、河湖众多。这种自然条件使汉寿成为著名的鱼米之乡，盛产粮食蔬菜以及各种水产，其中甲鱼更是冠绝全国；但这也让当地民众饱尝洪水泛滥之苦，每当汛期来临，河湖水势大涨，大水漫过堤坝，淹没农田和房屋，造成严重的损失。

1954年，汉寿遭受了百年难遇的洪灾，那时祥达刚出去押运完生猪回来，整个汉寿城一片汪洋，他慌乱地寻找着自己的屋子和家人，却难觅踪迹。那时候阿跃还没出生，文淑兰带着韩碧芬、韩碧芳住到人民医院后面的外婆家的院子里，那是在一个山坡上的两层木屋，幸免于洪水。别人告诉祥达这个情况后他才找了过去。

1978年，又一场大水席卷了汉寿，那时生活条件有所改善的阿春一家刚把房子搬到了毓德铺镇上来，洪水就把房子整个冲走，看着被洪水吞噬的家园，一家人相拥而泣，他们再一次陷入无家可归的境地。好在原来下放的村里有个看山林的人，看一大家子人没地方住又没收入，觉得可怜，好心地把一家人接到他那边。那时候阿春在洲口读书，只有她的两个妹妹和一个弟弟以及母亲四个人在那里住。

汉寿人民世代与洪水抗争，在湖区围垸修堤、疏通河浚。新中国成立后各级政府高度重视汉寿水利建设，自1954年起就每年组织干部、民工数万人开展治理西洞庭湖、治理大南湖、围垦洋淘湖、围垦菱角湖、围垦围堤湖、疏通沅水澧水洪道等工程，如今终于达到了洪水的完全防治。围堤湖离汉寿二中很近，阿跃在围堤湖的围垦田里度过了漫长的学工学农以及课余生活时光。如今围堤湖是汉寿重要的蔬菜生产基地，广阔的平地上种满大棚菜，而一旦发生汛情，这里也能作为蓄洪区，减缓洪灾。

H.3　走向岗位

H.3.1　初入社会与初恋

1956年10月25日，中共中央政治局关于《1956年到1967年全国农业发展纲要（修正草案）》的文件中，第一次提出"知识青年上山下乡"这个概念，这也成了知青上山下乡开始的标志。为了缓解城市就业压力，这年的8月9日，北京青年杨华、李秉衡等人向共青团北京市委提出到边疆去垦荒，11月份获得北京市团委的批准与鼓励，随后引发城市知识青年到农村和边疆垦荒的热潮，毛泽东发出"农村是一个广阔的天地，在那里是可以大有作为的"号召。到农村参加劳动，接受贫下中农的再教育，成为当时城市毕业学生的必经之路。

1974年，正值青年时期的阿跃，原本也要像千千万万的同龄人一样，投身上山下乡的潮流中，要么到知青点，要么插队到农户，但因为肺部的病灶，他得以"留城"。阿跃一方面庆幸自己不要再去田间地头吃苦，一方面又因没有和同学们继续集体生活而苦恼，现在他的同学中只有他一人留在城里。但生活还要继续，在这些日子里他将何去何从，这是他时刻思虑着的问题。

思来想去，与其无所事事地待着，不如现在就开始工作。于是，阿跃先是在曾经就读的城关二小当代课老师。因为他有体育特长和身体素质，对体育课程的基本内容比较熟悉，所以他先担任了体育老师，后来又兼任了数学老师。在代课的一年中，朝气蓬勃的他把教学搞得风生水起，学校领导和老师同事都很欣赏他。

在县城还有另外一位代课老师，她因为是家中的独生女，按政策规定免于上山下乡，她的名字叫阿辉，比阿跃大一岁，是他的高中同班同学。阿辉成长在一个不幸的家庭里，她的父亲早年是汉寿县常德汉剧团导演，他曾经导演了湖南的第一部电视剧；她的母亲是常德汉剧团的演员，很漂亮。但是她父亲脾气很暴躁，早年又被打为右派，后来他们就离异了。她的母亲就一个人带着阿辉生活，两个人相依为命。二十世纪七十年代后期阿辉的母亲和当时县里一名有影响的公司经理相爱了，而后者已有家室。在那个年代，这属于严重的男女作风问题，虽然他们最后结婚在一起了，两个人却都引来了较大的负面舆论。在汉寿这座小县城里，此事搞得满城风雨、人尽皆知。阿辉也因此备受社会的冷眼与歧视。

在情窦初开的年纪，两个远离集体的孤独青年，相似的处境使他们越走越近，最后慢慢发展成了地下恋爱的关系。夜深人静的时候，他们一起来到城郊约会，这是属于他们的爱情时光。阿辉经常在此时倾诉她悲苦的生活，两人相处的时光使她感到慰藉。阿跃深深同情、关怀着这个苦命的人。此时他们还不知，情感的种子已经埋藏在两人的关系之中，埋藏在这深夜的幽会里。

也许是受"文革"的影响，阿跃认为老师是个社会地位不高的职业，于是在一年后离开了学校。后来在父亲的介绍下，他来到汉寿机械厂当学徒工人，学习修机床，他学得很快，几个月的时间就做到了其他人可能要两年时间才能达到的出师水平。

又过了一年，他去城关镇镇政府当办公室秘书，一直到20岁。

H.3.2 正式工作

20岁那年，县商业系统招工，通过在商业系统内的父亲的帮助，阿跃进了汉寿县肉食水产公司，跟父亲在一个单位。那时候他是集体工，与此相区别的是全民工。集体工与全民工对应的是两种不同的所有制（但皆为公有制）形式。全民工就是在国营单位之中可以任意向外调动；集体工是这个生产单位内部的职工，在有限的范围内流动。不管怎么说，这也是他第一份正式的职业。

阿跃在公司总部做业务学徒，具体承担的是物价工作。当时的计划经济政策，一切商品都是国家定价，一切商品流通、结算的价格都是统一的，那时确定和计算物价是一个专业。在这一过程中对阿跃帮助最大的是他的师傅，他是常德临澧人，早年是国民党军人，尽管出身不好，但这个人是老高中生，有文化底蕴，写应用文、刻蜡纸都在行。师傅在教他物价工作业务知识之余，还教他如何刻蜡纸、油印，先要在蜡纸上手刻出印刷的内容，再用油墨滚筒将蜡纸上的内容印在白纸上。阿跃在师傅的教导下熟练掌握了这门技术，也练就了一手好字。公司里无论是业务部门的文件还是财务部门表格数据，都喜欢找阿跃来印，他也不辞辛苦，加班加点。不怕吃亏，不怕做分外的事情，是父亲教给他的做人道理，这给他在公司里带来了好人缘。

在物价工作方面，除了完成本职工作，阿跃也不忘精进自己的专业水平。物价部门当时是国民经济很重要的一个部门，提高物价员的工作专业水平也十分受经济部门的重视。县里的物价局曾在一定范围内组织了自学考试，阿跃通过自学考试和函授大学的形式，经过五年时间完成了十三门课程的学习，取得了物价学大专文凭。那时候的热天，办公室和宿舍在一条走廊里，他就打着赤膊吹着电扇，彻夜在办公室学习。出差是学习的最佳时刻，有一次跟着领导到新疆坐几天几夜的火车，他就在火车上看书，不用工作，可以专心致志地学习。

到二十世纪八十年代中期，计划经济向市场经济过渡，派购政策取消，市场经济取而代之，这时候国家就弱化了官方定价，物价部门也不那么重要了，虽然这个专业部门还在，但是干预程度大大降低。阿跃察觉到风向的变化，及时调整工作方向，1988年开始他就离开物价岗位，从事购销工作。他在这一段时间里慢慢从普通员工提拔到业务股长，最后到肉食公司的副经理。有趣的是，在阿跃的父亲退休之前，阿跃已经成为父亲的领导，父亲经常要听阿跃在会上讲话，还要做记录，真可谓"青出于蓝而胜于蓝"。

H.3.3 升迁之路

从1992年起，由于能力和水平得到了领导的赏识，阿跃被商业局领导调到了五交化公司当一把手，总经理兼总支书记，五交化公司管电视机洗衣机单车等五金交电化工产品。虽然是集体工，但是他通过"以工代干"的方式提拔，实现了部门间的调动。"以工代干"是指未办提干手续而选调工人从事干部岗位的工作，虽然是工人的身份，但是当作领导干部进行调动。前一任领导把关系搞得很紧张，出现职工拿刀与领导对抗的情况，阿跃在五交化公司只有一年的时间，但是他很快熟悉了工作业务，融洽了干群关系，把公司上下的氛围搞得很好。

1994 年，他调到了汉寿县百货公司当总经理，百货公司无论是经营规模还是人员规模都大于五交化公司，是汉寿县商业系统的龙头公司，所以虽然看起来是同级调动，但其实是调到了更重要的位置，有更大的权力和影响力。阿跃这一年在百货公司也搞得风生水起，组织了很多商业活动，根据当时的政治形势需要进行企业内部改革、扩大销售，一系列工作得到了县委书记、县长等领导的认可。在这个过程中，人际关系、社交圈的重要性得到了更大程度的体现，当时的商业局局长着力培养他，把他带进了领导层的圈子中，使他在县城的政治体系中站住了脚跟。

一步一个脚印，到 1995 年，他被提拔为商业局常务副局长，当时在县城里面三十几岁当科局级干部的实属难得。

H.3.4　挑起生活的重担

1980 年，县供销社招工，在供销系统工作的大姐夫就跟有关部门做了一番工作，让作为供销社子女的阿春入职了。那年阿春 14 岁，艰苦的家境让她早早挑起生活的担子，日常的家庭生计劳作和频繁的转学使她没学到什么文化知识，在那个缺乏社会保障的年代，这么小的年纪离开学校正式开始工作也是无奈之举。由于未满 15 岁，她属于童工，这是被禁止的。但是单位里的领导和同事都知道阿春家庭情况，所以善意地帮忙瞒着，让她顺利入职。在平时的工作中领导和同事们也照顾她，不让她干重活。

开始在副食品加工厂学徒，后调至供销社分社工作。刚开始她什么都不会，后来慢慢学会了陈列商品、盘底、做报表，第一个月主管会计教她，第二个月她就慢慢可以自己做报表了。

● H.4　来到长沙

阿跃和阿春在汉寿经历了青年时期的艰辛和动荡后，一切似乎都安定下来，生活也逐渐步入正轨。但人生就是这样变化无常，而中国的社会也即将经历一次重大的变迁，原有的社会秩序和生活方式将被重新书写。一系列的变故使阿跃和阿春离开了故土，选择来到大城市长沙，他们将在那里相遇，开始新的生活。

H.4.1　情路波折

巧合的是，他们离开汉寿的契机都是因为情感生活的波动；但不同的是，阿跃搭上了改革开放的潮流，而阿春抓住了单位体制的尾巴。

H.4.1.1　同情与爱情

当阿跃提出要与阿辉结婚时，开始家人有反对的意见，阿跃做了很多工作，终于说服了父亲同意这门婚事。当时他觉得，他们秘密谈了六年爱，她的青春都在这里面了，而且本身她就经历了一个不幸的童年，如果在这个时候做其他的选择，那对她的伤害太大了。出于这样一种情感，他们结婚了。

阿跃与阿辉于1982年结婚成家，1983年生了儿子阿博。到了阿博十三四岁的时候，正是阿跃职业生涯的高光时刻，作为年轻的商业局副局长，他是汉寿商界的知名人物，在汉寿电视台频频出镜。而位居高位，自然少不了各种应酬往来，改革开放的推进带来了全新的生活方式，歌厅舞厅成了那时候十分热门又备受争议的娱乐场所，在市场化的推波助澜下，商业活动和业务往来也不再像原来那样公事公办，而是与酒精和娱乐捆绑在一起。正因如此，阿跃时不时要出入这些场所，平时接触的女同志多一些，回家的时间也晚一些，但他守住了自己的底线。原本就心思敏感的阿辉还是产生了猜忌，而平时夫妻间由于种种原因少有交流，每天各忙各的。猜忌增加了关系的紧张，紧张的关系又使他们更加疏离，恶性循环，夫妻感情降至了冰点。

再接着，或是出于逆反、报复，或是出于婚姻生活的百无聊赖，阿辉也开始出去跳舞，并最终发展成了婚外情。风言风语如雨点般袭来，阿跃一开始对这些流言蜚语置之不理，直到一条条确凿的证据摆在了他面前，阿跃只能作出痛苦的选择——离婚。

1996年，阿跃跟阿辉摊牌，将一纸离婚协议书递给了她。财产，阿跃一分钱都没要，他要带孩子所以分得了房产。阿辉搬出去时，把家里的音响、电视机等家电全搬走了，两人彻底撇清了关系，两人的婚姻就这样画上了句号。

回顾这段感情，阿跃对阿辉的情感始终是同情而不是爱情，是对她悲惨境遇的同情和保护。年轻时懵懵懂懂，又怎能明辨情感中的是是非非？婚姻破裂的苦果，早在当初在一起时就已种下。无论是童年时夜晚听她诉苦，婚后生活的冷淡，还是婚姻出现问题时"泰然处之"，本质上都反映的是这段关系之间缺乏真正的爱情。

离婚,"净身出户"后,阿跃又遇到更大的打击。甲鱼是汉寿的著名特产,改革开放后,随着市场的扩大,甲鱼的市场需求持续走高,越来越多的人进入甲鱼养殖的行业,阿跃就是其中之一。在离婚前他就向银行贷款了十万元投资甲鱼养殖,可谁知甲鱼价格突然间一落千丈,投资的十万元打了水漂,他就这样背上了巨额债务。当时副局长的工资为四百元一个月,何年何月能偿清贷款?

改革开放初期双轨并存,一方面体制内还在沿用老一套,工资水平还在承袭着过去的传统;另一方面,市场的波动导致物价水平攀升且极不稳定,两套体系之间有着巨大的鸿沟,越过这道鸿沟便能实现快速的阶层跃迁,而稍有不慎则会掉入深渊。

走投无路之际,阿跃得知长沙的企业中联重科里面的员工一年可以挣八万块,这是一个绝佳的机会,只要能入职中联重科,债务问题就能迎刃而解。前往长沙发展的计划在他心中展开。

H.4.1.2 付出与背叛

阿春在供销社工作时,认识了一名姓龚的男青年,他是镇上电影院的放映员,慢慢地他们确立了恋爱关系。因为当时龚姓青年是农村户口,家里不同意,供销社里也有很多人觉得阿春没眼光,农村户口和城镇户口差别很大,但他们也不在意别人的眼光,一直在一起。龚姓青年虽然来自农村,但他勤奋好学,有上进心,还擅长画画。他最大的理想是"考"出农村,最后他通过自己的努力实现了理想,考入了大学,正是这些品质,吸引了阿春。他考上大学之后,没钱生活,他的生活费基本上是阿春提供的,阿春一个月二十几元的生活费,一大半给了他。

毕业时,通过阿春的关系,龚姓青年被分配到了常德卷烟厂工作,后来还是通过阿春的关系调入常德日报社工作。但他却忘恩负义,在报社时移情别恋。经常和阿春争吵,后来阿春就去了他的单位,跟他的领导说了这件事,这件事在那里影响也很大,阿春对他的付出和坚持,别人也都看在眼里,于是常德日报社领导跟这对情侣做工作,请阿春再给他一次机会,并且把她调到常德日报社来工作,希望可以缓解关系。当时的单位体制还没有解体,单位仍然是社会整合的主体,其"父爱式"的管理将每个个体的方方面面都囊括进来,不但管理着个人工作的调动,还会参与个人日常生活乃至情感问题当中,从出生到死去,单位始终贯穿在那时人们的生命历程中。

两年后,在《常德日报》做美编的龚姓青年被调到了湖南省税务报社工作。1992年,阿春跟着被调往长沙的《税务报》,在照排室做排版工作。这时的排版工作已经不再使用早年的铅块排版、油墨印刷，而是使用计算机排版、胶片印刷。面对陌生的新技术，阿春并没有因为文化程度低而望而却步，在付出加倍的努力后掌握了这门技术，并在成人考试中取得了大专文凭。

到了长沙，龚姓男人贼性不改，阿春终于忍无可忍，此时两人已经领了结婚证，阿春毅然决然选择离婚。这么多年的青春，这么多年的付出与坚持，最终还是化为泡影，但她并没有为情所伤、寻死觅活，她在这段感情中领悟到，永远不要把希望和情感都寄托在别人身上，只有爱自己才能获得幸福。于是她决定不再结婚，一个人生活，这在当时是多么需要勇气的决定！在工作时她加倍努力，获得领导和同事赏识，闲暇时她尽情享受生活、无忧无虑，那是她一生中最自在、最快乐、最美丽的时候。翻看那段时间的照片，她总出现在全国各大风景名胜前，穿着时尚，笑容灿烂，完全看不出她出身于贫苦的乡下。

H.4.2　重新开始

尽管阿春已经做好独身的打算，但她的朋友们还是在帮她物色优秀的男青年。1996年，在一次偶然的聚会中，她的朋友向阿平打趣道："我们这里有个单身的美女呢，有没有什么人介绍一下咯？""有啊有啊，我有一个表哥刚来长沙，条件蛮好！"阿平所说的表哥就是阿跃。就这样两个人建立了初步的联系。阿跃当时正处于困难时期，初来长沙、身无分文还负债十万元，但阿春一眼就看中了他的"潜力"，决定赌一把；而阿跃也很中意她，年龄合适，在长沙也有住处。于是两人最终走到了一起，并于1999年1月1日结婚。

阿跃到了长沙以后，最大的任务就是入职中联重科，中联重科作为国有企业，最好的方法不是招聘进去，而是想办法把工作关系从汉寿商业局调过来。阿跃本人有当过领导干部的经历和素质，赢得了董事长的好感，1997年9月18日他正式报到上班。

H.4.3　生活仍在继续

事实证明，阿春没有选错，在中联重科的二十二年里，阿跃又从零开始，进行二次创业，一路从普通员工，到地区销售经理，最后做到了事业部的副总经理，不仅实现了个人职业价值，也实现了个人财务自由，还清了当年债务，步入了中产阶层。2019年退休后，他也没闲着，与股东创办了一家环保科技企业，进行人生第三次创业，凭借以往积攒的资源，不断扩大着市场的范围，也许只有他自己知道他能干到什么时候。

阿春在20世纪90年代末的经济改革期间下岗了，成为一名家庭主妇。原本因为工作忙不打算生儿育女，这时也有时间了，于是在2002年生下了笔者。

此后，照料家庭、养育孩子就成了她最大的使命。如今她也退休了，儿子也远赴他乡求学，她又可以把时间花在自己身上，平时种种花养养草、搓几轮麻将，到老年大学参加模特队排练，日子就这样一天一天过去。

阿跃的长子阿博在深圳从事金融行业，如今也已经成家立业，儿子小辅刚刚上小学。

至于笔者，与父母、祖辈的生活历程相比，我生活在安逸、富足、平淡的环境中，自觉知足感恩。求学之路将近走了十五年，我还有自己的路要走，还有自己的使命要完成。

借调研之机，笔者第一次了解到自己家族的历史、家人的过去。一路走来太不容易，行文至此，感慨万千。盖棺定论为时尚早，生命的河流还在奔涌，生活的脚步仍在继续……

后 记

从 2016 年开始，我每年都开设了"农村社会工作"或者"农村社会工作与服务"的研究生课程，多年的教学实践使得自己在这方面多少有一些探索和思索。特别是因为自己曾有师生党支部书记的身份，我更加有意无意地在课程教学过程中融入课程思政的元素。

本书旨在结合"农村社会工作"这门课程的教学实践和理论讲授，从课程思政教学的角度为今后从事农村社会工作的实践者提供有益的思路和方法。在课程思政实施的行动路径研究方面，我有以下几个方面的经验。

首先，课程思政应注重贴近实践。就农村社会工作而言，它本身是一项实践性很强的工作，课程思政应该贴近实践，关注农村社会现实问题和挑战，引导学生探索解决问题的途径和方法。

其次，课程思政应注重理论与实践的结合。农村社会工作有自己的理论和方法，这些理论和方法需要与实践相结合，才能真正地发挥作用。课程思政应该注重理论与实践的结合，引导学生将理论运用到实践中，不断完善和改进实践。

再次，课程思政应注重跨学科的融合。农村社会工作需要多学科的知识和技能，如社会学、心理学、管理学等，课程思政应该注重跨学科的融合，为学生提供多元化的学习体验和知识来源，培养学生的综合能力和创新精神。

最后，课程思政应注重社会责任。农村社会工作是一项充满社会责任感的工作，课程思政应该注重社会责任，引导学生树立社会责任意识，关注社会问题，为社会作出贡献。

任何一门课程都可以开展课程思政教学，即便是理工科课程亦是如此。能不能将课程思政元素融入自己的教学环节，主要取决于教师本人是否有相关的理念和意愿。应该说，在课程思政教学越来越受重视的大环境下，人们也会越来越重视该项工作，也必然会有大量的教学实践成果和经验涌现出来。我为这本书将有可能成为这些成果中的一员而骄傲。

后记

　　当然，正如前面所述及的，检验一门课程的课程思政教学是否有效，最终还是要落到该门课程所教授的学生身上。鉴于此，我在本书最后收录了部分学生的学习报告或论文，通过这些材料的呈现，用以证明课程思政教学的效果。我非常欣慰地看到，自己的努力获得了一定的成效。

　　在撰写本书过程中，我的几个研究生承担了部分资料收集和写作任务。他们分别是贺忠琴、林键、李黄悦、朱冰琪、刘宸妤、谷娅灿、牟晓曼，在此对他们的付出表示衷心的感谢。